Landschaften in Öl

Praxis des Freizeitmalers

Lazar Felder

Landschaften in Öl

Bildbeispiele von Christian Latz
und dem Verfasser

Ferdinand Enke Verlag Stuttgart 1987

CIP-Kurztitelaufnahme der Deutschen Bibliothek

Felder, Lazar:
Landschaften in Öl: Praxis d. Freizeitmalers /
Lazar Felder, Bildbeisp. von Christian Latz u. d. Verf.
— Stuttgart: Enke, 1987.
ISBN 3—432—95801—3

Satz und Druck: Slovart, ČSSR—817 64 Bratislava
Filmsatz 10/11 Times, Linotype System 5 (202)

Vorwort

Noch ein Malbuch! Dieser Gedanke kam Ihnen vielleicht beim Anblick dieses Buches. Es gibt in der Tat auf dem Markt eine erfreulich große Anzahl der verschiedensten Bücher über Malerei.

Warum habe ich also dieses Buch geschrieben und was soll es leisten? Als Freizeitmaler habe ich viele Jahre lang alle mir erreichbaren Malbücher gekauft und versucht, daraus einen möglichst großen Nutzen zu ziehen. Ich kam nicht sehr weit damit.

Das herkömmliche Buch ist eine Einbahnstraße vom Autor, der gewöhnlich ein Maler ist, zu dem Leser, der in der Regel etwas lernen will. In diesem Zweierverhältnis versucht der Autor aus dem oft unübersehbaren Schatz seiner Kenntnisse und Erfahrungen einen Bruchteil weiterzugeben, ohne zu wissen, ob diese Auswahl den Lesern oder zumindest der Mehrzahl von ihnen das bringt, was sie für ihre Arbeit benötigen. Er gleicht also jemand, der mit einer Stange im Nebel stochert in der Hoffnung, einen Treffer zu landen. Häufig genug schreibt er aber auch das nieder, was ihn gerade besonders interessiert, was leider in den seltensten Fällen das ist, was der Leser will. Schließlich wird in den meisten Büchern Theorie und Praxis bunt durchgemischt geboten, oft mit einem Übergewicht an Theorie. Oft beginnen die Bücher mit der Höhlenmalerei der vorgeschichtlichen Zeit und deren Problemen. Oder die Geschichte der Einführung der Ölmalerei durch die Brüder van Eyck wird ausführlich geschildert. Das sind alles wissenswerte Dinge und sie sind oft sehr gut geschrieben. Nur — dem Freizeitmaler, der mit Pinsel und Palette vor einer weißen Leinwand steht, hilft das leider nicht weiter.

Schließlich bin ich dann in Kurse gegangen und habe im persönlichen Unterricht das Nötige gelernt. Aber die Erlebnisse mit den Büchern haben mich nicht losgelassen. Die Überzeugung hat sich in mir gefestigt, daß man auch Bücher schreiben kann, die dem Freizeitmaler sehr viel mehr Nutzen bringen.

Sicher kann man nicht alles, was in einer persönlichen Unterweisung möglich ist, in einem Buch weitergeben. Doch ich bin zu dem Schluß gekommen, daß der überwältigende Teil dessen, was ich gelernt habe, ebenso gut in einem Buch übermittelt werden kann — wenn man nur die richtige Form findet und alle die praktischen Dinge ausführlich beschreibt, die dem Berufsmaler so banal erscheinen, daß er sie nie erwähnt, während sie dem Freizeitmaler so sehr fehlen, daß er deswegen nicht weiterkommt.

Das Buch ist also aus der Sicht und auf Grund von Erfahrungen eines Freizeitmalers geschrieben worden.

Jedoch habe ich für die Mitarbeit beim Malen der Demonstrationsbilder und für eine beratende Mitarbeit mit *Christian Latz* einen alten Praktiker gewonnen, der seit vielen Jahren als Leiter von Malgruppen Erwachsene in die Ölmalerei einführt, und daher mit allen Problemen bestens vertraut ist, die einem Anfänger Schwierigkeiten bereiten.

Das Buch ist aus den angeführten Gründen anders als die üblichen Malbücher. Es geht das Problem der Weitergabe von Wissen und Kenntnissen auf eine neue Weise an.

Es wird in erster Linie die praktische Seite der Ölmalerei behandelt, diese dafür besonders gründlich. Die vermittelten theoretischen Kenntnisse beschränken sich auf das unbedingt Notwendige. Als wichtigste Neuerung wird aber die eben erwähnte Einbahnstraße aufgebrochen. Ausgangspunkt sind die vielen Fragen, die einem Anfänger kommen, wenn er Landschaften in Öl malen will. Diese Fragen und die Antworten darauf wurden dabei in der Praxis während des Malens der Demonstrationsbilder formuliert. Ich habe versucht alle Fragen aufzuwerfen, vor denen ein lernbegieriger Anfänger aber auch ein Fortgeschrittener stehen kann, und ich habe versucht, diese Fragen so erschöpfend wie möglich zu beantworten. So ist das Buch also im wesentlichen in Form einer Zwiesprache eines Anfängers und eines Könners geschrieben, die sich anläßlich des Malens der Demonstrationsbilder entwickelt. Der Leser sieht also den beiden gewissermaßen über die Schulter und hört ihr Gespräch.

Wenn dem einen oder anderen Fortgeschrittenen einiges zu alltäglich oder selbstverständlich vorkommt, so bitte ich ihn zu glauben, daß alle Fragen wirklich aus der Praxis stammen und vom Anfänger auch gestellt werden. Ich hoffe aber deswegen, daß das Buch nun wirklich alles enthält, was man für einen erfolgreichen Beginn der Landschaftsmalerei benötigt.

Wie soll man das Buch nun nutzen?

Man sollte das Buch zunächst bequem im Sessel sitzend ganz durchlesen. Es bringt alle Kenntnisse, die für den anspruchsvollen Freizeitmaler für das Malen von Landschaften notwendig sind. Es bringt daher für den Anfänger alles und für den Fortgeschrittenen vieles.

Dann sollte man die Demonstrationsbilder nachmalen. Dabei sollte man das Buch immer dabei haben und auch immer wieder in die einleitenden Abschnitte sehen. Wer alle Bilder aus dem Buch nachmalt und die farbig unterlegten Regeln beherrscht und beherzigt, erarbeitet sich damit ein solides Fundament, auf dem er allein weiterbauen kann.

Was er schließlich erreichen wird, hängt dann nur von seinem Talent und seinem Fleiß ab. An den handwerklichen Kenntnissen wird es ihm nicht fehlen.

Inhalt

Arbeitsplatzeinrichtung

Der Erfolg jeder Tätigkeit hängt neben der Auswahl von geeignetem Werkzeug und Material auch von einer zweckmäßigen Einrichtung des Arbeitsplatzes ab. Man braucht zum Malen allerdings keineswegs ein großes Atelier mit allen möglichen teuren Einrichtungen. Eine relativ kleine Ecke in einem Zimmer oder eine kleine Dachkammer oder Mansarde eignen sich ausgezeichnet.

Die erste Frage in diesem Zusammenhang an den Maler:

„Muß man unbedingt eine Staffelei haben?"

„Ich bin der Meinung, daß man sie unbedingt braucht. Schon allein deswegen, um den Malgrund (Leinwand, Malpappe) an etwas befestigen zu können. Man kann nicht richtig malen, wenn die Leinwand wackelt. Wer die Ausgabe für eine Atelierstaffelei scheut, kann sich mit einer preiswerten Tischstaffelei behelfen. Er sollte diese aber unbedingt am Tisch z.B. mit Schraubzwingen festmachen (s. Abb. 1). Dann kann man damit ganz gut malen. Viele Freizeitmaler benutzen sie ausschließlich. Für den Anfang genügt sie auf jeden Fall. Sollte sich dann später das Malen von einer gelegentlichen Freizeitbeschäftigung zu einer richtigen Passion entwickeln, so wird man die Ausgabe für eine Atelierstaffelei sicher gerne auf sich nehmen. Der wesentliche Vorteil der Atelierstaffelei ist die in weiten Grenzen mögliche Höhenverstellbarkeit des Teiles, der den Malgrund trägt. Man malt am bequemsten, wenn die Stelle, an der man gerade arbeitet, sich auf einer Höhe etwas unterhalb der eigenen Augenhöhe befindet. Das kann man an der Atelierstaffelei leicht einstellen. Bessere Tischstaffeleien sind zwar auch in der Höhe verstellbar, aber nur in engen Grenzen.

Schließlich ist noch die Feldstaffelei zu erwähnen, die Sie unbedingt benötigen, wenn Sie im Freien malen wollen. Sie ist relativ preiswert im Fachhandel erhältlich. Sie ist zusammenklappbar und daher leicht zu transportieren. Wenn Sie sich eine kaufen, achten Sie darauf, daß sie auch stabil genug ist. Nichts ist ärgerlicher, als wenn einem schon ein leichter Windstoß die Staffelei samt Bild umwirft. Feldstaffeleien dürfen daher nicht zu leicht gebaut sein und müssen an den Beinen Stahlspitzen haben, die man in den Boden treiben kann.

Dann braucht man noch einen Stuhl oder einen Sessel und etwas, worauf man seine Materialien ablegen kann."

„Malt man besser im Stehen oder im Sitzen?"

„Darüber gehen die Meinungen auseinander. Manche Maler arbeiten nur im Stehen, um bequem und schnell von der Arbeit zurücktreten zu können und sie aus einiger Entfernung zu betrachten. Das ist wichtig.

Viele Maler arbeiten jedoch im Sitzen. Sie stehen dann einfach auf, wenn sie das Bild aus der Entfernung betrachten wollen, was schließlich nicht jede Minute geschehen muß. Im Sitzen hat man übrigens schon in alten Zeiten gemalt. Es sind uns mehrere Darstellungen aus dem Mittelalter überliefert, die bei der Arbeit sitzende Maler zeigen.

Wählen Sie einen Stuhl mit Lehne, aber nach Möglichkeit ohne Armstützen. So können Sie sich bei der Arbeit bequem zurücklehnen und Ihr Werk aus dem nötigen Abstand betrachten. Armstützen können unter Umständen die Bewegungsfreiheit Ihrer Arme einschränken. Haben Sie hinter sich etwas Platz, so besorgen Sie sich einen Bürostuhl mit Rädern. Sie können dann im Sitzen etwas zurückfahren und haben somit den gleichen Vorteil wie der stehende Maler."

„Und wo legt man am besten sein Material ab?"

„Wenn Sie stehend malen, können Sie dazu einen gewöhnlichen Tisch benutzen. Benutzen Sie eine Tischstaffelei, so nehmen Sie dazu einfach den Tisch, an dem Sie Ihre Staffelei befestigt haben. Die Palette, die Sie in diesem Fall unbedingt brauchen, haben Sie auf dem Unterarm, wobei Sie sie mit dem durch das Loch gesteckten Daumen festhalten. Ihre Farben, Malmittel, Pinsel usw. können Sie auf dem Tisch ablegen. Arbeiten Sie

Abb. 1 Verschiedene Staffeleien. Links eine auf ein kleines Tischchen montierte Tischstaffelei. Bei einem niedrigen Tisch kann man im Sitzen besser arbeiten. In der Mitte eine Atelierstaffelei, deren Bildträger in weiten Grenzen verstellbar ist. Rechts eine leichte, zusammenlegbare Feldstaffelei.

dagegen sitzend, ist eine gesonderte Ablage sehr zweckmäßig. Damit Sie sie gut erreichen können, muß sie recht niedrig sein und nahe bei Ihnen stehen, und zwar für Rechtshänder auf der linken Seite und für Linkshänder rechts. Dies ist zweckmäßig, um den Arm, mit dem Sie malen, nicht zu behindern. Ideal ist ein Servierwagen, wie er in vielen Haushalten von der Hausfrau benutzt wird. Sie können ihn bei Bedarf leicht verschieben. Ein einfaches niedriges Holztischchen tut es aber auch. Dabei ist es zweckmäßig, unter der Tischplatte noch ein oder zwei Zwischenböden einzuziehen, auf denen man verschiedenes Material ablegen kann."

„Wie ist es mit der Beleuchtung. Man hört immer, es solle nur ein einziges Fenster im Raum sein und das müsse ein Nordfenster sein?"

„Man richtet seinen Arbeitsplatz so ähnlich aus wie einen Schreibtisch. Das Licht soll für einen Rechtshänder von links und hinten und für einen Linkshänder von rechts und hinten kommen, damit Hand und Pinsel keinen Schatten auf die Stelle werfen, an der man gerade arbeitet. Es muß nicht unbedingt ein Nordfenster sein, man sollte allerdings direkte Sonneneinstrahlung gegebenenfalls durch geeignete Gardinen dämpfen."

„Soll man bei Kunstlicht malen?"

„Es gibt Maler, die das strikt ablehnen. Aber mehr und mehr, vor allen Dingen jüngere Maler, benutzen elektrisches Licht zum Malen, um die Zeit insbesondere in den Wintermonaten besser auszunutzen. Im angelsächsischen Raum handhabt man das schon seit längerer Zeit viel unbefangener. Man sollte nur darauf achten, daß die Lichtquelle weißes Tageslicht spendet. Leuchtstoffröhren, die sogenanntes ‚warmes Wohnzimmerlicht' abstrahlen, verfälschen die Farben etwas. Der Elektrofachhändler kann Sie da beraten. Im übrigen kann man ja immer am nächsten Tag bei Tageslicht das Gemalte überprüfen und notfalls korrigieren.

Wenn man überlegt, daß viele fertige Bilder in Ausstellungen und Galerien, aber auch in manchen Wohnungen, bei Kunstlichtbeleuchtung betrachtet werden, bekommt man ohnehin Zweifel, ob das Gebot, nur bei Tageslicht zu malen, noch zeitgemäß ist. Wird die Farbe vom Kunstlicht merklich verändert, könnte man sogar für eine Benutzung des Kunstlichtes plädieren, falls das Bild bei Kunstlicht betrachtet werden soll, weil dann der Betrachter die Farben so sieht, wie auch der Maler und wie es also dessen künstlerischer Absicht entspricht. Malt der Maler hingegen nur bei Tageslicht und das Bild wird bei verfälschendem Kunstlicht betrachtet, sieht der Beschauer offensichtlich etwas anderes, als der Künstler zeigen wollte."

Materialauswahl

Ebenso wichtig wie die Arbeitsplatzeinrichtung ist für ein erfolgreiches Arbeiten die Auswahl des richtigen Materials. Man muß dazu auch wissen, wie man das Material benutzt und pflegt. Die erste Frage an den Maler lautet in diesem Zusammenhang naturgemäß:

„*Was benötigt man an Material zum Malen von Landschaften?*“

„Man braucht zunächst einen Malgrund (Leinwand, Malpappe usw.), einen Bleistift (HB), Zeichenkohle oder Rötel und Knetgummi für die Vorzeichnung, Ölmalfarben, Malmittel, Lösemittel, einen Malstock, Pinsel und Palette, Palettmesser, Spachtel, einige Lappen und schließlich für die Anfertigung von Skizzen ein Zeichenbrett und, wenn man farbige Skizzen machen will, einen Satz Wasserfarben.“ (Abb. 2).

„*Welchen Malgrund soll man nehmen?*“

„Da muß man verschiedene Umstände berücksichtigen. Echte Leinwand fertig grundiert und auf Keilrahmen aufgezogen ist das Beste und Bequemste, aber auch das Teuerste. Am anderen Ende der Skala steht Ölmalpapier, das in Blocks zu gewöhnlich zehn Blatt angeboten wird. Papier ist am billigsten, aber nicht sehr haltbar. Wenn man ein Papierbild rahmen will, muß man es erst auf eine feste Unterlage aufziehen. Papier sollte man nach meiner Meinung nur ganz am Anfang benutzen, wenn man sich noch nicht richtig traut, mit dem Pinsel umzugehen, und solange man erst die Farben und die ersten Mischergebnisse erproben will.

Dann sollte man allerdings schnell auf den Malgrund übergehen, den man schließlich immer verwenden will, denn es malt sich auf Leinwand ganz anders als auf Papier und es hat daher keinen Sinn, sich zu sehr an das Papier zu gewöhnen. Man hat dann nur Schwierigkeiten beim Umgewöhnen.

Das auf Keilrahmen aufgezogene Maltuch ist seit Jahrhunderten der Hauptmalgrund für den Tafelmaler.

● Tafelmalerei nennt man die Malerei auf beweglichen Bildträgern im Gegensatz zur Wandmalerei.

Das Maltuch kann aus teurem Reinleinen, aus der billigen Baumwolle oder aus Mischgeweben bestehen. Außerdem werden noch eine Reihe anderer Gewebe, wie z.B. Hanf, Jute, Zellwolle, Dralon usw., als Maltuch angeboten. Übrigens kann man die Leinwand auch selbst auf Keilrahmen aufziehen und so Geld sparen. Eine noch billigere Alternative sind sogenannte Leinenmalpappen, die in Geschäften für Künstlerbedarf angeboten werden. Das ist auf eine 3—4 mm starke, feste Pappe aufgeklebtes Maltuch, das schon fertig grundiert ist. Einziger Nachteil dieses Malgrundes ist, daß sich die Malpappen leicht verziehen, wenn sie feucht werden, was meistens nicht zu vermeiden ist. Man kann sie dann nur im Rahmen aufhängen, wobei man unter Umständen zur Befestigung und Ausrichtung noch zusätzliche Leisten anbringen muß oder man nagelt die Pappe mit kleinen Nägeln an dem Rahmen fest.

Früher wurde auch viel auf Holz gemalt. Für diese Zwecke geeignetes Holz ist jedoch heutzutage viel zu teuer und wird daher kaum noch verwendet. Dagegen malen einige Maler auf Holzspanplatten oder Hartfaserplatten. Diese muß man aber auf jeden Fall selbst grundieren.“

„*Was versteht man eigentlich genau unter Grundierung und warum ist sie notwendig?*“

„Die Grundierung ist das Bindeglied zwischen dem Bildträger (Leinwand, Hartfaserplatte usw.) und den Malfarben. Sie besteht aus mehreren Schichten und aus verschiedenen Materialien, z.B. Leim, Kreide, Ölfarbe oder Dispersionsfarbe usw. Ihr Hauptzweck ist die Herstellung ganz bestimmter Saugverhältnisse. Die gängigen Bildträger, insbesondere Leinwand, haben so viele Poren, daß sie unbehandelt einen großen Teil des Öls, das als

Bindemittel der Farben dienen muß, aufsaugen würden mit nachteiligen Folgen für das Bild. Bei Leinwand kommt noch hinzu, daß das eingedrungene Öl sie mit der Zeit zerstören würde. Die Grundierung muß in diesem Falle auch die Funktion einer Isolierung übernehmen, was durch eine Leimschicht erreicht wird. Mit der Grundierung wird ein genau festgelegtes Saugverhalten des Malgrundes erreicht. Der Maler weiß dann sicher, ob und wieviel Öl der Malgrund von seiner Farbe eventuell absaugen wird, und er kann sich darauf einstellen bzw. den Malgrund mit dem gewünschten Saugverhalten beschaffen. Die Farbe der Grundierung ist in der Regel Weiß."

Abb. 2 Verschiedenes Material. Links oben eine Holzpalette, auf der ein Fläschchen Malmittel, Zeichenkohle, Rötel, HB-Bleistift, Knetgummi, Palettmesser und Spachtel liegen. Rechts daneben eine Literdose Terpentinersatz und ein leeres Honigglas. Darunter quer ein Malstock mit Verlängerung. Links unten folgende Pinsel (von oben nach unten): Fächervertreiber, Borstenpinsel, Katzenzungenfacon, flacher Borstenpinsel mit langen Borsten, flacher Borstenpinsel mit kurzen Borsten, preiswerter kurzstieliger Borstenpinsel, Haarrundpinsel. Rechts unten einige Tuben Farbe folgenden Inhalts: 150 ml, 55 ml, 35 ml und 15 ml. Unter dem Terpentinersatz und den Farbtuben eine Leinenmalpappe 30 × 40 cm.

„Soll man selbst grundieren?"

„Ich bin der Meinung, man sollte als Freizeitmaler zumindest am Anfang nicht selbst grundieren. Man spart dabei nicht viel, es ist aber viel Arbeit und macht viele Umstände. Sie fahren als Anfänger und Freizeitmaler besser, wenn Sie fertig grundierte Leinwand kaufen. Sie müssen beim Kauf nur darauf achten, daß Sie die für Ihre Zwecke am besten geeignete Grundierung wählen. Die Wahl hängt von der Art der Untermalung ab, wovon etwas später noch die Rede sein wird. Für eine Temperauntermalung eignet sich am besten ein Gips- oder Kreidegrund, der stark saugend ist. Malen Sie ausschließlich mit Ölfarben oder machen Sie eine Untermalung in Aquarellfarben, können Sie mit der Wahl eines Halbkreidegrundes für den Anfang nichts falsch machen. Später, wenn sich Ihre Kenntnisse erweitern und Sie die Ihnen am meisten zusagende Malweise gefunden haben, werden Sie auch den für Sie besten Malgrund entdecken. In gut sortierten Fachgeschäften gibt es meist eine große Auswahl verschieden grundierter Maltuche unterschiedlichster Qualität. Da müssen Sie dann Versuche anstellen, denn hier gilt, wie so oft im Leben, der Spruch: Probieren geht über Studieren.
Viele Maler grundieren jedoch ihre Malgründe grundsätzlich selbst. Sie sind der Ansicht, daß sie nur so die absolute Sicherheit haben, auf einer Grundierung zu malen, die ihren Bedürfnissen entspricht und von deren Haltbarkeit und Zweckmäßigkeit sie überzeugt sind. Wenn Sie also eine gewisse Kenntnis- und Erfahrungsstufe erreicht haben und Ihnen das Selbstgrundieren keine zu große Last ist, kann es auch für Sie von Vorteil sein.
In diesem Fall finden Sie in der maltechnischen Literatur genaue Anleitungen und Rezepturen, z.B. in dem maltechnischen Standardwerk *„Malmaterial und seine Verwendung im Bilde"* von *Max Doerner*, in dem auch alle anderen Fragen der Materialkunde so erschöpfend beschrieben sind, wie es in diesem, auf die praktische Seite ausgerichteten Buch nicht möglich ist.

Dem Anfänger rate ich, mit Leinen-Malpappe zu beginnen, sobald er über die ersten Versuche auf Papier hinweg ist. Wenn er sich ausreichend sicher fühlt, sollte er zu auf Keilrahmen aufgezogenen Maltuchen übergehen, dem klassischen Malgrund für Ölbilder seit Jahrhunderten, sofern er die Malerei als eine ernsthafte Beschäftigung betreiben will. Wer sich nur ab und zu die Zeit vertreiben will, kann bei Malpappe bleiben.
Ich rate auch dazu, die Keilrahmen selbst zu bespannen. Die Holzleisten hierfür sind in allen guten Geschäften für Künstlerbedarf zu haben, ebenso wie ein meist breites Sortiment von rohen und grundierten Maltuchen. Das Aufspannen ist nicht schwierig und in vielen Büchern beschrieben, z.B. in dem eben erwähnten Werk von *Doerner*. Vielleicht ist auch der Händler, bei dem Sie das Material kaufen, so freundlich, Ihnen das einmal zu zeigen.
Wenn Sie fertig auf Keilrahmen gezogenes Maltuch kaufen, kommt Sie das naturgemäß etwas teurer. Das Maltuch ist dann auch schon grundiert, und zwar meist mit einer sogenannten Universalgrundierung, gewöhnlich mit einer Dispersionsfarbe. Sie können also dann nicht die Ihnen am meisten zusagende Grundierung wählen, wie Sie das können, wenn Sie die Leinwand selbst auf Rahmen ziehen.

Man könnte also für den erfahrenen Freizeitmaler, der Bilder malen möchte, die in nichts denen professioneller Maler nachstehen, folgende Reihenfolge aufstellen:

1. Selbstgrundierte Leinwand selbst aufgezogen.
2. Grundiert gekaufte Leinwand selbst aufgezogen.
3. Aufgezogene und damit auch grundierte Leinwand gekauft.
4. Leinenmalpappe."

„Ich sehe, daß man auch der Auswahl des Malgrundes die nötige Sorgfalt widmen muß. Nun aber zu den Malfarben. Welche Ölmalfarben gibt es und welche soll ein Anfänger beschaffen?"

„Dazu zunächst kurz etwas zu den Qualitätsstufen und den allgemeinen Eigenschaften der Ölmalfarben. Die meisten Farbenhersteller bieten mindestens zwei verschiedene Qualitätsstufen an. Die einfache, preiswerte Qualität heißt meist Studiofarbe, die Spitzenqualität, sozusagen das Beste vom Besten, wird als Künstlerfarbe angeboten."

„Worin besteht genau der Unterschied?"

„Der Unterschied besteht darin, daß für Künstlerfarben die qualitativ besten Zutaten genommen werden. Das bezieht sich sowohl auf die Pigmente wie auch auf die Bindemittel. Bei den Pigmenten werden die Sorten mit bestmöglicher Lichtechtheit ausgesucht und die Konzentration der Pigmente ist meist größer als bei Studiofarben. Die Bindemittel bei Künstlerfarben sind auch ausgesucht und auf das sorgfältigste behandelt. Das alles bleibt natürlich nicht ohne Folgen für den Preis, weil bessere Qualitäten und sorgfältigere, aufwendigere Behandlung naturgemäß mehr Kosten verursachen. Künstlerfarben sind daher teurer als Studiofarben. Nun habe ich aber zwei Begriffe verwendet, die Ihnen sicher nicht geläufig sind und die ich daher näher erklären will:

Pigmente und Bindemittel

Pigmente sind Farbträger der Malfarbe, d.h. derjenige Stoff, der der Malfarbe die „Farbe" gibt. Es sind sehr kleine, puderkörnchengroße Teilchen organischer oder anorganischer Stoffe ganz bestimmter Farbe, die in den bei der Ölmalerei üblichen Binde- und Lösemitteln nicht löslich sind. Pigmente sind als solche, also in Puderform, im Handel erhältlich. Der Maler kann durch Mischung der Pigmente mit geeigneten Bindemitteln seine Malfarben selbst herstellen. Bei Ölfarben heißt dieser Vorgang „anreiben", weil es zur innigen Vermischung von Pigmenten und Bindemittel notwendig ist, die Mischmasse auf einer Glasplatte, die man Anreibescheibe nennt, mit einem sogenannten Glasläufer durch intensives Reiben zu vermengen.

● Pigmente sind sehr kleine Teilchen organischer oder anorganischer Stoffe, die die Träger der „Farbe" sind.

Bindemittel sind diejenigen Stoffe, die bewirken, daß die an sich staubförmigen Pigmentteilchen aneinander und auf dem Malgrund haften und zwar dort, wo man sie haben will. Bindemittel in der Ölmalerei sind in erster Linie sogenannte fette Öle. Hauptsächlich ist es das Leinöl, aber es werden auch andere Pflanzenöle verwendet, z.B. Mohnöl, Nußöl und Sonnenblumenöl. Diese fetten Öle haben die Eigenschaft, daß sie unter Luftabschluß sehr lange flüssig und geschmeidig bleiben, an der Luft jedoch in relativ kurzer Zeit hart werden und die mit ihnen vermischten Pigmente so untereinander und mit dem Malgrund sozusagen „zusammenbacken".

● Bindemittel sind Stoffe, die die Pigmentteilchen miteinander und mit dem Malgrund verbinden. In der Ölmalerei sind das hauptsächlich fette Öle, z.B. Leinöl, Mohnöl, Sonnnenblumenöl usw.

„Soll man seine Farben selbst anreiben?"

„Nein. Das lohnt sich sicher nicht. In früheren Zeiten haben die Maler ihre Farben selbst angerieben. Aber sie hatten gar keine andere Wahl, weil fertige Farben nicht zu haben waren. Aus dem gleichen Grunde haben sie z.B. auch ihre Pinsel selbst herstellen müssen. Das Farbenanreiben und Pinselherstellen war dabei meist die Aufgabe der Lehrlinge. Der moderne Maler kauft in der Regel seine Farben fertig in Tuben. Ich rate Ihnen, es auch so zu halten."

„Soll man nun Künstlerfarben oder Studiofarben kaufen?"

„Obwohl die Studiofarben nicht schlecht sind und man sehr gut mit ihnen malen kann, rate ich Ihnen doch, sich von vornherein an Künstlerfarben zu gewöhnen, wenn es Ihnen mit der Malerei ernst ist. Wenn Sie diese wunderschöne Freizeitbeschäftigung mit Eifer und Ausdauer betreiben, werden Ihnen mit Sicherheit bald einige gute Bilder gelingen. Dann wäre es doch schade, wenn sie nicht mit den besten Farben gemalt wären, die es gibt.

● Künstlerfarbe ist die Spitzenqualität,
● Studiofarbe eine preiswerte Alternative.

Innerhalb der Qualitätsstufen gibt es dann noch Unterschiede in der Lichtechtheit. Sie wird von den meisten Herstellern durch eine bestimmte Anzahl von Sternchen oder Kreuzchen angegeben, die oft auf der Tube aufgedruckt sind, aber auch auf sogenannten Farbkarten der verschiedenen Hersteller, die beim Handel erhältlich sind. Allgemein gilt: je mehr Sternchen, umso größer die Lichtbeständigkeit. Die meisten Künstlerfarben haben mindestens gute Lichtechtheit.

Ein weiteres Unterscheidungsmerkmal ist die Deckkraft der Farbe, also ob sie deckend oder lasierend wirkt. Auch dies wird meist auf den Farbtuben gekennzeichnet. Das ist wichtig zu wissen, wenn man mit Lasuren arbeitet. Ich werde darauf noch zurückkommen.

Dann ist noch zu beachten, daß einige Farben mit Vorsicht behandelt werden müssen. Meist enthalten sie Blei und können bei Aufnahme durch den Mund oder die Haut gesundheitliche Schäden verursachen. Dazu gehören z.B. Kremserweiß und Chromgelb. Glücklicherweise sind es nur wenige Pigmente, die alle vollständig durch harmlose Pigmente ersetzt werden können. Wer also besonders vorsichtig sein will, kann sehr gut ohne sie auskommen. Sie sind übrigens oft auch auf der Tube gekennzeichnet. Ich werde in meinen folgenden Auswahlvorschlägen keine solchen Farben berücksichtigen.

Schließlich kommen wir zu den Farben im engeren Sinne oder, wie der Maler sagt, zu den Pigmenten. Die Namen bestehen meist aus der eigentlichen Farbbezeichnung also rot, blau, grün und einer charakteristischen weiteren Bezeichnung, die oft vom Ausgangsstoff abgeleitet wird, z.B. Titanweiß, das aus Titandioxyd hergestellt wird oder Kadmiumrot, dem Kadmiumsulfid und Kadmiumselenid zugrunde liegen. Manchmal sind es aber auch geographische Bezeichnungen wie Indischgelb oder Englischrot.

Die Farbenhersteller bieten bis zu hundert verschiedene Künstlerölfarben an, von denen allerdings einige nur Nuancen der gleichen Farbe darstellen. Kadmiumgelb gibt es z.B. in den Nuancen zitron, hell, mittel und dunkel.

Der Maler verarbeitet jedoch gewöhnlich nur eine kleine Anzahl dieser Farben, die er nach seinem Geschmack und seinen Bedürfnissen aussucht. Auch Sie werden, wenn Sie in unserer „Zunft" bleiben, eines Tages Ihre eigene individuelle Palette haben!

● Das Wort Palette hat unter Malern zwei verschiedene Bedeutungen. Erstens die Palette aus Holz oder Kunststoff, auf der die Farbe gemischt wird, und zweitens die Gesamtheit aller Farben, die ein Maler im allgemeinen oder für ein bestimmtes Bild benutzt.

Die meisten Maler verwenden nur etwa ein bis zwei Dutzend Farben mehr oder weniger ständig. Viele verarbeiten sogar weniger als ein Dutzend.

Die reinen Ölfarben bestehen nur aus dem pulverförmigen Pigment, das mit Leinöl oder einem anderen fetten Öl angerieben ist. Auf manchen Farbtuben z.B. amerikanischer Herkunft ist das auch aufgedruckt, zusammen mit der genauen Bezeichnung des Pigmentes. Diese reinen Ölfarben haben zwei wichtige Eigenschaften, die man stets beachten muß. Sie trocknen je nach Pigment schneller oder langsamer und sie trocknen nicht physikalisch durch Verdunsten eines Lösungsmittels, sondern chemisch durch Aufnahme von Sauerstoff. Das hat jedoch zur Folge, daß die Farbschicht im Laufe des Trockenprozesses, der je nach Schichtdicke sehr lange dauern kann, an Volumen zunimmt, während bei einer Trocknung durch Verdunsten eines Lösemittels eine Schrumpfung stattfindet. Die Trocknung einer dicken Farbschicht geschieht bei Ölfarbe von außen nach innen, d.h. erst bildet sich eine Haut auf der Farbe, die sich schon trocken anfühlen kann, während sie im Inneren der Schicht noch weich ist. Wenn man nun auf eine fette, dicke Farbschicht, ehe sie vollständig durchgetrocknet ist, eine dünne, magere Schicht aufträgt, die deswegen schneller trocknet, kommt es im Laufe des Trockenprozesses der Unterschicht, die ja immer noch an Volumen zunimmt, zunächst zu Spannungen und schließlich zu Rissen in der oberen Schicht.

Um das zu vermeiden, kann man sich an eine alte Malerregel halten, die zu den wichtigsten Regeln dieser Kunst gehört und bei der sich ausnahmsweise alle Maler einig sind, soweit ich sehe. Diese Regel lautet:

● Male stets fett auf mager!

Mit ‚fett' ist dabei in erster Linie eine dicke Farbschicht gemeint und mit ‚mager' dementsprechend eine dünne Schicht. Da eine dünne Schicht, also ‚mager', schneller trocknet als die dicke Schicht, also ‚fett', kann es nicht zu Rissen kommen, abgesehen davon, daß die dünne Schicht mangels Masse gar nicht soviel an Volumen zunehmen kann, daß die dicke reißt.

Fett auf fett wird man kaum malen. Es kann aber vorkommen, daß man mager auf mager malt. Dann muß man aber die untere Schicht zur Sicherheit sehr lange trocknen lassen oder man muß genau wissen, wie schnell die einzelnen Farben trocknen und niemals eine schneller trocknende über eine langsamer trocknende malen. Die Trockenzeit hängt, wie bereits erwähnt, von der Art und Menge des fetten Öles und von dem Pigment ab. Normalerweise weiß man das nicht ohne weiteres und man muß es notfalls beim Farbenhersteller erfragen. Andernfalls riskiert man auch bei mager auf mager bei seinen Ölfarben Risse.

Da diese Zusammenhänge seit langem bekannt sind, hat man natürlich versucht, Farben herzustellen, die möglichst Risse vermeiden. So wurden die Harzölfarben entwickelt. Bei den Harzölfarben wird versucht, die unterschiedliche Trockenzeit der einzelnen Farben und die Volumenzunahme bei der Trocknung zu vermindern bzw. nach Möglichkeit ganz zu vermeiden. Zunächst benutzt man als fettes Öl nicht nur Leinöl, sondern je nach Pigment verschiedene Mischungen aus Leinöl und anderen, langsamer trocknenden Ölen, wie z.B. Mohnöl oder Sonnenblumenkernöl. Damit wird eine annähernd gleiche Trockenzeit aller Farben angestrebt. Zur Vermeidung oder zumindest Verminderung der Volumenzunahme beim Trocknen ersetzt man einen Teil der fetten Öle durch

Harzlösungen. Die Harzlösung trocknet dabei physikalisch durch Verdunsten des Lösungsmittels, d.h. unter Volumenverminderung. Die fetten Öle hingegen trocknen, wie eben ausgeführt, chemisch durch Sauerstoffaufnahme unter Volumenzunahme. Bei einem geeigneten Verhältnis der fetten Öle zu der Harzlösung sollen sich beide Wirkungen aufheben: das Volumen der Farbschicht soll sich nicht ändern. Es soll zu keinen Spannungen und Rissen kommen. Ob das mit Harzölfarben erreicht wird, kann man als Freizeitmaler nicht ohne weiteres feststellen. Tatsache ist, daß die Mehrzahl der Maler mit reinen Ölfarben malt, wobei einige durch Zugabe entsprechender Malmittel ihre eigene Harzölfarbe auf der Palette herstellen.

Auch hier gilt, daß jeder selbst herausfinden muß, was für ihn das Beste ist.

Was nun die Auswahl und die Anzahl der Farben betrifft, so wird dem Anfänger meist angeraten, zunächst mit sehr wenigen Farben anzufangen, damit er das Mischen erlernt. Ich sehe das nicht so. Man kann ruhig mit einer größeren Farbauswahl anfangen. Warum sollte man Farbtöne, für die man später ohnehin fertige Farben benutzt, erst zu ermischen lernen? So rate ich zu folgendem Sortiment:

Grundausstattung	**Erweiterung**
Titanweiß	Zinkweiß
Kadmiumgelb hell	Nickeltitangelb
Lichter Ocker	Goldocker
Siena gebrannt	Brauner Ocker
Umbra gebrannt	Grünlack dunkel
Vandyckbraun	Phtalogrün
Chromoxidgrün feurig	Englischrot hell
Grüne Erde	Lichter Ocker gebrannt
Kadmiumrot hell	Coelinblau
Krapplack dunkel	
Phtaloblau (oder Preußischblau)	
Ultramarin dunkel	
Kobaltblau hell	
Elfenbeinschwarz	

Titanweiß ist das heute wohl von den meisten Künstlern in erster Linie verwendete Weiß. Früher hat man viel Kremserweiß verarbeitet, das aber wegen seines Bleigehaltes gesundheitliche Gefahren mit sich bringen kann, wenn man allzu sorglos damit umgeht. Titanweiß ist eine deckende Farbe. Wenn man — z.B. für Lasuren — ein weniger deckendes Weiß wünscht, kann man zu Zinkweiß greifen. Zinkweiß gilt außerdem bei einigen Malern als das ‚weißeste Weiß' und wird oft für Wolkenränder verwendet.

Kadmiumgelb hell ist ein helles, leuchtendes Gelb von hoher Lichtechtheit. Es ist in der Landschaftsmalerei zum Aufhellen der Grüntöne der Vegetation unentbehrlich. Lichter Ocker ist eine für jede Art von Malerei unentbehrliche Erdfarbe. Es gibt kaum einen Maler, der sie nicht auf seiner Palette hat. Sie ist ebenfalls von hoher Lichtechtheit und wird für Mischungen der Grüntöne für die Vegetation, aber auch für Äste und Zweige, Wege, Gebäude usw. gebraucht. Goldocker und brauner Ocker sind Farben, die man nicht unbedingt braucht, weil man sie auch ermischen kann. Wenn man sich aber langwierige Mischversuche ersparen will, können sie sehr nützlich sein. Nickeltitangelb ist ein helles Gelb, das als Nachfolgefarbe von Neapelgelb gelten kann, das wegen seines Bleigehaltes auf Vorbehalte stößt.

Siena gebrannt ist eine rötlichbraune, schwach lasierende Farbe, die ähnlich wie lichter Ocker in der Landschaftsmalerei kaum zu ersetzen ist. Hauptsächlich wird sie zum Dämpfen zu greller Grüntöne benutzt. Sie wird aber auch für Baumstämme und Äste, Wege und anderes verwendet. Sie ist wie die bisher besprochenen Farben von hoher Lichtechtheit. Gebrannte Umbra und Vandyckbraun sind zwei dunkle braune Farben, die in der Landschaftsmalerei vielseitige Verwendung für Baumstämme und Äste, verschiedene Schatten usw. finden.

Chromoxidgrün feurig ist ein sehr leuchtendes, intensives Grün von hoher Lichtechtheit. Es wird in der Landschaftsmalerei für das Grün der Vegetation verwendet. Allerdings kann es wegen seiner Intensität und Leuchtkraft für diesen Zweck kaum unvermischt verwendet werden. Grüne Erde ist zum Malen von Schatten in der Vegetation einsetzbar und kann wegen seiner halblasierenden Eigenschaft gut für Lasuren verwendet werden. Ebenfalls für Lasuren geeignet ist Grünlack, der allerdings nur ausreichende bis befriedigende Lichtechtheit hat. Phtalogrün ist auch ein vielfältig einsetzbares Grün von hoher Lichtechtheit.

Kadmiumrot hell ist sozusagen zum Standardrot des heutigen Malers geworden. Es ist ein schönes, leuchtendes Rot von hoher Lichtechtheit, das heute wohl auf der Palette eines jeden Malers zu finden ist.

Krapplack dunkel ist ein blaustichiges Rot von eigenartiger Farbwirkung. Es ist vielseitig einsetzbar und nach Meinung der meisten Maler nicht zu ersetzen. So wird auch diese Farbe kaum auf der Palette der meisten Maler fehlen, obwohl sie nur mittelmäßig lichtecht ist. Englischrot und lichter Ocker gebrannt (Venezianischrot und Indischrot sind ähnliche Farben) sind brauchbare Farben von hoher Lichtechtheit, die eigene Rotnuancen verkörpern.

Phtaloblau ist ein leuchtendes, etwas grünstichiges Blau, das wohl auf dem Wege ist, sich zum Standardblau zu entwickeln. Es ist auch unter dem Namen Heliogenblau im Handel und bei amerikanischen Firmen unter dem Firmennamen, z.B. Belliniblau. Dieses Blau wird möglicherweise die Eisenzyanblausorten (Pariserblau, Preußischblau, Berlinerblau) ersetzen, die in der Lichtechtheit nicht so hoch eingestuft werden wie Phtaloblau und darüber hinaus nach den Ergebnissen der maltechnischen Forschung mit dem Risiko behaftet sind, in Ausmischungen mit bestimmten Weißpigmenten (leider auch mit unserem Titanweiß) mit der Zeit auszubleichen. Viele ältere Maler lassen sich jedoch von der Forschung nicht beeindrucken und benutzen Preußischblau (oder Pariserblau) nach wie vor als ihr erstes Blau. Sie argumentieren dabei meist mit ihren jahrzehntelangen Erfahrungen, wonach es bei ihnen nie zu einer Ausbleichung gekommen sei. Ich bin jedoch der Meinung, daß man bei etwa gleichem Farbton der Farbe mit der höheren Lichtechtheit den Vorzug geben sollte (z.B. bei der Firma Schmincke hat Phtaloblau fünf Sterne, d.h. ‚höchste Lichtechtheit' und Preußischblau drei Sterne, was für ‚gute Lichtechtheit' steht). Als weiteres Blau haben wir noch Ultramarin. Es ist ein leicht rotstichiges Blau, das für die Darstellung der Ferne in Landschaften hervorragend geeignet ist. Kobaltblau hell ist ein neutrales Blau von höchster Lichtechtheit.

Vielleicht werden Sie sich fragen, warum ich drei verschiedene Blautöne vorschlage. Nun, wir brauchen sie erstens für die verschiedenen Stimmungen bei Himmel und Wolken und für das Ermischen von Grün mit Gelb. Phtaloblau ergibt z. B. mit Gelb ein ganz anderes Grün als etwa Kobaltblau. Hier eröffnet sich für Sie ein weites Feld für Mischexperimente.

Schließlich haben wir noch Elfenbeinschwarz. Es wird nur ganz selten verwendet. Im Grunde ist es entbehrlich und viele Maler verwenden überhaupt kein Tubenschwarz. Das benötigte Schwarz wird in der Regel aus bunten Farben ermischt z.B. aus Umbra gebrannt und Ultramarin. Auf jeden Fall wird Schwarz nicht unvermischt an größeren Stellen eines Bildes vermalt. Wir brauchen es allenfalls zum Abtönen von grauen Wolken oder für dunklen Rauch.

Das sind also meine Vorschläge für die Beschaffung von Farben, mit denen Sie für den Anfang sicher auskommen. Nach einer gewissen Zeit, wenn Sie mit diesen Farben gut umgehen können, werden Sie so weit sein, daß Sie aus eigenem Antrieb noch die eine oder andere Farbe dazunehmen, die Ihnen besonders gut gefällt. Vielleicht verzichten Sie auch auf einige der von mir vorgeschlagenen."

„Ich glaube, damit kann ich schon etwas anfangen. Wie ist es nun mit den Malmitteln? Wozu braucht man sie überhaupt?"

„Der erste Hauptzweck der Malmittel ist, die Farbe zu verdünnen, damit man sie leichter vermalen oder bestimmte Effekte besser erzielen kann. So wird beim Lasieren die Farbe meist mit einem Malmittel verdünnt."

„Ich habe eben schon das Wort ‚Lasur' gehört. Was versteht man eigentlich unter ‚lasieren'. Was für einen Zweck hat das?"

„Lasieren heißt das Aufbringen einer ganz dünnen Farbschicht, die durchsichtig ist. Das heißt, daß die Bildwirkung aus einem Zusammenwirken der Lasur mit der durch diese hindurch sichtbaren Untermalung zustande kommt. Oft werden über eine Untermalung, meist in Tempera, mehrere Lasuren gelegt, die alle zur Farbwirkung beitragen. Mit Lasuren kann man zarteste, schimmernde Farbwirkungen erzielen, die in deckender Malweise nicht erreichbar sind. Die alten Meister haben in der Regel mit Lasuren gearbeitet.

Doch nun zurück zu den Malmitteln. Der zweite Hauptzweck der Malmittel ist, die Trocknung der Farbschicht zu beeinflussen. Daher bieten die Farbenhersteller meist drei verschiedene Malmittel an. Zum Beispiel Malmittel 1 verdünnt die Farbe, ohne die Trocknung zu beeinflussen. Es wird gewöhnlich verwendet, um die Farbe für Untermalungen oder Lasuren zu verdünnen. Malmittel 2 dient zur Verlängerung der Trocknungszeit und Malmittel 3 zu deren Beschleunigung.

- Malmittel 1 dient zur Verdünnung ohne Beeinflussung des Trocknungsprozesses,
- Malmittel 2 verdünnt die Farbe und verlangsamt die Trocknung und
- Malmittel 3 verdünnt und beschleunigt die Trocknung.

Es gibt Maler, die ganz selten oder nie Malmittel verwenden. Andere Berufsmaler mischen sich ihre Malmittel selbst. Bestandteile sind dabei gereinigtes Terpentinöl, fette Öle (Lein-, Mohn- oder Nußöl) und in Terpentin gelöste Harze (Dammar, Mastix). Die Mischungen werden je nach Zweck in verschiedener Zusammensetzung und verschiedenen Verhältnissen angefertigt, z.B. 50 % Terpentinöl, 50 % Leinöl. Wer mehr darüber wissen will, kann das in der Speziallliteratur nachlesen. Für den Anfang ist es vollkommen ausreichend, die fertig gemischten Malmittel zu benutzen. Wenn Sie sich zu einem großen Könner entwickeln, kommt vielleicht die Zeit, wo Sie das Bedürfnis haben, sich die Malmittel selbst zu mischen."

„Das verstehe ich. Nun kommen wir zu den Pinseln. Welche Pinsel gibt es, welche soll man für den Anfang anschaffen?"

„Bei den Malpinseln unterschied man lange Zeit zwei große Gruppen: Borstenpinsel und Haarpinsel. Neuerdings gibt es auch Pinsel aus synthetischen Stoffen, z.B. aus Nylon. Sie haben aber für die Ölmalerei keine Bedeutung. Hier sollte man nur mit Naturpinseln arbeiten. Borstenpinsel werden gewöhnlich aus Schweinsborsten gefertigt, während die Haarpinsel aus den feinen Haaren verschiedener Tiere hergestellt werden. Die besten und teuersten sind Pinsel aus dem Haar des Rotmarders. Dann gibt es noch Pinsel aus Rindshaaren, Fehhaaren, Iltishaaren und Ponyhaaren. Sowohl Borsten- wie Haarpinsel werden als Flach- und Rundpinsel in verschiedenen, numerierten Größen hergestellt. Innerhalb der Borstenflachpinsel gibt es dann noch verschiedene Formen. Der einfache Flachpinsel ist am Ende glatt abgeschnitten und sieht in etwa rechteckig aus. Der flache Schlußkünstlerpinsel hat an den Seiten gegen das Ende nach innen gebogene Borsten, so daß sich der Borstenkörper etwas verjüngt. Schließlich gibt es noch Borstenpinsel, deren Borsten nicht glatt, sondern rund abgeschnitten sind — sogenannte Katzenzungenfacon. Mit den Schlußkünstlerpinseln malt es sich besser, sie sind aber teurer als die beiden anderen Sorten. Ob Ihnen Katzenzungenpinsel zusagen, müssen Sie selbst herausfinden. Es gibt Maler, die auf diese Art Pinsel schwören. Sie halten sie für die am vielseitigsten einsetzbaren und viele benutzen sie fast ausschließlich. Meiner Ansicht nach sind gerade abgeschnittene Pinselborsten für die Landschaftsmalerei besser geeignet.

Ob man Borsten- oder Haarpinsel benutzt, hängt weitgehend von der Malweise ab, die man gewählt hat, aber in gewissen Grenzen auch von der eigenen Vorliebe. Für breite und pastose Malerei, für Naß-in-Naß-Techniken, wo die Farbe so verarbeitet wird, wie sie aus der Tube kommt, bevorzugt der Maler in der Regel Borstenpinsel. Für feine Arbeiten an Details werden runde Haarpinsel benötigt und für Lasuren sowie andere Malweisen, bei denen mit Malmittel verdünnte Farben verwendet werden, ist der flache oder runde Haarpinsel am besten geeignet. Aber es gibt keine festen Regeln. Jeder malt mit dem Pinsel, der ihm am besten zusagt. Herausfinden kann man das nur durch Ausprobieren."

„Was heißt pastose Malerei?"

„Pastos nennt man eine Malerei, bei der die Farbe in dicken Schichten aufgetragen wird. Diese wie ‚Paste' aufgetragenen Schichten sind oft mehrere Milimeter dick. Das Gegenteil dazu wird oft transparent genannt, d.h. so dünne Schichten, daß sie durchscheinend — transparent — sind.

Dann gibt es noch feine Haarpinsel in verschiedenen Formen z.B. in Fächerform, die dazu dienen, die Pinselspuren zu beseitigen und weiche Übergänge zu schaffen. Sie heißen Vertreiber und die entsprechende Tätigkeit heißt vertreiben. Pinsel und Tätigkeit sind jedoch in erster Linie bei Stilleben und in der Porträtmalerei von Bedeutung. Für den Landschaftsmaler kommen sie dagegen seltener in Betracht. Was nun die Anfangsausstattung mit Pinseln für die Landschaftsmalerei betrifft, so rate ich zu folgender Auswahl: Von den Borsten- und Haarflachpinseln je einer der Größen 0, 2, 4, 6, 8, 10, 12 und dazu noch die Größen 16, 20 und 24, bei den Haarrundpinseln je einen der Größe 0, 2, 3, 4, 5 und 6. Das ist die Mindestausstattung. Wer großzügig mit sich selbst sein will, kauft von allen genannten Pinseln je zwei. Er braucht dann nicht so oft den Pinsel auszuwaschen, denn er kann dann z.B. einen Pinsel für die kalten Farben und einen gleichen für die warmen Farben verwenden. Schließlich braucht man noch einen breiten Streichpinsel oder Flächenstreicher von etwa 60 mm Breite, den man z.B. zum Firnissen benutzt.

Die meisten Maler bevorzugen heutzutage Borstenpinsel, weil sie oft pastos und mit sichtbarem Pinselstrich, der sogenannten Werkspur arbeiten. Das ließe sich mit Haarpinseln nicht so gut machen. Wer aber mehr die Malweise der alten Meister bevorzugt, benutzt oft Haarpinsel. Welche Pinsel Sie in erster Linie anschaffen, hängt also auch davon ab, welchen Malstil Sie schließlich anwenden werden. Wenn Sie unschlüssig sind und die Ausgabe für das von mir vorgeschlagene Pinselsortiment scheuen, schlage ich Ihnen vor, zunächst Versuche mit verschiedenen Pinseln anzustellen. In diesem Falle kaufen Sie nur je drei Borsten- und Haarpinsel der Größen 4, 6, und 12. Je nachdem für welche Malweise oder Pinselart Sie sich entscheiden, beschaffen Sie dann ein vollständiges Sortiment der von Ihnen bevorzugten Pinselart.

Christian Latz, der mit mir zusammen die Bildbeispiele angefertigt hat, malt fast ausschließlich mit Haarpinseln. Um mit Haarpinseln gut arbeiten zu können, muß man die Farbe immer ganz leicht verdünnen, sonst malt es sich nicht so gut und die Haarpinsel nutzen sich auch schneller ab.“

„Das scheint klar zu sein. Wie ist es nun mit der Palette?“

„Wenn Sie stehend malen wollen, müssen Sie unbedingt eine haben. Paletten werden fertig konfektioniert im Handel angeboten. Sie bestehen aus Holz oder Kunststoff. An einer Seite haben sie ein Loch, durch das der Daumen gesteckt wird. Die Palette ruht dabei auf dem Unterarm. Kaufen Sie eine möglichst große Ausführung, damit Sie genug Platz zum Mischen der Farben haben.

Wenn Sie sitzend malen, wie es viele Maler tun, können Sie zwar auch eine gekaufte Palette benutzen. Da Sie aber kein Daumenloch benötigen, tut es auch ein Stück Sperrholz von etwa 3—4 mm Stärke, das Sie auf einer Seite glatt geschliffen und einige Male mit Leinöl eingerieben haben. Sie können das Brett dann auch so groß wählen, wie Sie es brauchen, und sind nicht an die konfektionierte Größe gebunden.

Auch neu gekaufte Paletten sollten Sie tunlichst vor Gebrauch einige Male mit Leinöl einreiben, damit die Poren des Holzes getränkt werden. Wenn Sie das nicht tun, kann Ihnen am Anfang das Holz der Palette das Leinöl aus den Farben saugen, die Sie darauf mischen.

Dann gibt es noch sogenannte Papierpaletten. Sie bestehen aus Pergamentpapier und werden in Blocks zu 30 Blatt angeboten. Ihr Gebrauch ist nicht sehr verbreitet. Die meisten Maler bevorzugen offenbar Holzpaletten, auf denen sich die Farben besser mischen lassen. Der einzige Vorteil der Papierpalette ist, daß man sich das Reinigen erspart. Nach einem Arbeitstag wird das gebrauchte Blatt einfach abgelöst und weggeworfen. Am nächsten Tag wird das nächste Blatt benutzt.

Nicht wenige Maler verzichten jedoch heutzutage überhaupt auf eine Palette. Sie nehmen statt dessen eine Glasplatte, die sie auf das bereits erwähnte Beistelltischchen oder den Servierwagen legen. Unter die Glasscheibe legen sie weißes Papier oder einen weißen Karton. Auf dieser Glasplatte mischen sie die Farben. Am Ende eines Arbeitstages reinigen sie die Glasscheibe mit Terpentinersatz. Man kann die Glasscheibe so groß zuschneiden lassen, wie das Tischchen oder der Servierwagen ist. Man hat dann reichlich Platz zum Farbenmischen.

Wenn Sie im Stehen malen, brauchen Sie auch noch Palettstecker. Das sind Näpfchen aus Metall mit einer Vorrichtung zum Aufstecken auf den Palettenrand. Sie brauchen meist zwei davon; einen für das Malmittel und einen für Terpentinersatz zum Auswaschen des Pinsels, wovon gleich die Rede sein wird.

Wenn Sie im Sitzen malen, kommen Sie ohne Palettstecker aus. Für das Malmittel können Sie ein beliebiges kleines Gefäß nehmen, in das Sie etwas Malmittel aus der Flasche gießen und das Sie neben Ihre Palette stellen. Für den Terpentinersatz nehmen Sie zweckmäßigerweise ein größeres Gefäß.“

„Wie ist es denn mit dem Pinselreinigen? Dazu braucht man wohl die Lösemittel, von denen schon die Rede war?“

„Richtig. Zunächst braucht man von den Lösemitteln das relativ teure gereinigte Terpentinöl, das man zum Verdünnen der Farbe oder zum — vorsichtigen — Ablösen von Farbe auf der Leinwand benötigt. Zum Auswaschen der Pinsel während der Arbeit nimmt man Testbenzin, das unter der Bezeichnung Terpentinölersatz oder Terpentinersatz im Handel und für wenige Mark pro Liter zu haben ist. Wenn Sie es einkaufen, riechen Sie nach Möglichkeit erst daran. Da gibt es Unterschiede. Es gibt Sorten, die mild aromatisch riechen und daher angenehm zu verarbeiten sind. Die anderen, manchmal ziemlich penetrant riechenden Sorten, sollte man besser meiden. Wir benötigen diese Flüssigkeit ausschließlich zum Auswaschen der Pinsel, was Sie bei jedem Wechsel der Farbe während des Malens tun sollten. Als Gefäß können Sie einen käuflichen sogenannten

Pinselwascher aus Metall mit Sieb benutzen, an dem eine Spirale zum Einklemmen der Pinsel befestigt ist. Unbedingt notwendig ist das aber nicht. Sie können ebensogut ein leeres Gurken- oder Honigglas benutzen, das sonst in den Müll gewandert wäre. Ein Halbliterglas, das Sie etwas mehr als zur Hälfte mit Terpentinersatz füllen, ist ideal. Zum Pinselreinigen brauchen Sie dann noch mindestens zwei Lappen, nach Möglichkeit aus Baumwolle oder Leinen. An einem Lappen wischen Sie alle etwa an dem Pinsel noch haftende Farbe ab, bevor Sie den Pinsel in den Terpentinersatz tauchen und durch Drehen und Schwenken ganz säubern. Dann ziehen Sie den Pinsel an einem anderen, möglichst sauberen Lappen ab. Das ist einmal unbedingt notwendig und muß gründlich geschehen, weil sonst der im Pinsel befindliche Terpentinersatz die Farbe, in die Sie den Pinsel anschließend tauchen, stark verdünnen und möglicherweise Ihr Bild schädigen würde. Andererseits können Sie aber auch an dem Lappen beim Abwischen des Pinsels sehen, ob dieser richtig sauber ist und notfalls nachwaschen.

Das vorherige Abwischen des Pinsels ist deswegen notwendig, weil sich das Öl der Farbe im Terpentinersatz auflöst. Das ist der eigentliche Waschvorgang. Je mehr jedoch die Flüssigkeit mit den fetten Ölen aus den Farben gesättigt ist, umso schlechter löst sie neue Farbe vom Pinsel. Wenn Sie also oft einen vollen Pinsel in den Terpentinersatz tauchen, wird er bald unbrauchbar. Andernfalls hält er viele Tage vor. Aber auch dann müssen Sie ihn von Zeit zu Zeit erneuern. Zwei Zeichen sagen Ihnen, wenn es soweit ist. Beim Auswaschen der Pinsel wird der sonst klare Terpentinersatz trüb. Wenn er dann einige Stunden steht, setzen sich die Pigmente ab und die Flüssigkeit wird wieder klar. Je frischer der Terpentinersatz ist, umso schneller wird er wieder klar. Wenn die Lösung so gesättigt ist, daß die Pigmente sich nur noch langsam absetzen und die ursprünglich farblose Flüssigkeit gelb wird, ist es höchste Zeit zum Wechseln. Das zweite Zeichen ist der Sauberkeitsgrad des Pinsels nach dem Auswaschen. Wenn der Pinsel trotz kräftigen Schwenkens nicht mehr ganz sauber wird, sondern in der Farbe getönt bleibt, die Sie gerade benutzt haben, ist der Wechsel überfällig.

Bevor es aber soweit ist, können Sie auch nach Absetzen der Pigmente den Terpentinersatz vorsichtig ab- und in ein anderes Glas umgießen. Mit etwas Zusatz von frischem Terpentinersatz geht es dann wieder eine Weile.

Wenn Sie sich Ihre Pinsel lange erhalten wollen, tun Sie gut daran, sie nach einem Arbeitstag gründlich auszuwaschen. Das geht folgendermaßen vor sich: Zunächst waschen Sie den Pinsel in Terpentinersatz, um möglichst alle Farbreste zu entfernen. Anschließend waschen Sie den Pinsel mit Wasser und Kernseife. Sie streichen mit dem Pinsel über die nasse Seife, damit er etwas davon aufnimmt; anschließend bewegen Sie den Pinsel in Ihrer Handfläche, indem Sie etwas Wasser beigeben, bis Seifenschaum entsteht. Dann spülen Sie den Pinsel solange unter fließendem Wasser, bis die letzten Reste der Seife ausgewaschen sind. Anschließend bringen Sie mit den Fingern den nassen Pinsel in die Form, die er hatte, als Sie ihn kauften. So lassen Sie ihn trocknen. Er wird Ihnen diese kleine Mühe durch eine lange Lebensdauer danken.

Bewahren Sie Ihre Pinsel stets so auf, daß die Borsten oder Haare nicht belastet oder gestaucht werden. Wenn Sie Ihre Pinsel in einem Gefäß stehend aufbewahren, achten Sie darauf, daß die Stiele immer unten und die Borsten oder Haare immer oben sind.“

„Sie haben dann noch Palettmesser, Malspachtel und Malstock erwähnt. Was hat es damit auf sich?“

„Das Palettmesser dient mehreren Zwecken. Viele Maler mischen damit ihre Farben auf der Palette. Andere nehmen dazu den Malspachtel. Schließlich mischen viele einfach mit dem Pinsel. Außerdem wird das Palettmesser dazu benutzt, Farbe von der Leinwand zu entfernen, wenn einem eine Stelle mißlungen ist und man sie noch einmal malen möchte. Der Malspachtel wird schließlich noch zum Auftragen von Farbe auf die Leinwand anstelle des Pinsels benutzt. Damit kann man besondere Effekte erzielen. In der realistischen Landschaftsmalerei ist er jedoch dazu kaum zu gebrauchen. Der Malstock dient zur Stützung der malenden Hand, wenn man an einer noch nassen Stelle des Malgrundes arbeitet und feine Details malt, die eine ruhige Hand erfordern. Man kann ihn leicht selbst herstellen. Man nimmt dazu einen Holzrundstab von der Dicke etwa eines Fingers oder einen gleich dicken Bambusstock und bindet an ein Ende einen mit einem Stück Tuch überzogenen Wattebausch von etwa 5—6 cm Dicke. Dieses Polster wird dann auf eine bereits trockene Stelle der Leinwand oder auf die Staffelei aufgelegt, während man den Stock so mit der einen Hand hält, daß sich die andere Hand, mit der man malt, gut abstützen kann. Wenn man einen glatten Rundstab verwendet, kann man den Malstock auch als eine Art Lineal benutzen, um gerade Linien ziehen zu können."

„Ist das nun alles?"

„Das ist zunächst alles, was Sie für den Anfang brauchen. Es ist das, wozu ich Ihnen zunächst raten kann und womit Sie wunderschöne Bilder malen können. Später, wenn Sie vielleicht dazu übergehen, Ihren Malgrund selbst zu grundieren und auf Keilrahmen aufzuziehen, brauchen Sie noch das eine oder andere Werkzeug, das ich hier nicht erwähnt habe. Dann werden Sie aber auch so weit fortgeschritten sein, daß Sie meinen Rat nicht mehr benötigen."

Die Vorzeichnung

Mit der Vorzeichnung beginnt das Malen eines Bildes. Zwar gibt es auch Künstler, die ein Bild ohne jede Vorzeichnung malen, dem Freizeitmaler ist jedoch zu raten, auf die Vorzeichnung nicht zu verzichten. Die ersten Fragen lauten also:

„*Wie macht man eine Vorzeichnung in der Landschaftsmalerei? Welches Material benutzt man dazu?*"

„Wie bei den meisten anderen Aspekten der Malerei ist auch das Vorgehen der Maler bei der Vorzeichnung sehr verschieden. Viele Maler machen vorher mehrere Skizzen und zeichnen das ganze Bild zuerst auf Papier. Von vielen alten Meistern sind solche Skizzen erhalten, so daß wir ziemlich genau wissen, wie sie vorgegangen sind. Andere Maler begnügen sich mit nur wenigen Strichen, mit denen sie die Hauptgegenstände des Bildes eher nur andeuten als genau vorzeichnen. Dazwischen gibt es natürlich viele Stufen mehr oder weniger ausgearbeiteter Vorzeichnungen.

In der Landschaftsmalerei sind sehr detaillierte Vorzeichnungen nicht unbedingt erforderlich. Der Freizeitmaler tut jedoch am Anfang gut daran, seine Vorzeichnungen sorgfältig durchzuführen. In dem Maße wie er Fortschritte macht, wird er von selbst die Art der Vorzeichnung finden, die er persönlich benötigt. Die Detailgenauigkeit braucht in der Landschaft jedoch in keinem Falle zu weit getrieben zu werden. Ein Baum wird z.B. nie so gemalt wie etwa ein Porträt. Man versucht nicht, jeden Ast und jedes Blatt an der richtigen Stelle naturgetreu wiederzugeben. Angestrebt wird vielmehr die Wiedergabe der allgemeinen Erscheinung nach Größe, Form, Struktur und Färbung der Blätter. Es genügt also, in der Vorzeichnung die Umrisse, den Stamm und die Hauptäste festzulegen. Empfehlenswert ist jedoch, immer die Licht- und Schattenverteilung, die in der Malerei von größter Bedeutung ist, wenigstens andeutungsweise wiederzugeben.

Wenn die dem Bilde zugrunde liegenden Skizzen zunächst in kleinerem Format vorliegen, als das Bild geplant ist, was in der Regel der Fall sein wird, muß mit der Übertragung auf den Malgrund auch gleichzeitig eine Vergrößerung erfolgen. Dazu gibt es zwei Wege. Erstens kann man die Skizze direkt in vergrößertem Maßstab auf den Malgrund zeichnen, zweitens kann man die Zeichnung im richtigen Maßstab auf ein Transparentpapier zeichnen und sie dann auf den Malgrund übertragen. Der zweite Weg ist zwar umständlicher, aber er ist sicherer und man erspart es sich, auf dem Malgrund noch an der Vorzeichnung herumzuradieren und zu korrigieren.

Die Vergrößerung kann der sehr geübte Zeichner freihändig vollbringen. Dem Freizeitmaler rate ich jedoch wenigstens am Anfang, die Methode der Hilfsrechtecke anzuwenden. Dazu teilt man die Skizze mit dem Bleistift in eine bestimmte Anzahl von Rechtecken in der Weise, daß man sie zunächst in der Länge und Breite halbiert und somit vier Rechtecke erhält. Diese werden wieder unterteilt und man erhält 16 Rechtecke usw. Je mehr Rechtecke, umso leichter die Übertragung. Aber nicht so viele, daß man von der Zeichnung nichts mehr sieht! Rechtecke, in denen besonders viele wichtige Details sind, kann man noch weiter unterteilen und mit Diagonalen versehen.

Wenn man die Skizze nicht mit Bleistiftstrichen ‚verunzieren' will, kann man auch eine durchsichtige Folie darüberlegen und darauf das Gitternetz anbringen. Auf dem Malgrund oder dem Transparentpapier, die natürlich das gleiche Längen/Breitenverhältnis haben müssen wie die Skizze, wird dann die gleiche Anzahl von Rechtecken aufgezeichnet. Die Länge und Breite der Rechtekke auf der Vergrößerung entspricht dann automatisch dem richtigen Verhältnis (Abb. 3).

Anschließend fällt es dann leicht, die Zeichnung Rechteck für Rechteck in vergrößertem Maßstab zu übertragen. Hat man auf Transparentpapier übertragen, kann man die Zeichnung noch vervollständigen, damit man einen Eindruck vom Motiv in den richtigen Dimensionen erhält. Eventuell kann man in dieser Phase noch Korrekturen anbringen. Man hat mit dieser im richtigen Maßstab vorliegenden Zeichnung dann auch eine Bezugsmöglichkeit, die man zu Rate ziehen kann, wenn die Vorzeichnung einmal übermalt ist und man sich eventuell ‚verirren' sollte.

Die Übertragung von der Transparentzeichnung auf den Malgrund kann man auf mindestens drei Arten bewerkstelligen. Bei der ersten Methode benutzt man ein im Fachhandel auch in größeren Formaten erhältliches Übertragungspapier, das mit Graphit beschichtet ist und wie Kohlepapier verwendet wird. Man paust dabei allerdings nur die Hauptlinien durch, die man auf dem Malgrund haben will. Bei der zweiten Methode reibt man die Rückseite des Transparentpapiers mit Rötel ein, legt die Zeichnung über den Malgrund und paust dann die Hauptlinien mit einem Bleistift durch.

Nach der dritten Art werden entlang der Hauptlinien der Zeichnung in einem Abstand von 2—3 mm mit einer Nadel Löcher in das Transparentpapier gestochen. Anschließend reibt man Zeichenkohle auf einem Schmirgelpapier zu Staub. Dann wird das Transparentpapier passgenau auf dem Malgrund befestigt und die ‚Lochlinien' mit Kohlestaub bestreut und durch Reiben wird der Staub durch die Löcher auf den Malgrund übertragen.

In allen drei Fällen sollte man überschüssiges Graphit bzw. Rötel oder Kohle mit einem Knetgummi abnehmen oder zumindest abstauben. Anschließend kann man die Vorzeichnung auf dem Malgrund noch nach Belieben ergänzen und weiter vervollständigen.

Lassen Sie sich von niemandem einreden, die Rechteckmethode sei eine Krücke und eines ‚wahren Künstlers' unwürdig. Viele professionelle

Abb 3 Übertragung und Vergrößerung nach der Rechteckmethode. Links unten die Vorlage, die auf den mit der gleichen Anzahl Rechtecken versehenen Malgrund vergrößert übertragen wird. Wegen der besseren Übersichtlichkeit wurden weniger Rechtecke benutzt als das normalerweise der Fall ist.

Künstler benutzen diese Methode und es ist allgemein bekannt, daß z. B. *Dürer* ein Gitternetz aus Draht benutzte, über das er sein Motiv anpeilte.

Wenn man die Übertragung der Zeichnung ohne Benutzung eines Transparentpapiers direkt auf den Malgrund durchführen will, kann man dazu verschiedene Materialien benutzen. Holzkohle wurde lange Zeit für diese Zwecke benutzt. Sie läßt jedoch kaum feine Detailarbeit zu, außerdem krümelt sie stark, so daß man auch hier die überschüssige Kohle entweder mit einem Lappen abstauben oder mit Knetgummi abnehmen muß. Wenn man dies nicht tut, riskiert man, daß man die losen Kohlepartikelchen mit der aufgetragenen Farbe auf dem Malgrund verschmiert und so die Farbe verschmutzt. Das ist der Grund, weshalb viele Maler von der Holzkohle wieder abgekommen sind.

Das nächste Material ist Rötel oder Kreide. Dagegen wird eigentlich nur eingewendet, daß sie zum Schmieren neigen. Auch hier wird es daher möglicherweise nötig sein, den Knetgummi zur Hand zu haben, um Überschüsse abzunehmen.

Tusche wird recht selten verwendet, ist aber auch eine Möglichkeit.

In neuerer Zeit wird immer öfter der Bleistift zum Vorzeichnen benutzt. Gut angespitzt erlaubt er auch feine Detailzeichnungen und er läßt sich auch besser radieren als Rötel und Kreide. Gegen den Bleistift wird eingewendet, daß der Graphit durch dünne Farbschichten ‚durchwachsen' könnte. Diese Gefahr ist aber meiner Ansicht nach nur gegeben, wenn man weiche Bleistifte benutzt. Verwendet man mindestens HB-Bleistifte, so ist die Graphitspur so dünn, daß kaum eine Gefahr besteht. Abgesehen davon sollte man übertrieben dünne Farbschichten auch aus anderen Gründen vermeiden.

Schließlich gibt es die Vorzeichnung mit verdünnter Farbe, gegen die es meines Wissens keine Einwände gibt, es sei denn, daß feine Details damit etwas schwieriger zu zeichnen sind als mit Bleistift. Wenn Sie aber einen kleinen Marderhaarrundpinsel nehmen, dürften Sie keine allzu großen Schwierigkeiten haben. Man kann sowohl mit Terpentinöl stark verdünnte Ölfarbe als auch dünne Aquarell- oder Temperafarbe benutzen. Natürlich muß man bei der Anwendung dieser Methode sehr sicher im Zeichnen sein. Radieren kann man das naturgemäß nicht. Ich rate Ihnen, zunächst mit einem HB-Bleistift vorzuzeichnen oder, wenn Sie sehr vorsichtig sein wollen und gut zeichnen können, mit verdünnter Farbe."

Malweisen in der Landschaftsmalerei

Die Malweisen, d.h. die spezielle Technik, die ein Maler beim Malen eines Bildes verwendet, sind vielfältig. Sie änderten und entwickelten sich im Laufe der Jahrhunderte. Doch zu allen Zeiten, wie auch in unserer Zeit, verwendeten und verwenden die Maler auch verschiedene Techniken zur gleichen Zeit. Innerhalb der Techniken gibt es dann noch verschiedene Varianten. In der heutigen Zeit ist die Vielfalt der Techniken besonders groß. Etwas übertrieben könnte man sagen, daß fast jeder Maler seine eigene Technik hat. Mit dieser Vielfalt der Techniken geht auch eine Vielfalt der Überzeugungen einher oder sie liegt ihr zugrunde. Dies ist für den Neuling oder Freizeitmaler, der sich informieren will, oft recht verwirrend. Was der eine Maler lobt und empfiehlt, wird von dem anderen oft strikt abgelehnt. Die Vielfalt und Uneinheitlichkeit führt auch dazu, daß das Aufstellen von Regeln und Klassifizierungen schwierig ist. Es gibt diese Klassifizierungen natürlich doch, wenn sie auch sehr verschieden sind und sich teilweise widersprechen. Wer daran interessiert ist, kann das alles in mehr theoretisch orientierten Werken nachlesen.
Für die Praxis und für den lernenden Freizeitmaler ist vor allem wichtig, Techniken kennenzulernen, die einerseits in Jahrzehnten erprobt wurden und die andererseits den Ergebnissen der maltechnischen Forschungen nicht widersprechen. Außerdem sollen sie in der praktischen Durchführung nicht zu schwierig sein. Dazu will dieses Buch verhelfen.

Die erste Frage, die dem angehenden Freizeitmaler in diesem Zusammenhang in den Sinn kommt, lautet wahrscheinlich meist wie folgt:

„*Welche Malweisen gibt es, und welche werden in der Landschaftsmalerei verwendet?*"

„Meist wird unterschieden zwischen Primamalerei und Schichtenmalerei. Primamalerei ist demnach jede Malerei, bei der versucht wird, in einem Arbeitsgang die Farben und Formen eines Bildes wie gewünscht auf die Leinwand zu bringen. Die Primamalerei im engeren Sinne wird oft als eine Malerei beschrieben, bei der die Farben, manchmal ohne jede Vorzeichnung, Fleck für Fleck nebeneinander auf den Malgrund gesetzt werden, bis das Bild fertig ist. Dies erfordert viel Erfahrung und große Meisterschaft als Voraussetzung und höchste Konzentration bei der Ausführung. Bei der Primamalerei wird meist mit Borstenpinseln gearbeitet und die Farbe wird so verarbeitet, wie sie aus der Tube kommt. Oft wird recht pastos gemalt. Vielfach werden kräftige Farben verwendet. Der Pinselstrich, die sogenannte Werkspur, ist meist deutlich zu sehen und es gibt harte Übergänge von einer Farbe zur anderen. Oft bleibt zwischen Pinselstrichen der weiße Malgrund stehen.

Es gibt aber auch Primatechniken, auch als Naß-in-Naß-Techniken bezeichnet, bei denen anders vorgegangen wird. Die Malfarbe wird auch hier im wesentlichen unverdünnt vermalt. Man malt jedoch zumindest am Anfang nicht pastos und vermeidet den sichtbaren Pinselstrich sowie unbemalte Streifen oder Stellen auf dem Malgrund. Es wird oft mit gebrochenen, d.h. gedämpften Farben gemalt. Außerdem gibt es keine harten Übergänge von Farbfläche zu Farbfläche, was der natürlichen Sehweise entspricht und die Bilder in ihrem Aussehen den Werken alter Meister ähnlich werden läßt. Allen Varianten der Primamalerei ist jedoch eigen, daß naß in naß gemalt wird. Bei einer Vervollständigung und Korrektur, die auch bei der Primamalerei im engeren Sinne vorkommt, wird in die nasse Farbe mit einer neuen Farbe hineingemalt. Das Übermalen naß in naß stellt genau genommen oft eine Art Mischen auf dem Malgrund dar, weil die auf eine nasse Stelle aufgetragene Farbe sich mit der dort befindlichen mischt. Eine bestimmte Farbe oder Farbmischung wird verschieden aussehen je nachdem, ob man sie auf eine nasse oder eine getrocknete Farbe aufträgt. Das muß genau beachtet werden und ist ein weiterer Faktor, der die Primamalerei schwierig gestaltet.

● In der Primamalerei wird versucht, in einem Arbeitsgang naß in naß ein Bild fertigzumalen.

Die Schichtenmalerei strebt im Gegensatz zur Primamalerei das Ergebnis in mindestens zwei Schichten an, wobei eine weitere Schicht immer erst aufgetragen wird, wenn die untere trocken ist.

Die Übermalung kann dann deckend geschehen oder in Lasuren. Bei Lasuren bleibt die Untermalung in ihren Formen und der Hell-Dunkel-Verteilung durch die dünnen Farbschichten der Lasur sichtbar und trägt damit zur Gesamtwirkung des Bildes entscheidend bei. Dadurch sind besondere Wirkungen erzielbar, die mit deckender Malweise nicht erreichbar sind. Doch auch bei halbdeckender oder deckender Malweise kann die Untermalung an der Endwirkung des Bildes zumindest stellenweise beteiligt sein.

Bei der Lasurenmalerei wird oft mit Temperafarben untermalt. Dabei wird die endgültige Farbwirkung immer als ein Zusammenspiel der Untermalung und der darüber liegenden Lasuren angestrebt. Oft wird einfarbig untermalt, z.B. in Grau, was ‚Grisaille' genannt wird. Im Vergleich zur Primamalerei bedeutet das eine Trennung von Formgebung und Anlage von Licht und Schatten, die in der Untermalung vorgenommen werden, von der farblichen Gestaltung durch die Lasuren. Das wurde über Jahrhunderte so gehandhabt bei wechselnden Farben für die einfarbige Untermalung. In neuerer Zeit wird auch eine bunte Untermalung betrieben, z.B. in Kontrastfarben, was besondere Wirkungen ermöglicht.

● In der Schichtenmalerei werden die Farben in Schichten aufgebracht, die man jeweils trocknen läßt, bevor die nächste Schicht gemalt wird.

Neben der reinen Lasurenmalerei mit oft vielen Schichten gibt es in der Schichtenmalerei noch andere Techniken. Sie streben im wesentlichen nur zwei Schichten an, die im allgemeinen deckend sind: die Untermalung und die Übermalung. Die Untermalung kann dabei ebenfalls in Tempera ausgeführt werden, die ja schnell trocknet. Es gibt aber auch Untermalung mit Aquarellfarben, Acrylfarben und schließlich mit Ölfarben. Arbeitet man bei der Untermalung mit Ölfarben, muß man unbedingt den Malgrundsatz ‚fett auf mager' beachten. Das heißt in dem konkreten Fall, daß die Farbe für die Untermalung stets in einer ganz dünnen Schicht gemalt werden muß. Oft wird auch die Farbe mit Malmittel 1 verdünnt. Beachtet man die Regel nicht, so riskiert man, daß die Übermalung Risse bekommt, wenn man die Untermalung nicht sehr lange trocknen läßt. Die reine Ölfarbe dehnt sich, wie bereits bei der Besprechung der Farbe erwähnt, bei dem Trocknungsprozeß aus. Aber selbst wenn man lange genug wartet oder Harzölfarbe verwendet, ist eine fette Untermalung schon deswegen ungünstig, weil auf trockener fetter Farbe frische Farbe schlecht haftet. Es kann sogar vorkommen, daß sie alsbald abplatzt. Daher sollte man den Grundsatz ‚fett auf mager' stets beachten.

● Werden Ölfarbenschichten übereinander gemalt, gilt stets der Grundsatz ‚fett auf mager' d.h. die untere Schicht muß dünn gemalt werden.

Die Untermalung, ob mit Ölfarbe oder anderen Farben, kann dabei weit ins Detail gehen und schon die ungefähren Farbtöne angeben oder sich auf nur allgemeine flächige Andeutungen beschränken. Die Übermalung ist meist deckend und bis zu einem gewissen Grade Naß-in-Naß-Malerei. Manchmal wird aber auch auf die Untermalung eine meist einfarbige Grundlasur aufgebracht, in der Landschaftsmalerei oft in Grün. Darauf folgt dann die Übermalung, die meist deckend ist."

„Das ist alles sehr lehrreich! Aber was bedeutet das für den Freizeitmaler?"

„Manchmal hört man die Meinung, bei einem Freizeitmaler komme es nicht auf diese Kenntnisse oder auf eine sorgfältige Farbauswahl an, weil er seine Bilder nur für sich und für den Augenblick malt und nicht für spätere Jahrhunderte. Ich teile diese Meinung nicht. Ich bin der Ansicht, daß der Freizeitmaler, auch wenn er nur für sich, seine Familie und seine Freunde malt, sich viele Jahre oder Jahrzehnte an seinen Bildern erfreuen will. Im übrigen hat schon so mancher Freizeitmaler sein Können so weit vervollkommnet, daß er viele Bilder verkaufen konnte.

Aber aus einem ganz anderen Grunde halte ich die Kenntnis der elementaren Maltechniken für den angehenden Freizeitmaler für wichtig. Allzu oft passiert es, daß ein mit dem besten Willen ausgestatteter Malbeflissener in aller Unbefangenheit sein erstes Bild in der eben beschriebenen Primatechnik beginnt. Da ist es kein Wunder, wenn das schiefgeht, weil dies eine Technik ist, mit der sogar der ausgereifte Meister oft seine Schwierigkeiten hat. Das hat dem Freizeitmaler aber niemand gesagt. Er sucht also die Schuld bei sich selbst, hält sich für talentlos und stellt seine Malversuche ein. Und das ist doch traurig, weil es meist ganz einfach nicht stimmt: er ist nur an eine ihm (noch) nicht angemessene Technik geraten.

Daraus folgt, daß sich der Freizeitmaler zumindest am Anfang nicht an der Primamalerei im engeren Sinne versuchen sollte. Auch sehr ausgefeilte Lasurtechniken mit vielen, genau berechneten Schichten sind für den Anfang nicht geeignet.

Ich empfehle daher dem Freizeitmaler, sich zunächst auf eine Schichtenmalerei, die sich im wesentlichen auf Untermalung beschränkt, sowie auf eine vorsichtige Naß-in-Naß-Technik zu konzentrieren. Damit hat er je eine Malweise der beiden großen Gruppen als Einstieg in die gesamte Vielfalt. Von diesem Sprungbrett kann er sich Schritt für Schritt weiterentwickeln, wenn er will. Er kann aber auch bei diesen Techniken bleiben, mit denen man alles malen kann, was die Landschaft einem bietet. Und das ist nicht wenig.

Bei der Schichtenmalerei sollte man mit einer Öluntermalung beginnen, aber nach und nach auch die anderen Möglichkeiten der Untermalung mit Tempera-, Aquarell- oder Acrylfarben erkunden. Bei der Öluntermalung bitte nicht vergessen: fett auf mager!

Bei der Naß-in-Naß-Technik kann man auf zwei Arten vorgehen. Bei der einen Art fängt man an einer Stelle an und arbeitet von dort aus weiter, die Leinwand Stück für Stück ausfüllend. In der Landschaftsmalerei fängt man gewöhnlich oben an, d.h. mit dem Himmel und den Wolken, dann geht man streifenweise weiter, dem Schreiben nicht unähnlich, bis der Malgrund ganz bedeckt und das Bild fertig ist. Normalerweise wird auf eine fertige Stelle nicht mehr zurückgegangen. Wenn man es aber doch tut, dann nur solange, wie die Farbe noch naß ist.

Die zweite Methode besteht darin, die Leinwand zunächst mit einer dünnen, mageren Farbschicht flächig zu bedecken. In diese nasse Schicht wird dann sofort hineingemalt und das Bild Schritt für Schritt fertiggestellt. Diese dünne Farbschicht wird oft Untertuschung genannt. Sie kann einfarbig sein, oder schon annähernd in den Farben angelegt werden, die im Endzustand angestrebt werden. Es ist klar, daß diese Methode einen entscheidenden Nachteil für den Freizeitmaler hat: Da man in die nasse Unterschicht hineinmalt, muß das Bild ‚an einem Stück' fertiggemalt werden. Der Hobbymaler wird schon aus Zeitgründen dazu oft nicht in der Lage sein."

„Ich habe jetzt nur noch eine Frage zur Maltechnik. Sie haben gesagt, man könne beim Malen die Farben entweder weich ineinandermalen oder mit sichtbarem Pinselstrich hart nebeneinander stehen lassen. Was ist denn nun richtig?"

„Das ist nun nicht mehr eine Frage der Malweise oder Maltechnik, sondern des Geschmacks oder der Kunstrichtung, der man sich anschließen will. Sie kann daher nicht mit falsch oder richtig beantwortet werden. Wenn die Frage dahin zielt, was ich bevorzuge, so ist die Antwort schon leichter. Es gehört zu den vorzüglichen Eigenschaften der Ölfarbe, daß man damit wunderbar weiche, fast unmerkliche Farbübergänge zustande bringt, wie es mit keiner anderen Farbe möglich ist und wie es jahrhundertelang als ‚naturwahr oder naturgemäß' von Generationen von Malern angestrebt wurde. Harte Übergänge und lineare Elemente geben der Malerei stets etwas graphikähnliches und lassen die so natürlich wirkende Weichheit und Rundheit vermissen, wie man sie aus vielen Meisterwerken der Malerei kennt. Von *Leonardo da Vinci* ist überliefert, daß er immer wieder seine Schüler ermahnte, harte, lineare Elemente in der Malerei zu vermeiden und ‚sfumato' zu malen, was heißen sollte: mit weichen Übergängen. Es hat aber ebenso schon in früheren Zeiten berühmte Maler gegeben, die mit sichtbarem Pinselstrich gemalt haben, z.B. der spätere *Rembrandt und Frans Hals.* Sie waren aber eine Minderheit.

In unserer Zeit hat sich unzweifelhaft bei den Berufsmalern das Malen mit sichtbarem Pinselstrich durchgesetzt. Es scheint aber so, daß das Publikum und die Freizeitmaler in ihrer großen Mehrheit diesem Trend nicht folgen wollen, obwohl mir dazu keine gesicherten Erkenntnisse vorliegen. Sicher ist, daß die weichen Übergänge der natürlichen Sehweise des Menschen entsprechen und daher so natürlich wirken.

Ich bin der Meinung, daß es schade ist, wenn die einzigartigen Vorteile der Ölfarbe nicht dazu benutzt werden, naturwahre, dem wirklichen Erscheinungsbild entsprechende Bilder zu malen. Ich ziehe also persönlich die Malweise der großen Meister vor. Das ist natürlich kein Werturteil. Vielleicht ist es so, daß die Mehrheit der Berufskünstler dem Rest der Bevölkerung voraus ist. Mag sein, in hundert Jahren lieben alle die Ölmalerei mit kräftigen Pinselstrichen und harten, wenn auch unnatürlich wirkenden Übergängen und die Berufsmaler malen schon wieder ‚sfumato' wie *Leonardo da Vinci.*

Wie dem auch sei, jeder soll malen, wie es ihm am besten gefällt! Nur ein Wort der Warnung: Sollte jemand meinen, die harte Pinselstrichmalerei sei immer leichter, so wird er bald feststellen, daß es auf beide Arten annähernd gleich schwer ist, ein gutes Bild zu malen."

Besonderheiten der Landschaftsmalerei

Die wichtigste Besonderheit der Landschaftsmalerei besteht darin, daß man zum Betrachten des Modells, zum Skizzieren oder auch zum Malen hinaus in die freie Natur geht. Was zu der Frage des an der Landschaftsmalerei interessierten Freizeitmalers führt:

„Malt man Landschaften eigentlich draußen in der Natur oder zu Hause im Atelier?"

„Die Antwort darauf ist: sowohl als auch. Über Jahrhunderte hinweg haben die Maler nur in ihren Ateliers gemalt. In neuerer Zeit, seit der zweiten Hälfte des 19. Jahrhunderts, hat sich das geändert. Die Maler zogen seither und ziehen immer noch in Scharen mit Feldstaffeleien ins Freie, um vor der Natur zu malen.

Aber auch heute gibt es noch viele Maler, die ihre Landschaften ausschließlich im Atelier malen. Das hat mehrere Gründe. Abgesehen von den wechselnden Einflüssen des Wetters und des Lichtes eignet sich zum Malen vor Ort eigentlich nur die Primamalerei. Ein ausgefeiltes Bild in Schichtenmalerei kann nur im Atelier entstehen. Dazu kommt, daß der Transport der ganzen Malausrüstung an den jeweiligen Ort des Geschehens ebensowenig ohne Schwierigkeiten vonstatten geht, wie derjenige des nassen fertigen Bildes nach Hause. Viele Maler vermeiden diese Umstände.

Hinaus in die Natur muß man allerdings doch, und man sollte es nicht bedauern. Man muß die Natur so oft und so gründlich wie möglich beobachten und studieren und sich dabei Skizzen machen, andernfalls wird man kaum in der Lage sein, gute Landschaften zu malen. Man kann jedoch mit ‚leichtem Gepäck' ins Freie gehen. Ein Skizzenblock und ein Bleistift und wenn es hoch kommt, eine Aquarellausrüstung genügen. Und vergessen Sie nicht Ihre Kamera mitzunehmen, wenn Sie eine gute haben!"

„Man hört aber von Malern, die das Benutzen von Kameras als ‚unkünstlerisch' strikt ablehnen. Sie empfehlen also ihre Benutzung?"

„Ja. Es ist wahr, daß manche Maler jede Benutzung von Kameras ablehnen. Man kann darüber philosophieren, warum das so ist. Die Erfindung der Fotografie und ihre rasche Verbreitung muß auf die damalige Malergeneration wie ein Schock gewirkt haben. Was sie erst nach vielen Jahren des Lernens und Übens zu vollbringen in der Lage waren, ein Bild von dem anzufertigen, was sie sahen, konnte jetzt jeder ohne Vorkenntnisse durch einen einfachen Knopfdruck erreichen. Vielleicht ist das die Wurzel für die Kamerafeindlichkeit vor allem älterer Maler. Trotzdem hat es von Anfang an viele Maler gegeben, die den Fotoapparat wie selbstverständlich genutzt haben. Viele haben es allerdings ängstlich geheimgehalten. Kürzlich ging eine Meldung durch die Presse, daß man im Nachlaß des berühmten Berliner Zeichners *Heinrich Zille* eine Kiste gefunden habe, in der sich eine große Anzahl von fotografischen Platten befand. Auf vielen dieser Platten befanden sich Motive, die in den Zeichnungen *Zilles* genau wiederzuerkennen sind. Von diesen Platten hatte bis dahin niemand etwas gewußt. Offenbar hatte *Zille* bei der Motivsuche eifrig die Kamera benutzt, dies aber streng geheimgehalten, weil er wußte, daß ihn viele dafür tadeln würden.

Noch früher wurde bekannt, daß *Franz von Lenbach* sich fleißig der Hilfe der Fotografie bediente, obwohl er das offenbar nicht geheimgehalten hat.

Gleichermaßen gilt als sicher, daß eine lange Reihe sehr bekannter Maler die Fotografie in den Dienst ihrer Kunst stellten. In diesem Zusammenhang werden genannt: *Ingres, Delacroix, Courbet, Manet, Degas, Leibl, Slevogt, Munch, Max Ernst* und *Picasso.*

Die heutige Malergeneration, insbesondere im angelsächsischen Raum, hat ein unbefangenes Verhältnis zum Fotoapparat. Viele Maler benutzen ihn und empfehlen seine Benutzung. In einem sind sich jedoch alle mehr oder weniger einig. Sie warnen davor, Fotografien einfach akribisch abzumalen. Sie sehen in dem Foto eher eine Art

Skizzierhilfe, Gedächtnisstütze und allenfalls Ersatz für die erste Orientierungsskizze.

Ich rate Ihnen auch, die Kamera in diesem Sinne zu benutzen. Benutzen Sie sie in erster Linie zum Festhalten von Einzelheiten: Ein Baum, eine Hekke, ein Weg, Spiegelungen im Wasser. Bei Gesamtansichten einer Landschaft müssen Sie unbedingt beachten, daß die Kamera je nach Brennweite des Objektivs meist einen vom menschlichen Auge verschiedenen Blickwinkel und damit eine verschiedene Tiefenstaffelung abbildet. Schon das bei modernen Kleinbildkameras als normal bezeichnete Objektiv mit einer Brennweite von 50 mm hat einen breiteren Bildwinkel und eine größere Tiefenstaffelung als das unbewaffnete menschliche Auge. Mit anderen Worten: Das Kameraobjektiv wirkt wie ein umgekehrt vor das Auge gehaltenes Fernrohr. Die Gegenstände in der Tiefe erscheinen weiter entfernt, als mit bloßem Auge gesehen. Vielleicht haben Sie das schon bemerkt und sich darüber gewundert. Wenn Sie z.B. eine Gruppe von Menschen oder ein Haus in einer mittleren Entfernung von etwa 100 m fotografieren, erscheinen sie auf dem Foto weiter entfernt, als Ihr Eindruck während des Fotografierens war. Bei Teleobjektiven ist es genau umgekehrt. Der Bildwinkel ist kleiner und Entfernungen erscheinen geringer als mit dem bloßen Auge. Also Vorsicht bei Totalaufnahmen!"

„Dann soll man also auf eine Skizze trotz Benutzung einer Kamera nicht verzichten?"

„Richtig. Dazu rate ich Ihnen. Machen Sie, wann immer es geht, an Ort und Stelle eine Skizze nach der Natur, selbst wenn Sie Fotos machen. Kommen Sie einmal nicht dazu, so denken Sie an das, was ich eben gesagt habe und beachten Sie es, wenn Sie anhand der Fotos Ihre Skizzen machen. Im übrigen werden Sie oft aus kompositorischen Gründen manches verändern, so daß die Skizze nie einfach ein abgezeichnetes Foto sein sollte oder wird."

„Dann muß man wohl gründliche Kenntnisse im Zeichnen haben, bevor man anfangen kann Landschaften zu malen?"

„Diese Frage ist nicht einfach zu beantworten. Es sind eigentlich zwei Fragen. Die erste ist, ob man gründliche Zeichenkenntnisse benötigt und die zweite, ob man sie vor dem Beginn des Malens haben muß. Zu der ersten Frage ist zu sagen, daß für die Zwecke der Landschaftsmalerei nur durchschnittliche Zeichenkenntnisse erforderlich sind. Es gibt Fächer in der Malerei, wo sehr viel weitergehende Kenntnisse im Zeichnen notwendig sind, z.B. beim Porträt oder in der Genremalerei. Bei der Landschaft werden die einzelnen Bestandteile Bäume, Sträucher, Wege usw. nie so genau wiedergegeben, daß man jeden Zweig oder jedes Blatt wiedererkennen könnte.

Bei der Antwort zur zweiten Frage möchte ich etwas weiter ausholen. Lange Zeit galt es als feststehende Regel, daß man erst dann anfangen sollte zu malen, wenn man gut zeichnen kann. Über Jahrhunderte wurden die Kunststudenten damit geplagt, am Beginn ihrer Ausbildung monatelang stumpfsinnig Gipsfiguren abzuzeichnen und andere Zeichenübungen zu absolvieren, bevor man ihnen zum ersten Mal Pinsel und Farben in die Hand gab. Obwohl es sicher Kunstschulen gibt, in denen es auch heute noch so zugeht, haben sich bei vielen Künstlern die Ansichten dazu gewandelt. Viele von denen, die das Gipszeichnen noch mitmachen mußten, sehen in ihren späteren Jahren keinen rechten Sinn darin. Sie sind vielmehr der Meinung, daß man Zeichnenlernen und Malenlernen gleichzeitig beginnen soll. Es macht so mehr Spaß und es führt zu mindestens gleich guten Ergebnissen. Sie können also auch anfangen, wenn Sie noch keine vertieften Kenntnisse im Zeichnen haben. Was Sie benötigen, sind nur durchschnittliche Fertigkeiten im Zeichnen.

Allerdings gibt es ein zeichnerisches Spezialgebiet, das Sie unbedingt beherrschen müssen: die Gesetze der Perspektive. Hier ist die Linearperspektive gemeint im Gegensatz zu der sogenannten Luftperspektive, von der noch die Rede sein wird.

Sie sollten jetzt nicht gleich erschrecken, denn das Wort Perspektive klingt zwar eindrucksvoll, es handelt sich jedoch nur um die Kenntnis einfacher Zusammenhänge, die sich jeder aneignen kann. Für die Landschaftsmalerei ist dabei nur die zweidimensionale Perspektive der Ebene wichtig, die mit wenigen, leicht durchschaubaren Lehrsätzen umrissen werden kann. Diese Lehrsätze sind in jedem guten Zeichenbuch enthalten. Auf dem deutschen Buchmarkt wird eine große Anzahl solcher Zeichenbücher angeboten. Außerdem gibt es noch preiswerte Broschüren, die ausschließlich die Perspektive behandeln. Eines davon müssen Sie sich anschaffen und so gründlich durcharbeiten, daß Sie schließlich das nötige Wissen besitzen. Für den Landschaftsmaler ist die Kenntnis der Gesetze der Perspektive notwendig, um die Fluchtlinien bei Gebäuden und anderen Gegenständen, und die Tiefenstaffelung aller Bestandteile der Landschaft richtig wiedergeben zu können, wenn er Landschaften aus kompositorischen Gründen verändern oder aus der Erinnerung oder Phantasie zeichnen will. Die Unbeholfenheit der Bilder der sogenannten naiven Maler stammt zu einem guten Teil daher, daß sie die Gesetze der Perspektive entweder nicht kennen oder sie absichtlich ignorieren.

Für die Malerei als solche ist die sogenannte Luftperspektive von allergrößter Wichtigkeit. Ihre Gesetze sind sehr einfach und lassen sich in zwei Sätzen umreißen.

● Die Farben im Vordergrund sind warm und kontrastreich. Je weiter sich die Gegenstände vom Vordergrund entfernen, umso kälter und kontrastärmer werden die Farben.

An klaren Tagen erscheint die äußerste Ferne blau oder blauviolett und ohne jeden Kontrast, wie eine Silhouette gegen den Horizont. Die Konturen der Formen werden dagegen im Vordergrund klar und in warmen Farben wiedergegeben und die Einzelheiten deutlich ausgearbeitet. Dazwischen gibt es viele Übergänge von der Ferne über den Mittelgrund zum Vordergrund. Ob die Ferne mehr blau oder mehr grau erscheint, hängt davon ab, wieviel Wasserdampf in der Luft ist, oder mit anderen Worten, wie dunstig oder gar neblig es ist. Bei sehr klarer Luft ohne nennenswerten Dunst erscheint die Ferne in einem blassen Blau mit oft nur geringem Kontrast zu dem Himmel in Horizontnähe. Je dunstiger es ist, umso mehr nähert sich die Ferne einem Graublau, um schließlich bei starkem Dunst in ein blasses Grau überzugehen. Diese Erscheinungen hängen damit zusammen, daß auch die Luft eine Farbe hat: sie ist blau. Es ist aber eine so schwache Färbung, daß sie nur sichtbar ist, wenn die Luftschicht eine gewisse Dicke erreicht hat, d.h. wenn die Entfernung zwischen dem Betrachter und dem Gegenstand ausreichend groß ist. Physikalisch sind diese Zusammenhänge zwar etwas komplizierter, aber für unsere Zwecke ist die Vorstellung von der blauen Farbe der Luft am besten geeignet.

Das Blau des Himmels ist also nicht die Farbe des Weltalls, sondern diejenige der Lufthülle der Erde. Wenn Sie bei Ihrem nächsten Flug in einer Höhe von acht- bis zehntausend Metern aus dem Fenster nach oben blicken, werden Sie nur ein tiefes Schwarz sehen.

Die Änderung der Farbe des Himmels und der Ferne von Blau zu Grau hängt, wie bereits erwähnt, von der Sättigung der Luft mit Wasserdampf ab. Daran müssen Sie immer denken und den Himmel genau beobachten. Es gibt Maler, die sich eine Art ‚Einheitshimmel' zugelegt haben. Alle Himmel auf ihren Bildern sehen gleich aus. Hüten Sie sich vor diesem Fehler. Ihre Himmel sollen verschieden sein und damit das Wetter und die Stimmung genau wiedergeben. Schließlich ist selbstverständlich, daß Himmel und Ferne auch zu verschiedenen Tageszeiten verschieden aussehen.

Eine weitere Folge des Vorhandenseins von Wasserdampf in Erdnähe ist die Erscheinung, daß der blaue Himmel in der Ebene oben am Zenit immer das strahlendste Blau hat. Je näher man dem Horizont kommt, umso blasser wird das Blau, so daß er in Horizontnähe oft nur noch eine fast gelblich-weiße Farbe mit nur noch Spuren von Blau hat. Das darf beim Malen des Himmels nicht vergessen werden.

Diese Zusammenhänge muß man immer beachten. Ihre Berücksichtigung ist eines der wichtigsten Mittel, mit denen man einer Landschaft die nötige Tiefe geben kann."

„Welche Mittel setzt der Maler noch zu diesem Zwecke ein?"

„Da ist zunächst noch die eben besprochene Linearperspektive. Damit sie richtig wirken kann, muß man darauf achten, daß eine ausgewogene Tiefenstaffelung vorhanden ist. Das heißt, es soll Vordergrund, Mittelgrund und Hintergrund mit Gegenständen besetzt sein. Ein Bild, das im Vordergrund nur ein leeres Feld zeigt, im Mittelgrund eine Reihe Bäume auf gleicher Höhe und den Hintergrund durch einen Berg verdeckt, wirkt flach und reizlos (Abb. 4).

Manche Maler empfehlen, wo immer es geht, wenigstens an einer, wenn auch kleinen Stelle, einen Ausblick auf die Ferne zu geben. Es wirkt auch immer günstig, wenn man die Gegenstände im Vorder- und Mittelgrund nicht auf einer Höhe, sondern gestaffelt anordnet."

„Wie kommt man nun zu einem Motiv? Wo und wie fertigt man eine Skizze an?"

„Das ist eine weitere Besonderheit der Landschaftsmalerei. Der Landschaftsmaler muß sich sein Motiv suchen. Da hat es der Porträtmaler leichter: die Leute kommen zu ihm.

Ein guter Landschaftsmaler muß hinaus in die Natur. Wenn es sich jedoch um die Frage dreht, welches Motiv man wählen soll, so verläßt diese Frage den Rahmen einer praktischen maltechnischen Anleitung. Ihre Beantwortung hängt weitge-

Abb. 4 Falsche und richtige Tiefenstaffelung eines Bildes.

hend von dem Geschmack des Malers und von seiner Vorstellung von Kunst ab. Über Geschmack kann man bekanntlich nicht streiten. Hinter der Vorstellung, die jemand von Kunst und Malerei hat, steht der Zweck, den ein Bild haben soll. Auch darüber kann man nicht streiten. Es gibt keine allgemein akzeptierte Begriffsbestimmung, was Kunst ist oder sein soll. Jeder hat in einem freien Land das Recht darunter zu verstehen, was er will."

„Ja, was verstehen denn Sie darunter? Und wie war es in der Vergangenheit?"

„Fangen wir bei der Geschichte an. Die Anfänge der europäischen Kunst sind geprägt von der Religion. Das Bild hatte meist zum Zweck, der religiösen Erbauung zu dienen. Die Kirche war der Auftraggeber, der über die nötigen Mittel verfügte. Alsbald traten jedoch auch Kaiser und Könige und der Adel überhaupt als Mäzene auf und gaben den Künstlern Arbeit und Brot. Schließlich trat mit dem Aufstieg des Bürgertums dieses an die Stelle des Adels. In früheren Zeiten gab es noch eine mehr oder weniger einheitliche Auffassung von Kunst. Das Landschaftsbild sollte eine Stimmung im Betrachter hervorrufen, eine Erinnerung oder eine Sehnsucht. Der Beschauer sollte bei dem Betrachten des Bildes Freude empfinden. Der Maler sah sich im Dienste dieser Bestrebungen. Er lieferte der damaligen Elite die Bilder, die sie haben wollte. Diese Elite hatte meist einen verfeinerten Geschmack und ein eigenes, sicheres Urteil in Fragen der Kunst. Das hängt natürlich auch damit zusammen, daß diese Leute meist viel Zeit für solche Dinge hatten oder sich diese Zeit einfach nahmen.

Heute ist das alles ganz anders. Die heutige Elite, wenn es sie überhaupt noch gibt, hat für diese Dinge überhaupt keine Zeit mehr. Es gibt keine Übereinstimmung mehr über Definition und Ziele der Kunst im allgemeinen und der Malerei im besonderen. Motive und Darstellungsart haben sich bei den professionellen Malern sehr weit von dem entfernt, was die großen Meister in Jahrhunderten angestrebt haben.

Man hat den Eindruck, daß der Freizeitmaler im Gegensatz dazu in den meisten Fällen der realistischen Darstellungsart früherer Zeiten nacheifert und von der Moderne kaum beeinflußt wird.
Ich persönlich bin der Meinung, daß Kunst Kontrast sein sollte. Für die Malerei heißt das, daß das Bild eine Erholung sein soll für das Auge und die Seele des Menschen, eine Erholung von den vielen häßlichen und abstoßenden Dingen, die er im Laufe des Tages sehen muß. Es soll mit dem Bild, wie Schiller in der Glocke schreibt, erreicht werden, „daß sich Herz und Auge weide, an dem wohlgelungnen Bild." Für den Maler selbst und erst recht für den Freizeitmaler soll und kann die Malerei jedoch noch viel mehr bedeuten. Sie kann ihm die Möglichkeit geben, Erinnerungen an längst vergangene Zeiten und Träume und Visionen im Bild festzuhalten und so in einem bestimmten Sinne zu verwirklichen."

„Würde das nicht heißen, man malt nur Landschaften, die einen innerlich berühren?"

„Das sollte immer so sein. Ich bin der Meinung, daß man nur so gute Bilder malen kann. Gewiß muß man am Anfang zu Übungszwecken auch mal etwas malen, was einem nicht so sehr am Herzen liegt. Wenn man aber einmal eine bestimmte Stufe des Könnens erreicht hat, sollte man nur malen, was einen innerlich anrührt. Es ist ein Vorteil für den Freizeitmaler, daß er das kann, während der Berufsmaler oft auch Aufträge annehmen muß, die ihm nicht so liegen."

„Findet man denn solche Landschaften immer in der Natur?"

„Nein. Eine Landschaft, die man ohne jede Veränderung in ein ansprechendes Bild umsetzen kann, findet man nur selten. Daher verändert der Maler meist dasjenige mehr oder weniger stark, was er in der Natur vorfindet. Dies kann sowohl im Weglassen als im Hinzufügen oder Verändern bestehen. Das ist der schöpferische Beitrag des Künstlers, seine Komposition."

„Muß man da nicht bestimmte Grundsätze der Komposition beherrschen?"

„Es gibt solche Grundsätze und man sollte sie kennen. Man hüte sich aber davor, sie sklavisch anzuwenden und mit dem Zentimetermaß nachzumessen. Es gibt viele Kunstwerke, die diesen Grundsätzen nicht entsprechen und trotzdem oder gerade deswegen weltberühmt wurden. Sollten Sie also bei einem Entwurf das starke Gefühl haben, ein richtiges Motiv gefunden zu haben, so fangen Sie nur nicht an auszumessen, ob es auch den Grundsätzen entspricht! Malen Sie es so, wie es Ihnen gefällt! Vielleicht wird es Ihr bestes Bild. Wenn Sie aber kein solches Gefühl haben oder sich gar unsicher fühlen, so kann es nützlich sein, die Grundsätze zu beachten. Es sind nur wenige.

Der erste lautet: Setzen Sie den Hauptgegenstand des Bildes nicht genau in die Mitte, sondern etwas rechts oder links davon bzw. über oder unter die Mitte. Sie können dabei bis zu einer der imaginären Linien gehen, die Ihren Malgrund in drei Teile teilen würden.

Zweiter Grundsatz: Legen Sie den Horizont nie auf die imaginäre Linie, die Ihren Malgrund halbieren würde, sondern darüber oder darunter. In früheren Zeiten legte man den Horizont bei Landschaften in der Regel unterhalb der Hälfte bei 30- 40 % der Gesamthöhe des Bildes. Das wirkt natürlich, weil es dem Bildeindruck der Landschaft entspricht, den ein aufrecht in der Ebene stehender Mensch bei erhobenem Kopf hat. Moderne Maler legen den Horizont auch schon mal über der Halbierenden fest. Das ist allerdings nur dann gerechtfertigt, wenn angenommen wird, daß der Maler und damit der Betrachter von einem erhöhten Standpunkt aus, etwa von einem Hügel, die Landschaft betrachtet. Das muß dann aber Auswirkungen auf die perspektivische Darstellung der Bildbestandteile haben. Es sei denn, man steht unmittelbar vor einer Anhöhe, die dann auch mehr als die Hälfte des Bildes einnimmt. Der Horizont liegt dann aber tiefer, wenn er auch nicht zu sehen ist.

Ein weiterer Grundsatz besteht in dem Bestreben nach einem Gleichgewicht der Bildelemente. Ist auf einem Bild zum Beispiel auf der einen Seite eine große Baumgruppe, während auf der anderen Seite nur ein freies Feld ist, so wirkt das ungleichgewichtig. Setzen Sie in diesem Falle auch etwas auf die andere Seite, z.B. eine Hütte oder ein paar Heuhaufen, so daß ein optimales Gleichgewicht entsteht. Dieser Grundsatz ist abstrakt schwer zu erklären. Wenn Sie sich aber beim Betrachten eines Motivs die Frage nach dem Gleichgewicht stellen, werden Sie nach einer gewissen Einübung sofort fühlen, wenn kein Gleichgewicht herrscht (Abb. 5).

Schließlich wird von vielen Malern empfohlen, Straßen, Wege oder Flüsse stets so zu legen, daß sie in das Bild hineinführen und nicht aus dem Bild hinaus. Es wird behauptet, das Auge des Betrachters folge unbewußt dem Lauf und werde daher im ersten Falle in das Bild geführt, was erwünscht ist.

Ich persönlich bin von der Weisheit dieses Grundsatzes nicht so überzeugt und übertrete ihn leichten Herzens. Ich habe auch schon viele Bilder gesehen, die diesem Grundsatz widersprechen und die mir trotzdem gut gefallen haben. Wenn man sich immer daran hält, engt man die Motivauswahl meiner Ansicht nach zu stark ein."

„Man kann in kunsthistorischen Werken noch verschiedende Deutungen von Linien und geometrischen Figuren finden, die man aus den Elementen eines Bildes konstruieren kann. So sollen horizontale Wellenlinien Ruhe bedeuten, ein Dreieck mit der Spitze nach oben Stabilität usw. Ist das auch wichtig?"

„Das mag für Kunsthistoriker wichtig sein. Für Maler ist das meiner Meinung nach nicht so wichtig. Ich glaube, daß vieles, wenn nicht alles davon, von den Kunsthistorikern in die Bilder der großen Meister nachträglich hineingeheimnist wird. Jedenfalls bin ich davon überzeugt, daß die Maler dieser Bilder, die einer solchen Deutung unterzogen werden, entsprechende Überlegungen nicht anstellten, als sie die Bilder malten. Wenn etwas an diesen Deutungen sein sollte, haben es die Maler sicher unbewußt verursacht. Daher bin ich der Meinung, daß wir Maler uns darum nicht zu kümmern brauchen, wenn wir nur praktische Maler sein wollen. Wer kunsthistorische Ambitionen hat und auf diesem Gebiet ‚mitreden' möchte, muß sich allerdings damit befassen."

„Soll man Menschen und Tiere in Landschaftsbilder aufnehmen?"

„Da man eine Landschaft darstellen will, ist das nicht erforderlich. Es bestehen jedoch auch keine Bedenken dagegen. Es kann im Gegenteil ein belebendes Element sein, das das Bild reizvoller macht. Es sollte allerdings nicht zu viel Staffage sein, wie der Maler das nennt, weil es wieder von der Landschaft ablenken könnte. Das will natürlich nicht heißen, daß man keine Bilder mit vielen Menschen oder Tieren malen sollte. Es heißt nur, daß solche Bilder eigentlich keine Landschaften mehr sind. Historisch war es sogar so, daß am Anfang Menschen und Tiere stets im Mittelpunkt der Bilder standen. Die wenigen Bäume und Sträucher auf diesen Bildern waren nur Beigabe. Erst später begann man Bilder zu malen, deren Hauptgegenstand die Landschaft ist. Allerdings sollte man Menschen und Tiere nur dann in die Landschaft aufnehmen, wenn man deren Darstellung beherrscht. Ein Mensch oder ein Tier unbeholfen oder falsch dargestellt kann eine sonst vielleicht ganz passable Landschaft verderben."

Abb 5 Ungleichgewicht und Gleichgewicht der Bildelemente.

„Ist es bei der Landschaftsmalerei angebracht, zu Übungszwecken Kopien von Bildern zu machen, die einem gut gefallen?“

„Das ist in jedem Fach der Malerei empfehlenswert. Sie können dadurch sehr viel lernen. Indem Sie ein Bild eines Könners kopieren, sind Sie gezwungen, sich darüber klar zu werden, wie er bestimmte Probleme gelöst hat, die Ihnen in Ihrem Alltag als Maler immer wieder begegnen. Das sollte auch Ihr Ziel sein und nicht so sehr das Bestreben, eine in jedem Pinselstrich identische Kopie herzustellen, wenn es nicht Ihr Ziel ist, Kopist zu werden. Viele Freizeitmaler beginnen zunächst mit dem Kopieren von Bildern. Hierbei lauert allerdings auch eine Gefahr, nämlich diejenige, daß Sie sich zu sehr an das Kopieren gewöhnen und den Absprung zu eigenen Arbeiten verpassen. Fangen Sie also rechtzeitig an, eigene Motive zu benutzen und schränken Sie das Kopieren schrittweise ein. Denn soviel Sie dabei auch lernen können, es ist immer nur ein Mittel zum Zweck, eigene Bilder zu malen.“

„Wie ist es nun mit dem Anfertigen von Skizzen. Welches Material benutzt man? Soll man farbige Skizzen machen?“

„Das erste und häufigste Werkzeug beim Skizzieren ist der Bleistift. Wenn Sie Ihre Bleistiftskizzen genauer ausarbeiten wollen, sollten Sie mehrere Sorten zur Hand haben. Je einer der Nummern HB, 2 B und 4 B reichen aber für den Anfang. Welches Papier Sie benutzen, hängt davon ab, was Sie mit der Skizze vorhaben. Wenn Sie sie nur als Vorlage für ein Ölbild verwenden wollen mit der Absicht, sie danach wegzuwerfen, können Sie jedes Papier benutzen. Wollen Sie Ihre Skizzen aufheben, wozu ich Ihnen rate, so müssen Sie holzfreies Papier verwenden. Es gibt davon ein sehr breites Angebot auf dem Markt. Sehr praktisch sind Skizzenblocks, die mit einer Spirale zusammengehalten werden und die man überall hin mitnehmen kann. Viele Maler haben stets und ständig so einen Block und ein paar Bleistifte bei sich. Ich rate Ihnen, es diesen Malern gleichzutun. Machen Sie es sich zur Regel:

● Wohin Sie auch gehen, nehmen Sie stets einen Skizzenblock und einige Bleistifte mit!

Man kann sich mit Bleistiftskizzen begnügen. Viele Maler bringen auf solchen Skizzen Notizen an, die sich auf die Farbe der dargestellten Gegenstände beziehen. Das ist sehr zweckmäßig, denn auf sein Gedächtnis kann man sich nicht immer verlassen.

Man kann aber auch die Skizzen mit Wasserfarben oder Farbstiften anlegen, womit man die wesentlichsten Farbinformationen festhalten kann.

Denken Sie daran, daß Sie nur dann in der Lage sein werden, gute Skizzen zu machen, wenn Sie ein Mindestmaß an Bequemlichkeit haben. Sie sollten entspannt sitzen und frei arbeiten können. Versuchen Sie also erst gar nicht im Stehen zu skizzieren, wobei Sie den Skizzenblock noch mit der einen Hand festhalten müssen. Es ist sehr wahrscheinlich, daß Sie so keine guten Ergebnisse erzielen werden. Nehmen Sie also auf jeden Fall ein Klappstühlchen und ein Zeichenbrett mit, das Sie auf Ihre Knie legen können. Das muß kein fertig gekauftes professionelles Zeichenbrett sein. Ein passend zugeschnittenes, glatt geschliffenes Sperrholzbrett ist preiswerter und leistet gute Dienste. Das führt zu einer weiteren Regel:

● Wenn Sie zum Skizzieren gehen, nehmen Sie einen Klappstuhl und ein Zeichenbrett mit!“

„Macht man Skizzen immer im Freien?“

„Ja. Es ist gerade der Sinn der Skizze, jedenfalls der ersten Skizze einer Landschaft, daß sie draußen im Angesicht des Modells angefertigt wird. Diese erste Skizze kann dabei sehr einfach und im Format klein sein, weil sie in erster Linie eine Gedächtnisstütze sein soll. Weitere Ausarbeitungen in größeren Formaten kann man dann in aller Ruhe zu Hause machen. Auch wenn man ausnahmsweise aus Zeitmangel ein mögliches Motiv fotografiert, wird man im Atelier bzw. in seiner Malecke eine zweite Skizze anfertigen.“

„Man hört manchmal etwas von Ölskizzen. Was ist damit gemeint und wo macht man diese?“

„Eine Ölskizze ist eine meist in kleinerem Maßstab mit schnellen Pinselstrichen mit Ölfarbe in der Regel auf Papier angefertigte Skizze. Ihr Hauptzweck ist es, dem Maler die Möglichkeit zu geben, die Wirkung und Harmonie der Farben zu beurteilen und eventuell noch Änderungen anzubringen.

Viele Maler, die auf eine sorgfältige und bedachtsame Arbeitsweise Wert legen, nutzen diese Möglichkeit. Ölskizzen werden sowohl im Atelier als auch draußen in der Natur gefertigt. Die Ölskizze im Freien hat den Vorteil, daß sich die Lichtver-

hältnisse in der kurzen Zeit, die ein geübter Maler dazu braucht, kaum ändern.
Wer also an den Aufbau eines Bildes planmäßig herangehen will und sich viel Zeit dazu zu nehmen bereit ist, sollte ohne Zögern Ölskizzen anfertigen, wenn er glaubt, daß es ihm nützlich sein wird. Es ist sicher, daß es nicht schaden kann. Es ist allerdings nicht jedermanns Sache und soviel Geduld, wie sie dazu nötig ist, bringen nicht alle auf. Unbedingt notwendig ist eine Ölskizze nicht. Wenn man in der Beurteilung der Farben eine gewisse Sicherheit erlangt hat, kommt man auch ohne eine solche aus. Schließlich gibt es während des Malprozesses am Bild selbst noch die Möglichkeit, Farbnuancen zu ändern, wenn es sich als notwendig erweisen sollt. Also:

● Ölskizzen sind nützlich aber nicht unbedingt notwendig."

„Wie ist es mit den Formaten und Größen? Welche soll man für Landschaften benutzen?"

„Für Landschaften wird überwiegend das Querformat verwendet. Das hängt sicher damit zusammen, daß in der Landschaft im Freien draußen mehr in der Breite als in der Höhe zu sehen ist. Es wird allerdings auch das Hochformat benutzt, wenn das Motiv das rechtfertigt oder verlangt. Ein besonders hoher Baum oder eine Baumgruppe passen ebensogut ins Hochformat wie bestimmte Gebäude, z.B. Türme. Von den Seitenverhältnissen werden manchmal diejenigen als günstig angesehen, die dem goldenen Schnitt möglichst nahe kommen.

● Als goldenen Schnitt bezeichnet man ein Verhältnis, bei dem sich von zwei Strecken die kleinere zur größeren so verhält, wie die größere zur Summe beider Strecken.

In diesem Zusammenhang werden die Verhältnisse 7 : 4, 5 : 3 und 3 : 2 genannt, die dem goldenen Schnitt nahekommen. Auf dem deutschen Markt werden überwiegend Formate angeboten, deren Seitenlängen in Stufen von 10 cm gestaffelt sind, also 30 × 40 cm, 40 × 50 cm, 50 × 60 cm usw. Die meisten dieser Formate entsprechen den oben erwähnten Seitenverhältnissen nicht. Wenn man das Maltuch selbst auf Keilrahmen aufzieht, kann man die dazu nötigen Leisten ebenfalls in Längen kaufen, die in Reihen von 10 cm Abstand angeboten werden. Es gibt auch Malerbedarfgeschäfte, die solche Leisten auf Bestellung in jedem Format herstellen, auch solche, die dem goldenen Schnitt genau entsprechen. Kauft man fertig bespannte Keilrahmen oder Leinenmalpappe, muß man sich auf das beschränken, was der Handel anbietet. Mir liegt z.B. ein Katalog vor, in dem keines der angebotenen Formate ein Seitenverhältnis hat, das einem der drei eben erwähnten entspricht.

Was die Größe betrifft, so müssen Sie bei der Auswahl nach Möglichkeit berücksichtigen, wo das Bild hängen soll. Außerdem muß bedacht werden, daß der günstigste Betrachtungsabstand von der Größe eines Bildes abhängt:

● Je größer das Bild, desto größer der Betrachtungsabstand.

Der Freizeitmaler wird in der Regel für sich und seine Verwandten und Freunde malen. Die Bilder werden demnach wahrscheinlich in normalen Wohnungen aufgehängt. Aus diesem Grunde wird man schon wegen des an den Wänden zur Verfügung stehenden Platzes und wegen des Betrachtungsabstandes nicht über ein bestimmtes Format hinausgehen. Ich schlage vor, diese Grenze bei etwa 1 m bis 1,20 m für die längere Seite anzusetzen. Man sollte aber auch nicht zu kleine Bilder malen. An kleine Bilder muß man nahe herantreten, wenn man sie richtig betrachten will. Da stehen dann manchmal Möbel im Wege oder die Bilder sind für ihre Größe zu hoch aufgehängt. Ich empfehle, die kleinere Seite nicht unter 30 cm vorzusehen."

„Können wir jetzt mit dem Malen beginnen?"

„Ich verstehe Ihre Ungeduld. Wir müssen nur noch zwei Dinge kurz abhandeln: ein wenig Farbentheorie und dann als Überleitung zur praktischen Arbeit etwas über die Hauptschwierigkeiten beim Beginnen."

Ein wenig Farbentheorie

Ohne die Kenntnisse wenigstens der elementaren Zusammenhänge der Farbentheorie ist ein erfolgreiches Arbeiten als Maler schwierig oder unmöglich. Bedenken Sie andererseits bei der Lektüre der folgenden Seiten, daß die Wissenschaft Jahrhunderte gebraucht hat, um diese Zusammenhänge zu erforschen. Erwarten Sie also nicht, daß Sie das alles nach zehn Minuten restlos verstehen. Lesen Sie es mehrmals und kommen Sie auch später, wenn Ihnen etwas nicht klar ist, wieder darauf zurück. Es sind ja nur wenige Seiten. Sie gehören aber sicher zu den wichtigsten dieses Buches.

Der Maler wird dieses Kapitel etwa so einleiten:

„Bevor wir mit der praktischen Arbeit der Malerei beginnen, muß ich Ihnen noch die Grundzüge der Farbentheorie nahebringen."

„Muß das sein?"

„Es muß sein. Wenn Sie nicht einmal die Grundzüge der Farbenlehre verstehen, werden Sie immer Schwierigkeiten mit den Farben haben. Das gilt sowohl für das Farbenmischen als auch für das Abschätzen und das Verständnis der Farbwirkung. Aber erschrecken Sie nicht gleich! Sie brauchen sich nicht alles zu merken, was ich jetzt über die Farbenlehre sage. Es genügt, wenn Sie die Schlußfolgerungen verstehen und die Regeln beherrschen, die ich in diesem Zusammenhang wiedergebe. Natürlich müssen Sie die erworbenen Kenntnisse auch anwenden.

Ich beginne mit der Frage: Was ist Farbe? Hier ist nicht die Farbe als Mal- oder Anstrichfarbe gemeint, sondern die Farbe als Sinneseindruck. Das menschliche Auge ist empfindlich für elektromagnetische Schwingungen eines bestimmten Wellenlängenbereiches. Dieser Bereich erstreckt sich von etwa 400 bis etwa 700 Nanometer Wellenlänge. Ein Nanometer ist ein millionstel Millimeter. Der genannte Bereich wird daher der Bereich des Lichtes oder der sichtbaren Strahlung genannt. Trifft ein Gemisch aller Wellenlängen des genannten Bereiches unser Auge, so haben wir den Eindruck farblosen oder weißen Lichtes. Ein solches Gemisch ist das Sonnenlicht. Trifft unser Auge dagegen eine Schwingung, die nur eine bestimmte Wellenlänge dieses Bereiches hat, z.B. 700 Nanometer, so haben wir den Eindruck farbigen Lichtes oder einfach den Eindruck von Farbe. In diesem Fall ist es Rot. Läßt man einen Sonnenstrahl durch ein Glasprisma dringen, so werden die einzelnen Strahlen unterschiedlicher Wellenlängen, aus denen sich der Bereich zusammensetzt, unterschiedlich stark von ihrer ursprünglichen Richtung abgelenkt. Läßt man die so abgelenkten Strahlen auf einen weißen Schirm oder ein weißes Papier fallen, so erscheinen dort nebeneinander die Farben, die den Strahlungen der Wellenlängen des sichtbaren Bereiches entsprechen. Am langwelligen Ende erscheint, wie bereits erwähnt, Rot dann Orange, Gelb, Grün, Blau und schließlich am kurzwelligen Ende Violett. Diese Farben sehen wir übrigens am Himmel, wenn wir einen Regenbogen sehen, denn dabei geschieht beim Durchgang der Sonnenstrahlen durch kleine Wassertropfen die gleiche Ablenkung wie bei dem Prisma. Dieses Farbband nennt man Spektrum oder genauer das Spektrum des Sonnenlichtes.

Wenn man farbiges Licht erzeugen will, ist man nun nicht auf die Sonne und ein Prisma angewiesen. Die Industrie liefert heutzutage Lampen, deren Licht dem Wellenlängengemisch des Sonnenlichtes entspricht. Versieht man einen Projektor mit einer solchen Lampe und läßt das so erhaltene Licht durch eine Glasscheibe dringen, die einen Teil der Schwingungen mit bestimmten Wellenlängen absorbiert (verschluckt), so erhalten wir auf dem weißen Schirm, auf den wir das so gefilterte Licht projizieren, eine ganz bestimmte Farbe. Wenn wir zum Beispiel eine Glasscheibe, einen Filter, wählen, die die gelben, grünen, blauen und violetten Strahlen (genau genommen die Schwingungen der Wellenlängen, die diesen Farben entsprechen) absorbiert, so erhalten wir rotes Licht und der Bildschirm ist an der Stelle rot, an der die Strahlen auftreffen. Filtert man auf diese Weise den Grünanteil aus dem weißen Licht heraus, erhält man grünes Licht. Tut man das mit einem zweiten Projektor und wirft das rote und das grüne Licht auf die gleiche Stelle des Bildschirms, so erhält man Gelb. Eine Mischung von rotem und grünem Licht ergibt also gelbes Licht."

„Das wundert mich aber. Wenn ich rote und grüne Farbe mische, erhalte ich Schwarz oder Dunkelgrau."

„Das ist richtig und hängt damit zusammen, daß sich bei dieser Art der Mischung etwas ganz anderes ereignet. Darüber sprechen wir gleich. Nun zurück zum Spektrum und zu den Projektoren. Macht man die Lichtstrahlen der beiden Projektoren in der Intensität verschieden, so kann man auf dem Bildschirm die verschiedenen Farbtöne erzeugen, die zwischen Grün und Rot liegen. Bei einem geringen Anteil von Rot erhält man z.B. Gelbgrün. Mit der Steigerung des Rotanteils und dann Verminderung des Grünanteils erhält man über Grüngelb, Gelb, Gelborange, Rotorange bis Rot alle zwischen den Polen Rot und Grün möglichen Farbnuancen.

Nimmt man noch einen dritten Projektor hinzu, den man mit einem Filter versieht, der das blaue Licht durchläßt, so erhält man bei der Wahl der richtigen Rot-, Blau- und Grüntöne und bei gleicher Intensität dort, wo sich alle drei Strahlen überlagern, weißes Licht. Sorgt man dafür, daß die Intensität der Strahlen bei den drei Projektoren verschieden ist, so erhält man verschiedene Farben. Auf diese Weise kann man fast alle vorkommenden Farben erzeugen. Diese Art der Farberzeugung durch Mischen verschiedenfarbigen Lichtes nennt man additive Mischung und die drei Farben Rot, Grün und Blau die dazu gehörigen Primärfarben."

„Moment mal! Soviel ich weiß, sind die Primärfarben in der Malerei Rot, Gelb und Blau. Woher kommt diese Unstimmigkeit?"

„Sie haben Recht. In der Malerei bezeichnet man die Farben Rot, Gelb und Blau als Primärfarben. In diesem Falle handelt es sich aber um Malfarben, auch Pigmentfarben genannt, im Gegensatz zum farbigen Licht als Teil des Spektrums. Um die beiden Arten von Primärfarben auseinanderzuhalten, sagt man daher besser stets spektrale Primärfarben, wenn es sich um eine Mischung von farbigem Licht und die Farben Rot, Grün und Blau handelt.

Geht es um die Mischung von Malfarben, sagt man Pigmentprimärfarben oder Primärmalfarben für Rot, Gelb und Blau. Manche sagen anstatt Primärfarbe auch Grundfarbe. In beiden Fällen sind es diejenigen drei Farben, mit denen man alle anderen Farben ermischen kann.

Im übrigen sind die Farben Rot und Blau in den beiden Fällen nur dem Namen nach gleich. In Wirklichkeit sind es jeweils zwei verschiedene Farbtöne. Das werde ich gleich näher erklären. Vorher jedoch noch ein paar Worte zur additiven Farbmischung. Mischt man zwei Farben durch überlappende Projektion auf einen Bildschirm, z.B. Rot und Grün, so ist die entstehende neue Farbe Gelb heller als jede der beiden an der Mischung beteiligten Farben. Das ist leicht einzusehen, wenn man sich überlegt, was die Filter bewirken. Man stelle sich das Spektrum in drei etwa gleiche Teile aufgeteilt vor. Jeder der drei Filter absorbiert jeweils zwei dieser Drittel und läßt eines durch. In diesem Falle erhält man die drei spektralen Primärfarben. Dadurch kommt bei jedem der drei Projektoren nur ein Drittel der Strahlen der Lichtquelle auf den Bildschirm. Addiert man die Strahlen von zwei Projektoren durch Überlappung, so hat man zwei Drittel der Strahlen auf dem Schirm. Es ist leicht zu verstehen, daß die resultierende Farbe heller ist.

Ebenso leicht ist einzusehen, daß eine Mischung des farbigen Lichtes aller drei Projektoren wieder das ursprüngliche weiße oder farblose Licht ergibt, weil von jedem Filter ein Drittel des Spektrums durchgelassen wird, so daß in der Addition die Gesamtheit der Wellenlängen vorhanden ist.

Wie bereits erwähnt, nennt man die spektralen Primärfarben Rot, Grün und Blau. Es wäre jedoch besser, das Blau und das Rot näher zu präzisieren, um sie damit deutlich von den Pigmentprimärfarben zu unterscheiden. So ist das Blau des kurzwelligen Drittels des Spektrums eine Mischung aus Violett und Blau. Man könnte es daher ein dunkles Blauviolett nennen. Das Rot am langwelligen Drittel umfaßt Rot, Orange und etwas Gelb. Man könnte es daher treffend als Orangerot bezeichnen. Mischt man additiv die Strahlen des spektralen Blau (Blauviolett) und des spektralen Grün, so erhält man ein grünstichiges Blau, das in etwa der Farbe entspricht, die man mit Zyanblau bezeichnet. Mischt man spektrales Grün mit spektralem Rot (Orangerot), so erhält man ein helles Gelb. Schließlich ergibt eine Mischung aus spektralem Blau (Blauviolett) und spektralem Rot (Orangerot) ein helleres blaustichiges Rot, etwa der Farbe entsprechend, die im Englischen Magenta heißt und oft als Purpur bezeichnet wird. Daß eine Mischung aller drei spektralen Primärfarben Weiß ergibt, wissen wir schon. Wir merken uns also die

● *Regel:* Bei einer additiven Mischung von Spektralfarben ist die ermischte Farbe immer heller als die an der Mischung beteiligten Farben. Die Mischung der spektralen Primärfarben gleicher Intensität ergibt:

Blauviolett	+	Grün	=	Zyanblau
Grün	+	Orangerot	=	Gelb
Orangerot	+	Blauviolett	=	Purpur (Magenta).

● Mit Mischungen, bei denen die drei Primärfarben mit verschiedener Intensität beteiligt sind, können fast alle Farben und Nuancen erzeugt werden.

In Instituten, an denen diese Zusammenhänge gelehrt werden, hat man meist Projektoren zur Hand, mit deren Hilfe den Studierenden die additive Farbmischung vorgeführt wird. Sie haben wahrscheinlich keine solchen Projektoren zu Ihrer Verfügung. Trotzdem können Sie sich von der Richtigkeit dieser Erkenntnisse auch selbst überzeugen. Sie brauchen dazu nur Ihren Farbfernseher und eine Lupe.

Betrachten Sie ein Farbfernsehbild durch die Lupe, so werden Sie sehen, daß es sich aus einer großen Zahl sehr kleiner verschiedenfarbiger Punkte zusammensetzt. Wenn sie genauer hinsehen, werden Sie merken, daß es sich nur um drei verschiedene reihenweise angeordnete Farben handelt: um die spektralen Grundfarben Blau, Grün und Rot, deren Intensität — der Fachmann sagt Sättigung — sich mit der Änderung der auf dem Fernsehbild wiedergegebenen Farben ändert. Wenn Sie nun Ihre Lupe auf eine Stelle des Fernsehbildes richten, die eine weiße Fläche wiedergibt, werden Sie sich nicht mehr darüber wundern, daß diese weiße Fläche aus lauter leuchtenden blauen, grünen und roten Punkten zusammengesetzt ist. Sie können das vielleicht sogar mit dem bloßen Auge sehen, wenn Sie ganz nahe an den Bildschirm herangehen. Treten Sie jedoch nur etwas zurück, sofort erscheint Ihnen die Stelle als reines Weiß. Das ist die additive Farbenmischung, nach deren Prinzipien das Farbfernsehen funktioniert."

„Das ist ja alles sehr interessant, aber was soll ich mit diesem Wissen anfangen? Wenn ich auf meiner Palette Grün und Rot mische, bekomme ich ein unansehnliches Grau und kein leuchtendes Gelb. Wenn ich Blau, Rot und Grün mische, erhalte ich kein Weiß, sondern wiederum ein dunkles Grau oder gar Schwarz."

„Das ist richtig. Nur, um zu verstehen warum das so ist, brauchen Sie als Grundlage das, was ich eben erklärt habe. Ich habe bis jetzt nur von eigenleuchtenden Farbquellen gesprochen, bei denen beim Durchgang durch einen Filter ein Teil des weißen Lichts herausgefiltert wird. Für die Malerei ist jedoch wichtig, wie die Farbwirkung der Malfarben zustande kommt.

Trifft weißes Licht auf einen Gegenstand, so kann dreierlei geschehen. Erster Fall: Die Oberfläche des Gegenstandes absorbiert alle Strahlen, die auf ihn treffen. Der Gegenstand erscheint uns als schwarz. Zweiter Fall: Der Gegenstand reflektiert alle Strahlen. Hier gibt es zwei Unterfälle. Hat der Gegenstand eine absolut glatte Oberfläche, werden die Strahlen so zurückgeworfen, wie sie auftreffen: wir haben einen Spiegel vor uns. Hat die Oberfläche des Gegenstandes eine, wenn auch nur sehr geringe, Rauhigkeit, so werden die Strahlen dadurch nach allen Seiten ungeordnet und diffus zurückgeworfen: der Gegenstand erscheint uns als weiß. Werden zwar alle Wellenlängen reflektiert, aber in geringerer Intensität als sie auftreffen, wenn also die Oberfläche des Gegenstandes einen Teil aller Wellenlängen absorbiert, so erscheint uns der Gegenstand in neutralem Grau. Dritter Fall: Die Oberfläche des Gegenstandes absorbiert ganz bestimmte Wellenlängen des Spektrums und reflektiert andere: der Gegenstand erscheint uns als farbig.

Man braucht nun fast gar nicht mehr zu sagen, daß die Farbe des Gegenstandes davon abhängt, welche Teile des Spektrums absorbiert und welche reflektiert werden. Auch die Malfarbe ist ein Gegenstand im Sinne dieser Erklärung. Der Hauptunterschied zwischen Filter und Malfarbe besteht also darin, daß der Filter einen Teil der sichtbaren Strahlen durchläßt und einen anderen absorbiert, die Malfarbe hingegen einen Teil reflektiert und einen anderen absorbiert. Während aber die Filter für die Primärfarben des Spektrums zwei Drittel des Spektrums absorbieren und ein Drittel durchlassen, ist es bei den Primärmalfarben genau umgekehrt: sie absorbieren ein Drittel und reflektieren zwei Drittel. Wenigstens in der Theorie ist das so. In der Wirklichkeit gibt es kaum Künstlermalfarben, deren Pigmente genau den theoretisch angenommenen Primärfarben entsprechen. Aber das soll uns nicht weiter stören. Erstens kommt es uns auf das Erkennen der grundsätzlichen Zusammenhänge an, und zweitens kann man Abweichungen der Primärfarben berücksichtigen, wenn man das Prinzip einmal verstanden hat.

Da die Primärmalfarben ein Drittel des Spektrums absorbieren und zwei Drittel reflektieren, ergibt sich ihre Farbwirkung aus der additiven Mischung dieser jeweiligen zwei Drittel, so daß die Primärmalfarben nichts anderes darstellen als die eben aufgezählten Mischungsergebnisse von je zwei Spektralprimärfarben: Zyanblau, Purpur (Magentarot) und Gelb. Auch hier wird allerdings meist nur Rot, Gelb und Blau gesagt, ohne Rot und Blau näher zu definieren. Sie sehen aber, daß es sich bei den Primärfarben des Spektrums und der Malfarben um sechs verschiedene Farbtöne handelt.

● **Spektrale Primärfarben**	**Pigmentprimärfarben**
Blau (Blauviolett)	Blau (Zyanblau)
Grün	Gelb
Rot (Orangerot)	Rot (Purpur, Magenta).

Die Zeichnung Abb. 6 zeigt die Zusammenhänge. Der innerste Kreis stellt das Sonnenspektrum mit den Farben Violett, Blau, Grün, Gelb, Orange und Rot dar. Der zweite Kreis von innen gerechnet zeigt die Aufteilung des Spektrums in die spektralen Primärfarben. Die nächsten Kreise zeigen die drei Pigmentprimärfarben. Auf Abb. 7 sind die Farben des 12teiligen Farbenkreises zu sehen. Der Farbenkreis ist eine systematische Zusammenstellung der verschiedenen Farben, die man aus den Primärfarben ermischen kann. Durch die Anordnung der Farben im Kreis werden ihre Beziehungen zueinander charakterisiert. Die auf diesem Kreis mit 1 bezeichneten Farben sind die Primär- oder Grundfarben. Diese Farben werden, wie gesagt, normalerweise einfach mit Rot, Blau und Gelb bezeichnet. Wie bereits erwähnt, halte ich es jedoch für besser, den genauen Ton des Rot und des Blau anzugeben, um Verwechslungen mit den Primärfarben des Spektrums zu vermeiden. So nenne ich die Primärmalfarben Purpur, Zyanblau und Gelb. In Klammern füge ich jedoch die gängige Bezeichnung bei, damit die Änderungen klar werden und Sie bei der Lektüre anderer Bücher nicht verwirrt werden. Alle Farben, die ihren Platz zwischen zwei Primärfarben finden, können mit diesen Primärfarben ermischt werden.

Mischt man zwei Primärmalfarben zu gleichen Teilen, so entsteht eine neue Farbe, die man Sekundärfarbe nennt. Aus drei Primärfarben kann man also drei Sekundärfarben mischen. Zyanblau und Gelb ergeben Grün, aus Gelb und Purpur entsteht Orangerot und aus Purpur und Zyanblau Blauviolett. Die Sekundärfarben sind auf dem Farbenkreis mit 2 bezeichnet.

Was geschieht nun eigentlich, wenn man zwei Pigmentfarben miteinander mischt? Wir haben eben gesehen, daß die Pigmentgrundfarben jeweils ein Drittel des Spektrums absorbieren und zwei Drittel reflektieren. Die zwei reflektierten Drittel ergeben dann in additiver Mischung die Farbe des Pigments. Nehmen wir als Beispiel die Grundfarbe Gelb. Sie absorbiert das blauviolette Drittel des Spektrums. Aus den reflektierten grünen und roten (orangeroten) Dritteln ergibt sich additiv das Gelb. Wir wollen nun die gelbe Pigmentgrundfarbe auf unserer Palette mit der blauen (Zyanblauen) Pigmentgrundfarbe mischen. Die blaue Pigmentgrundfarbe absorbiert das rote Drittel des Spektrums und reflektiert das grüne und das blauviolette Drittel. Wenn wir nun die beiden Grundfarben zu gleichen Teilen mischen, passiert folgendes: Das Gelb absorbiert auch den blauvioletten Anteil des Blau, läßt aber das Grün unverändert; das Blau hingegen absorbiert auch das Rot des Gelb und läßt wiederum das Grün unangetastet. Das Resultat ist Grün. Unvermischt reflektieren die beiden Farben also Rot, Grün und Blau. Durch die Mischung werden Rot und Blau weggenommen — subtrahiert. Mit anderen Worten: von beiden Grundfarben wird der nicht grüne Anteil durch die Mischung subtrahiert. Daher nennt man diese Art der Mischung die subtraktive Farbmischung.

Abb. 8 zeigt anschaulich, wie die subtraktive Mischung funktioniert. Zumindest ist es in der reinen Theorie so. In der Wirklichkeit der Pigmentfarben gibt es auch noch die Möglichkeit, daß kleine Anteile von allen drei spektralen Primärfarben reflektiert werden und sich zu Weiß addieren, was die Farbe allerdings nur aufhellt. Aber auch das braucht uns nicht weiter zu kümmern. Für uns ist wichtig zu wissen, daß die Farbwirkung der Pigmentfarben aus der additiven Mischung derjenigen Farbstrahlen entsteht, die nicht entweder absorbiert oder mit anderen zu Weiß kombiniert werden. Es ist jetzt leicht einzusehen, daß die ermischte Sekundärfarbe dunkler ist als jede der an der Mischung beteiligten Primärfarben, weil die Mischung mehr Strahlen absorbiert und weniger reflektiert als die unvermischten Grundfarben. Außerdem erkennen wir als Ergebnis der Mischung der drei Pigmentgrundfarben drei alte Bekannte: die Primärfarben des Spektrums.

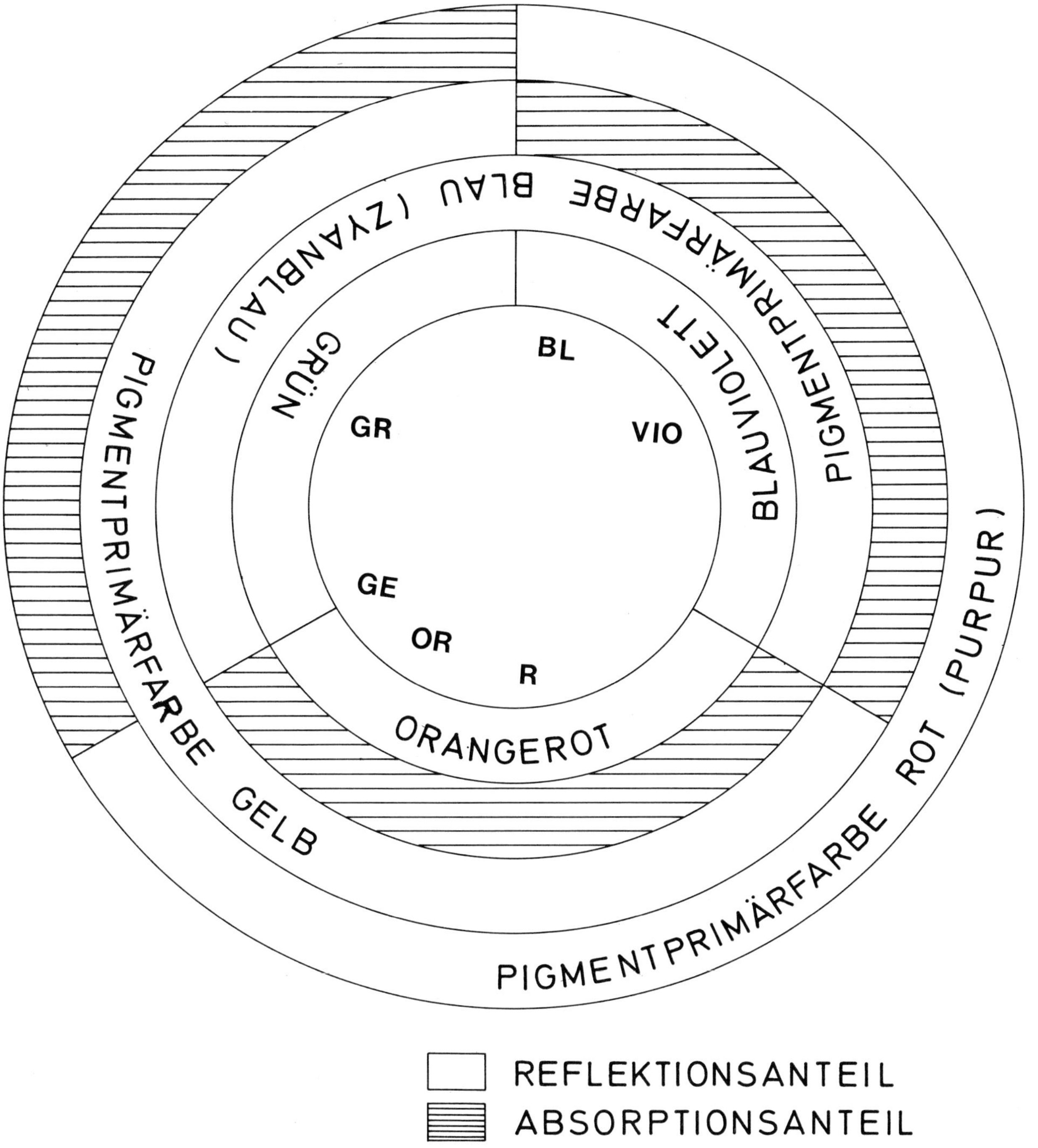

Abb. 6 Zusammenhang zwischen dem Sonnenspektrum und den Primärfarben. Der innere Kreis stellt das Sonnenspektrum dar mit den sechs Spektralfarben Violett, Blau, Grün, Gelb, Orange und Rot. Der dann folgende Ring zeigt, welche Teile des Sonnenspektrums die drei spektralen Primärfarben Blau (Blauviolett), Grün und Rot (Orangerot) abdecken. Die folgenden drei Ringe stellen die Verhältnisse bei den Pigmentprimärfarben dar. Der jeweils nicht schraffierte Teil des Kreises zeigt, welche Farben des Spektrums das Pigment reflektiert, während der schraffierte Teil die Farbe angibt, die es absorbiert. Das ist auch gleichzeitig die Komplementärfarbe zu der mit diesem Ring dargestellten Farbe.

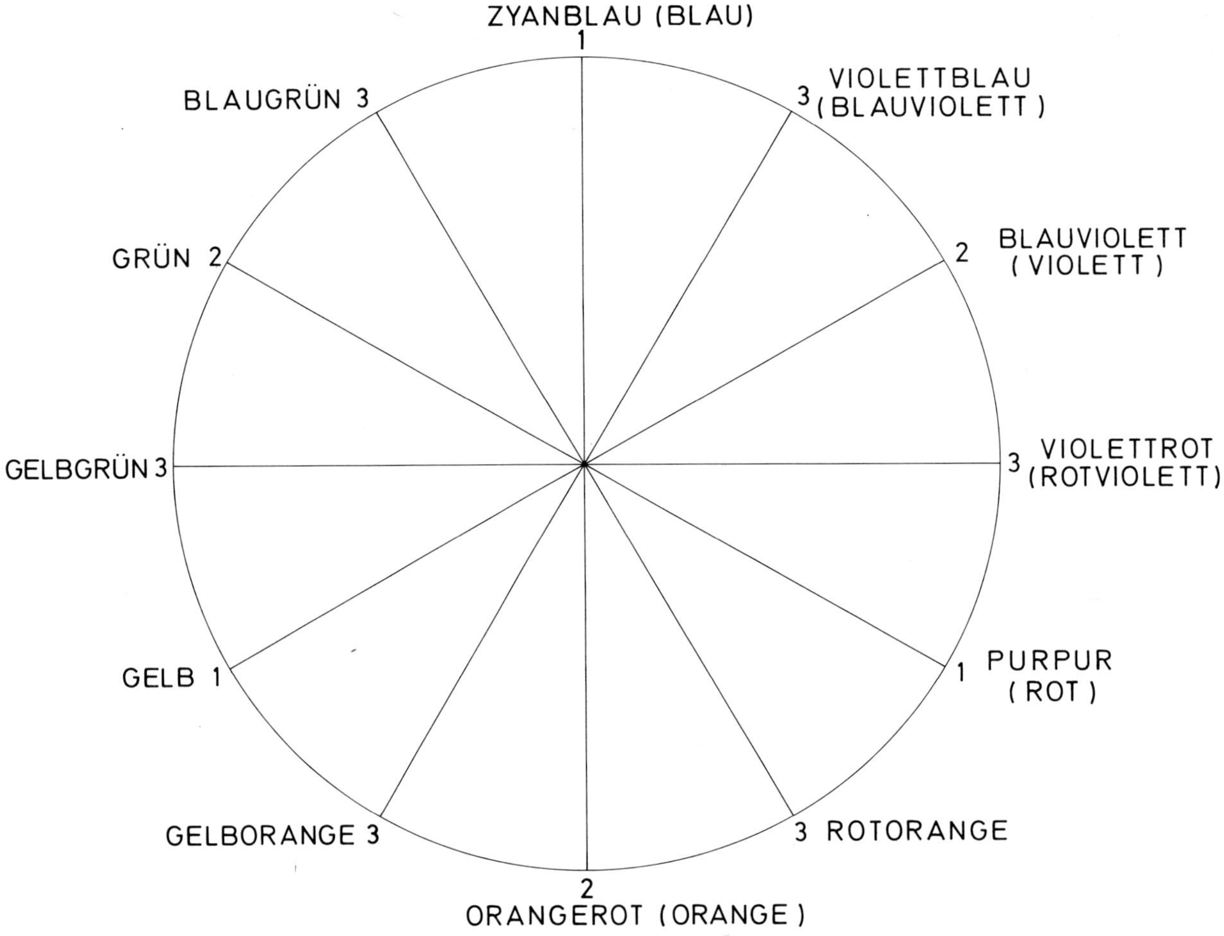

Abb. 7 12teiliger Farbenkreis.

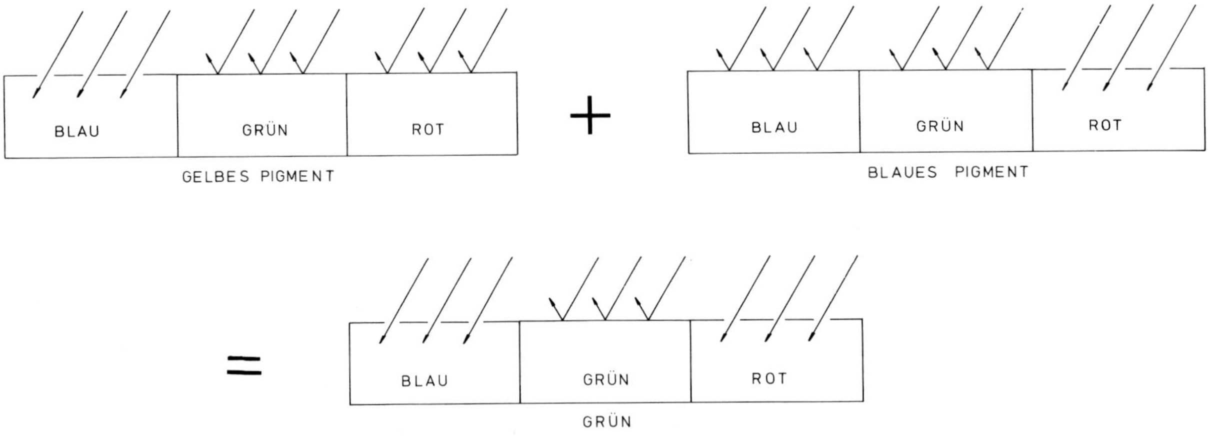

Abb. 8 Wirkungsweise der subtraktiven Farbenmischung. Das gelbe Pigment absorbiert das blaue Drittel des Spektrums und das blaue Pigment das rote Drittel. Bei einer Mischung dieser beiden Pigmentfarben werden also beide Drittel absorbiert und nur das restliche, grüne Drittel wird reflektiert.

● *Regel:* Die Sekundärfarben in der Malerei sind die Primärfarben des Spektrums und umgekehrt. Die Mischung der Pigmentgrundfarben ergibt:
Blau (Zyanblau) + Gelb = Grün
Blau (Zyanblau) + Rot (Purpur) = Blauviolett
Gelb + Rot (Purpur) = Orangerot.

Beachten Sie einen wichtigen Unterschied: Während die Pigmentprimärfarben, wie eben gesehen, ein Drittel des Spektrums absorbieren und zwei Drittel reflektieren, ist es bei den Pigmentsekundärfarben, wie eben ausführlich dargestellt, genau umgekehrt und somit wie bei den Filtern der spektralen Primärfarben mit dem kleinen Unterschied, daß diese zwei Drittel absorbieren und ein Drittel durchlassen, während die Pigmentsekundärfarben zwei Drittel absorbieren und ein Drittel reflektieren. Das ist aber nur ein technischer Unterschied. In der Farbwirkung sind sie jedoch identisch.

Hier ist nun auch ein Wort zu den Farbbezeichnungen der Pigmentsekundärfarben angebracht, die ja gleichzeitig die Primärfarben des Spektrums sind. Wie schon erwähnt, nennen die Physiker die spektralen Primärfarben einfach Rot, Grün und Blau. Die Maler nennen aber ihre Sekundärfarben Orange, Grün und Violett. Ich versuche zu vermitteln und nenne die drei Farben — wie bereits erwähnt — Orangerot, Grün und Blauviolett. So erscheinen sie auch in dem Farbenkreis Abb. 7. In Klammern stehen aber jeweils die Bezeichnungen, die meistens in Farbenkreisen zu finden sind, die in Malbüchern veröffentlicht werden.

Wir dürfen jedoch nicht vergessen, daß das nur eine Differenz in der Bezeichnung ist. Da die Farbübergänge z.B. zwischen Rot, Rotorange, Orange, Gelborange usw. stufenlos sind, kann man sagen, es ist Ansichtssache, ob man einen Farbton noch Rotorange oder schon Rot bzw. Orange nennt. Das ist auch gar nicht so wichtig, weil ja ohnehin kaum eine im Handel erhältliche Pigmentfarbe genau den Farben im Farbenkreis entspricht. Mir geht es in erster Linie darum, die Zusammenhänge in einem geschlossenen System darzustellen, weil man sie so am besten erfassen kann.

Versucht man herauszufinden, welche im Handel erhältlichen Künstlermalfarben den theoretischen Pigmentprimärfarben am nächsten kommen, so findet man für Zyanblau ein aufgehelltes Phtaloblau (das ja auch eigentlich Phtalozyanblau heißt), Purpur (Magentarot) kommt wohl ein helles Krapprot am nächsten, während für Gelb Kadmiumgelb hell stehen kann.

Lassen Sie mich jetzt auf Ihren Einwurf zurückkommen, daß Sie, wenn Sie Grün und Rot mischen, allenfalls ein dunkles Grau erhalten, während bei der additiven Mischung der entsprechenden Spektralfarben Gelb entsteht. Gehen wir einmal von der Pigmentgrundfarbe Rot (Purpur) aus und fragen uns, was geschieht, wenn wir sie mit der Sekundärfarbe Grün in geeignetem Verhältnis mischen. Wir haben eben gesagt, daß Grün als Sekundärmalfarbe die Spektralfarben Rotorange und Blauviolett absorbiert und Grün reflektiert. Purpur absorbiert aber Grün und reflektiert Blauviolett und Rotorange. Demnach wird also bei einer Mischung dieser beiden Farben das ganze Spektrum absorbiert. Wenn die Farben gesättigt waren, wird die Mischung zu Schwarz, sonst zu Grau. Da sich die Farben Rot und Grün zu Schwarz ergänzen, nennt man sie Ergänzungsfarben oder häufiger Komplementärfarben. Einige sagen auch Gegenfarben dazu. Die Zusammenhänge werden in der Zeichnung Abb. 9 verdeutlicht. Beachten Sie, daß Grün eine Mischung der Primärfarben Gelb und Blau ist, während seine Komplementärfarbe Rot die dritte Primärfarbe ist, die an der Mischung von Grün nicht beteiligt ist. Das ist eine andere Umschreibung dafür, daß durch eine Mischung von Grün und Rot alle drei Primärfarben an der Mischung beteiligt sind. Wir bemerken außerdem, daß Grün und Rot (Purpur) im Farbenkreis direkt gegenüberstehen. Wenn wir uns den Farbenkreis daraufhin genauer ansehen, fällt uns auf, daß sich jeweils eine Sekundärfarbe und eine Primärfarbe gegenüberstehen, und zwar immer die Primärfarbe, die an der Mischung der jeweiligen Sekundärfarbe nicht beteiligt ist. Sie sind jeweils Komplementärfarben, weil an ihrer Mischung alle drei Grundfarben beteiligt sind.

Neben den Primär- und den Sekundärfarben sehen wir auf dem Farbenkreis noch sechs weitere Farben. Sie entstehen aus der Mischung einer Primärfarbe mit einer benachbarten Sekundärfarbe. Man kann diese Farben aber auch direkt aus den zwei Primärfarben im Verhältnis 3 : 1 ermischen, weil die Sekundärfarbe ja auch nur aus diesen Farben, und zwar im Verhältnis 1 : 1 besteht. Die neu entstehenden Farben werden Tertiärfarben genannt und sind im Farbenkreis mit einer 3 bezeichnet. Man kann nun theoretisch den Kreis noch erweitern durch Hinzufügen von zwölf Quartärfarben, die zwischen den zwölf bisher genannten Farben liegen, doch hätte das keinerlei praktischen Wert. Die meisten veröffentlichten Farbenkreise sind daher zwölfteilig.

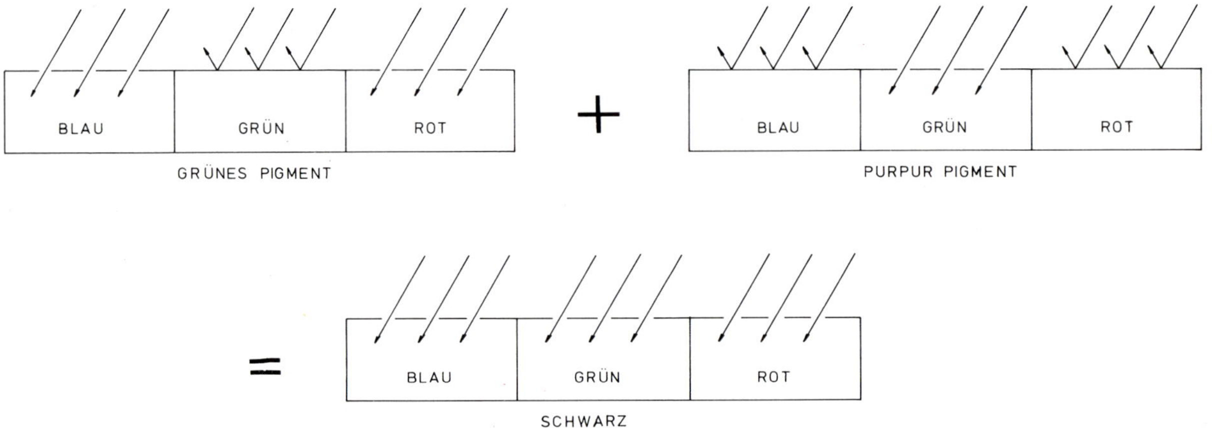

Abb. 9 Wirkung der Mischung zweier Komplementärfarben. Das grüne Pigment absorbiert sowohl das rote als auch das blaue Drittel des Spektrums, während das Purpurpigment das grüne Drittel absorbiert. Eine Mischung dieser Farben in geeignetem Mengenverhältnis absorbiert also das ganze Spektrum. Das Ergebnis ist Schwarz.

Ein Blick auf den Farbenkreis zeigt, daß sich je zwei Tertiärfarben gegenüberstehen, d. h. sie sind gegenseitig Komplementärfarben, weil wiederum bei einer Mischung dieser Farben alle drei Primärfarben beteiligt sind. Als Folgerung kann man also sagen:

● Bei einer Mischung von Pigmentfarben ist die ermischte Farbe immer dunkler als die an der Mischung beteiligten Farben. Die in dem Farbenkreis genau gegenüberliegenden Farben nennt man Komplementärfarben. Ihre Mischung in gesättigter Form und im gleichen Verhältnis der Primärfarben ergibt Schwarz.

So, das war nun das absolute Minimum aus der Farbentheorie. Im Verlauf unserer praktischen Arbeit werden wir noch darauf zurückkommen und sehen, wie wir diese Kenntnisse anwenden können."

„Manchmal liest man noch etwas über Farbharmonien, Farbpsychologie usw. Muß man das auch wissen?"

„Hier ist es so ähnlich wie mit der Theorie der Kunsthistoriker über Fragen der Komposition, über die wir im vorigen Kapitel gesprochen haben. Wenn Sie sich dafür interessieren oder auch bei gelehrten Diskussionen darüber mitreden wollen, können Sie das alles in theoretischen Werken nachlesen, die in großer Zahl auf dem Buchmarkt sind.

Für die praktische Arbeit haben diese Kenntnisse jedoch nach meiner Meinung keine allzu große Bedeutung. Es ist wohl auch so, daß die großen Meister, die unsere schönsten Bilder gemalt haben, von diesen Theorien nichts oder nicht viel wußten. Für die realistische Landschaftsmalerei ist der Spielraum für eine Farbauswahl auch sehr eng begrenzt. Allenfalls bei der Auswahl des Motivs kann man darauf einen Einfluß nehmen. So haben in der Vergangenheit die Maler lange Zeit geglaubt, daß das Blau des Himmels und das Grün der Vegetation nicht miteinander harmonieren. Sie haben deshalb auf ihren Bildern die Vegetation im wesentlichen in Brauntönen dargestellt. Das entspricht aber allenfalls den Verhältnissen im Herbst, wodurch sich eine bedauerliche Einengung ergab.

Heute ist man da anderer Ansicht. Kein Maler hat noch Angst vor einer Blau-Grün-Kombination in der Landschaft, die wir ja auch über die längste Zeit des Jahres täglich in der Natur sehen können.

Vertieft man sich zu sehr in alle diese Theorien, kann es leicht vorkommen, daß man seine Unbefangenheit beim Malen verliert, und in dem Bestreben, allen diesen Theorien gerecht zu werden, den Wald vor lauter Bäumen nicht mehr sieht. Ich rate Ihnen also, sich mit allen diesen Theorien nicht zu belasten und sich auf Ihren Geschmack und auf Ihre Intuition zu verlassen, so wie es meiner Ansicht nach auch die großen Maler getan haben."

Die Hauptschwierigkeiten beim Beginn der praktischen Tätigkeit

Der Freizeitmaler, insbesondere derjenige, der ohne jede Anleitung eine solche Tätigkeit beginnt, stößt gleich zu Beginn seiner praktischen Versuche auf große Schwierigkeiten. Diese Schwierigkeiten entmutigen viele so sehr, daß sie ihre Versuche alsbald einstellen und dieses schöne Hobby, kaum begonnen, wieder aufgeben. In der Regel wissen sie aber gar nicht, welchen Ursprung diese Schwierigkeiten haben. Es ist daher nicht verwunderlich, wenn sie scheitern. Der erste Schritt zur Überwindung dieser Schwierigkeiten ist die Erkenntnis ihrer Natur. Mit dieser Kenntnis ausgerüstet hat man den Schlüssel für die notwendigen Änderungen in der Hand. Ein intelligenter Anfänger wird daher fragen:

„*Welches sind die Hauptschwierigkeiten, die einem Freizeitmaler am Anfang seiner Tätigkeit begegnen?*“

„Die größte Schwierigkeit für den Freizeitmaler besteht darin, daß er fortan zwei Dinge, an die er sich im Laufe seines Lebens gewöhnt hat, anders tun muß als bis dahin. Diese Dinge sind die Behandlung von Pinsel und Farbe und das Sehen.

Der größte und häufigste Fehler, den der Anfänger begeht, ist, daß er in der Regel zu viel Farbe auf die Leinwand aufträgt.

Ich will das alles näher erklären.

Die meisten Menschen haben in ihrem Leben schon mit Pinsel und Farbe zu tun gehabt, nämlich wenn sie etwas angestrichen haben. Ihr Ziel war dabei, einen absolut gleichmäßigen Anstrich zu erreichen. Die Oberfläche sollte nicht unregelmäßig und fleckig sein. Um das zu erreichen, strichen sie den Pinsel in langen, geraden Strichen immer wieder über die gleiche Stelle, bis die zu streichende Fläche vollkommen gleichmäßig mit dem gleichen Farbton bedeckt war. Das war für die verfolgte Zielsetzung richtig.

In der Malerei ist bei der Behandlung von Pinsel und Farbe genau das Gegenteil richtig. Mit dem Pinsel werden kaum je lange, gerade Striche gezogen, sondern kurze, ungleichmäßige, nach allen Seiten gerichtete strichelnde oder tupfende Bewegungen vollführt. Das Ziel ist nicht eine gleichmäßig eingefärbte Fläche, sondern eine Vielfalt von Farben und Formen. So sind unter Malern die Wörter ‚anstreichen‘ oder ‚Anstreicher‘ eine Art Schimpfwörter, und sie drücken die Verachtung des Könners für denjenigen aus, der dem Gebot der Vielfalt nicht nachkommt.

Ein weiteres Hemmnis für den Freizeitmaler sind oft Angewohnheiten aus der Kindheit. Beim kindlichen Malen werden meist die Umrisse der Gegenstände mit Bleistift oder Buntstift gezeichnet und die so entstehenden Flächen dann mit Farbe gleichmäßig ‚ausgemalt‘. Auch das widerspricht der Tätigkeit des Malers.

Beginnt nun der angehende Freizeitmaler mit seinen ersten Versuchen, so handhabt er unwillkürlich und unbewußt Pinsel und Farbe so, wie er es aus dem täglichen Leben gewöhnt ist bzw. wie er es aus seiner Kindheit in Erinnerung hat. Der Malschüler auf der Akademie oder der Freizeitmaler, der von einem Lehrer unterwiesen wird, wird immer wieder auf den richtigen Gebrauch von Pinsel und Farbe hingewiesen bzw. er kann den Lehrer oder seine Mitschüler beobachten. Da der ohne Lehrer arbeitende Freizeitmaler diesen Vorzug nicht hat, muß er sich der eben ausgeführten Zusammenhänge stets bewußt und in dieser Hinsicht sein eigener Lehrer sein. Die Umgewöhnung ist nicht leicht und nimmt eine gewisse Zeit in Anspruch. Man muß immer wieder daran denken und konsequent die neue Art der Behandlung von Farbe und Pinsel üben. Nach einer gewissen Zeit wird das dann zur zweiten Natur.

Die zweite Schwierigkeit, das richtige Sehen zu erlernen, ist noch schwieriger zu erklären. Jeder sieht doch von Natur aus und glaubt, meist alles deutlich zu sehen, was in sein Blickfeld gerät. Der Maler sieht aber anders: er sieht mehr und er sieht genauer. Eigentlich müßte man für diese beiden Tätigkeiten verschiedene Bezeichnungen benutzen. Vielleicht könnte man sagen, der normale

Mensch nimmt wahr, was oft ein passiver oberflächlicher Vorgang ist. Der Maler jedoch sieht bewußt, genau und gründlich. Dazu ein Beispiel: Auf einem Tisch liegt ein gleichmäßig grüner Apfel. Der normale Mensch nimmt den Apfel wahr und sagt sich: ein Apfel von gleichmäßig grüner Farbe. Würde man ihn auffordern, den Apfel zu malen, würde er mit großer Wahrscheinlichkeit eine Art Kreis zeichnen und mit grüner Farbe gleichmäßig ausmalen, denn der Apfel ist ja tatsächlich überall gleichmäßig grün. Vielleicht würde er sich dann wundern, daß sein ‚Apfel' eher wie eine grüne Scheibe aussieht. Der Maler dagegen würde sofort sehen, daß der objektiv gleichmäßig grüne Apfel in mindestens fünf Farbnuancen erscheint. Einmal sieht er die mittlere grüne Farbe, die weder von direktem Licht noch Schatten beeinflußt ist und die der Maler Lokalfarbe nennt.

● *Definition:* Lokalfarbe ist die Eigenfarbe eines Gegenstandes, die weder durch direktes Licht noch Schatten beeinflußt wird.

Zweitens sieht er an den vom Licht beschienenen Stellen des Apfels ein helleres und an den im Schatten liegenden ein dunkleres Grün. Schließlich sieht er noch mindestens zwei Übergangsnuancen zwischen Licht und Schatten und Lokalfarbe. Wenn der Apfel beispielsweise auf einem Tisch mit weißem Tischtuch liegt, kommt noch reflektiertes Licht auf dem Rand der Schattenseite des Apfels dazu. Würde der Maler den Apfel malen, würde er denn auch mindestens fünf Grünnuancen benutzen, und sein Apfel sähe wirklich aus wie ein Apfel: plastisch und natürlich. Aber das ist nur ein Beispiel. Das andere Sehen besteht auch in einem genaueren Registrieren von Formen und Proportionen, d.h. Größenverhältnissen. Auch das neue Sehen gewöhnt man sich erst mit der Zeit an. Man kann es nicht von heute auf morgen erzwingen. Man kann aber den Gewöhnungsprozess beschleunigen und fördern, indem man möglichst oft bewußt sieht. Bewußt heißt dabei immer, gründlicher und länger als gewöhnlich. Einer der Hauptfehler von Anfängern ist, daß sie zu oft malen oder auch zeichnen, bevor sie richtig gesehen haben.

● *Regel:* Erst gründlich und ausreichend lange sehen, dann malen oder zeichnen.

Welche der beiden Fähigkeiten, der richtige Umgang mit Pinsel und Farbe oder das richtige Sehen, wichtiger ist, kann man kaum entscheiden. Ich habe allerdings oft den Eindruck, daß mancher Freizeitmaler zwar die Notwendigkeit des richtigen Umgangs mit Pinsel und Farbe versteht, aber sich der Wichtigkeit des richtigen Sehens nicht so recht bewußt ist. Um diese beiden Fähigkeiten zu erwerben, braucht es indessen seine Zeit. Seien Sie daher nicht ungeduldig und werfen Sie die Flinte nicht zu früh ins Korn. Etwas überspitzt kann man sagen, daß der größte Feind des Anfängers in der Freizeitmalerei die Ungeduld ist und die völlige Verkennung der Tatsache, daß jeder — ausnahmslos jeder — für den eben beschriebenen Gewöhnungsprozess Zeit braucht. Der eine mehr und der andere weniger, je nach der Intensität, mit der er sich diesen Dingen widmet.

Die häufigste Enttäuschung von Leuten, die zum ersten Mal in einen Malkurs kommen, ist, daß sie nicht gleich am ersten Tag ein fertiges Bild und am zweiten Tag ein Porträt eines Familienangehörigen malen können. Das hätte aber nicht einmal ein *Dürer* oder *Rembrandt* geschafft!

Seien Sie also geduldig und üben Sie fleißig!

Wenn Sie sich eines Tages dabei ertappen, daß Sie beim Betrachten irgend eines Gegenstandes überlegen, welche Farben Sie wohl dazu brauchen würden bzw. wie Sie diese Form bewältigen würden, dann wissen Sie, daß Sie auf dem richtigen Weg sind."

„Man faßt ja wohl auch beim Malen den Pinsel anders als beim Anstreichen?"

„Ganz richtig. Beim normalen Malen hält man den Pinsel meist so, wie man einen Bleistift beim Schreiben hält. Dabei wird der Stiel allerdings mindestens in der Mitte angefaßt. Viele Maler fassen den Pinselstiel sogar am äußersten Ende an. Der Grund liegt darin, daß der Maler das Bild auch während des Malvorganges aus einer gewissen Entfernung betrachten will. Es wird berichtet, daß der berühmte englische Maler *Gainsborough* aus diesem Grunde Pinsel mit besonders langen Stielen benutzte. Einige davon sollen über 1,50 m lang gewesen sein.

Nur wenn man feine Details malt, faßt man den meist kleinen Pinsel nahe der Zwinge an, weil nur so ein genaues Malen möglich ist.

● Zwinge ist die Metallhülse, die die Pinselhaare zusammenhält und mit dem Stiel verbindet.

Ich habe eben gesagt, normalerweise halte man den Pinsel so, wie man einen Bleistift hält, d.h. zwischen Mittelfinger, Zeigefinger und Daumen.

Ich male fast nur so. Es gibt aber auch Maler, die den Pinsel anders anfassen. Manche halten ihn in der geschlossenen Hand mit dem Daumen auf der Oberseite des Stiels und den anderen Fingern an der Unterseite, etwa wie man eine Schaufel oder einen Spaten hält. Sie werden mit der Zeit selbst herausfinden, wie Sie den Pinsel am besten halten. Einstweilen müssen Sie nur wissen, daß Sie ihn so locker wie möglich ohne jede Verkrampfung halten sollen. Auch hier gilt: Was einem auf Anhieb nicht gelingt, lernt man durch Übung."

„Was hat es nun mit dem Vorwurf auf sich, die meisten Anfänger trügen zu viel Farbe auf?"

„Das ist kein Vorwurf, sondern eine Beobachtung oder allenfalls ein Selbstvorwurf, denn ich habe in meinen früheren Jahren diesen Fehler auch gemacht.

Ich glaube, der Ursprung für diesen Fehler liegt einmal in der pastosen Malerei vieler zeitgenössischer Maler. Die Werke dieser Maler sind aber entweder nicht realistisch gemalt oder sie sind Primamalereien ohne große Detailgenauigkeit oder Naturtreue. Der Freizeitmaler liebt aber in der Regel detailgenaue, naturgetreue realistische Malerei. Er will also im Grunde, wenn er von Anfang an fett oder gar pastos malt, ein bestimmtes Ergebnis mit einer ungeeigneten Technik erreichen. Und das ist etwas, was niemand kann.

Ein weiterer Grund ist vielleicht, daß in Malbüchern nicht oder nicht deutlich genug auf diese Zusammenhänge hingewiesen wird.

Was auch immer die Gründe sind, Sie sollten diesen Fehler nicht machen. Malen Sie mindestens am Anfang stets mager. Malen Sie in dünnen Schichten und verdünnen Sie die Farbe gar nicht oder nur ganz wenig. So können Sie immer wieder korrigieren und so können Sie wunderschöne Farbübergänge schaffen. Erst wenn Sie mit einem Bild so weit sind, daß Sie genau wissen, ‚wie der Hase laufen muß', können Sie fetter malen und die Lichter pastos aufsetzen. Wenn Sie diese Ratschläge beherzigen, werden Sie die heillose Schmiererei vermeiden, die man oft bei den ersten Bildern von Freizeitmalern beobachten kann."

Vorbereitung der praktischen Arbeit

Wer den Ausführungen bisher gefolgt ist und sie im wesentlichen auch verstanden hat, kann nun mit der praktischen Arbeit beginnen. Gibt es noch Zweifel, so ist es besser, den betreffenden Abschnitt noch einmal durchzuarbeiten, wie es auch später während des Malens recht nützlich sein kann, ab und zu in die einleitenden Abschnitte zu schauen. Unser Freizeitmaler fragt jedenfalls:

„*Wie wird nun begonnen?*"

„Wir stehen oder sitzen also vor dem Malgrund, auf den wir bereits die Vorzeichnung gezeichnet haben. Die erste Arbeit danach ist die Vorbereitung von Farbe und Malmittel. Hier gibt es bereits bei verschiedenen Malern wesentliche Unterschiede. Viele Maler besetzen ihre Palette bei Arbeitsbeginn mit allen Farben ihrer Palette.

Die Besetzung der Palette mit Farben geht so vor sich, daß der Maler entlang dem Rand seiner Palette am Daumenloch beginnend aus den Farbtuben Stränge von etwa 1—2 cm Länge nebeneinander ausdrückt. Dabei hält er immer die gleiche Reihenfolge ein. Das ist wichtig, weil man sich dann an diese Folge gewöhnt und nach einer gewissen Zeit die Farbe auch findet, ohne richtig hinzusehen. Tut man das nicht, so riskiert man, im Eifer des Gefechts an die falsche Farbe zu geraten. Welche Ordnung man wählt, ist dabei nicht so wichtig.

Viele Maler fangen neben dem Daumenloch mit Weiß an, setzen dann Gelb, Rot, Grün und schließlich Blau. Für dieses System braucht man eine relativ große Palette. Die nicht benutzte Mitte der Palette wird dabei zum Mischen der Farben benutzt.

Manche Maler bevorzugen jedoch kleine Paletten, weil sie leichter und handlicher sind, was insbesondere dann wichtig ist, wenn man im Stehen malt. Auf diese kleinen Paletten werden oft nicht alle Farben gesetzt, sondern nur diejenigen, die man gerade benötigt. Dann ist man allerdings manchmal gezwungen, im Laufe eines Tages einmal oder öfter die Palette zu säubern und neu zu besetzen.

Diejenigen Maler schließlich, die anstatt der Palette eine Glasplatte benutzen, drücken oft die Farbe erst dann aus der Tube, wenn sie sie brauchen. Ich schlage Ihnen vor, eine große Palette zu benutzen, und für jede Farbe einen festen Platz zu bestimmen."

„*Wenn man aber als Freizeitmaler nicht jeden Tag malt. Ist es dann sinnvoll, alle Farben auszudrükken? Ist man dann nicht gezwungen, am Abend viele unbenutzte Farben wegzuwerfen, wenn man weiß, daß man z.B. erst am nächsten Wochenende zum Malen kommen wird?*"

„Das ist in der Tat ein Problem. Viele professionelle Maler reinigen am Abend nur die Mitte der Palette, die gesetzten Farben am Rande lassen sie stehen, weil sie am nächsten Tag weiterarbeiten werden. Morgens ergänzen sie die Besetzung nur dort, wo es Lücken gibt, so daß die Palette immer voll besetzt ist. Dabei macht es nicht viel aus, wenn die eine oder andere Farbe ein paar Tage nicht gebraucht wird, sie kann meist doch noch verarbeitet werden. Dies gilt vor allen Dingen für reine Ölfarben, die nur Leinöl als Bindemittel haben. Ölfarben, die mit schneller trocknenden Ölen oder anderen schneller trocknenden Bindemitteln angerieben wurden, bekommen oft nach einigen Tagen bereits eine dünne Haut, die man entfernen muß, wenn man die Farben nicht gleich ganz ersetzen will.

Wenn Sie eine Reihe von Tagen vor sich haben, an denen Sie malen werden, zum Beispiel im Urlaub oder wenn Sie schon im Ruhestand sind, sollten Sie es wie der professionelle Maler machen. Das System hat schon seinen Sinn. Die meisten Maler — auch Freizeitmaler — geraten, wenn sie eine Weile vor der Leinwand stehen oder sitzen und malen, in einen Zustand der Konzentration und eine Art Malfieber, in dem sie jede Nebentätigkeit, wie es das Ausdrücken von Farbe ist, als eine äußerst lästige Unterbrechung ihres Schaffensdranges empfinden. Da ist es schon gut, wenn alles bereit ist. Wie oft ist es mir selbst passiert, daß ich in Versuchung geraten bin, eine im

Augenblick auf der Palette nicht vorhandene Farbe durch eine ähnliche vorhandene zu ersetzen, nur um den Malvorgang nicht unterbrechen zu müssen. Solchen Versuchungen sollten Sie nicht nachgeben.

Es gibt sogar Maler, die aus diesem Grunde empfehlen, jeden Morgen sehr viel mehr Farbe auf die Palette zu setzen, als man voraussichtlich brauchen wird, und den Rest am Abend ohne Reue abzukratzen und in den Müll zu werfen.

Wenn Sie wissen, daß Sie nur ein oder zwei Tage am Wochenende malen werden, wäre es aber für einen sparsamen Menschen in der Tat nicht ratsam, die Palette voll zu besetzen. In diesem Falle sollten Sie sich vor Arbeitsbeginn genau überlegen, welche Farben Sie brauchen und nur diese auf die Palette setzen. Halten Sie aber trotzdem an den festgelegten Plätzen für die einzelnen Farben fest, d.h. lassen Sie die Plätze für die Farben frei, die Sie gerade nicht brauchen."

„*Was muß man dann noch vorbereiten?*"

Dann brauchen Sie eigentlich nur noch einige Lappen bereitzulegen und Terpentinersatz und eventuell Malmittel in geeignete Gefäße gießen, und schon kann die Arbeit beginnen. Es ist übrigens günstig, wenn Sie bei dem Halbliterglas, das Sie für den Terpentinersatz benutzen, wenn Sie sich nicht für ein gekauftes Gefäß entscheiden, ein Glas mit Schraubdeckel wählen. Die meisten im Haushalt anfallenden Gläser haben ohnehin einen solchen Deckel. Wenn Sie gerade nicht arbeiten, schrauben Sie den Deckel zu. Auch für die Behandlung des gebrauchten Malmittels gibt es einen kleinen Trick. Zunächst dürfen Sie auf keinen Fall vergessen, nach Beendigung der Arbeit den Rest des Malmittels aus dem Palettstecker bzw. dem kleinen Gefäß, das Sie sonst benutzen, in ein verschließbares Fläschchen umzugießen, weil das Malmittel sonst eintrocknet. Gießen Sie es aber möglichst nicht in die Originalflasche zurück. Beim Eintauchen des Pinsels in den Palettstecker kann es immer zu kleinen Verunreinigungen kommen, so daß Sie beim Zurückgießen Ihren ganzen Vorrat verschmutzen können. Benutzen Sie also lieber ein kleines verschließbares Fläschchen als Zwischengefäß. Dieses Zwischengefäß können Sie dann immer, wenn nötig, aus der Originalflasche auffüllen. Bei Bedarf können Sie es auch mit Terpentinersatz auswaschen."

„*Kann jetzt endlich die praktische Arbeit beginnen?*"

„Ja. Jetzt fangen wir mit dem ersten Bild an."

Das erste Bild

Größe des Originals:	40 cm × 60 cm
Malgrund des Originals:	Leinenmalpappe
Farben der Untermalung:	Harzölfarben
Farben der Übermalung:	Harzölfarben
Verwendete Pinsel:	Haarflachpinsel Nr. 2, 4, 6 und 10 Haarrundpinsel Nr. 1
Verwendetes Malmittel:	Malmittel Nr. 2

Palette: Titanweiß
Lichter Ocker
Kadmiumgelb hell
Siena gebrannt
Vandyckbraun
Krapplack dunkel
Chromoxidgrün feurig
Phtaloblau
Ultramarin dunkel.

„Als erstes Bild malen wir eine Sommerlandschaft mit Wasser, reifem Getreide, Gräsern, Bäumen und Büschen. Am Himmel haben wir hohe, streifenförmig verlaufende Cirruswolken mit den charakteristischen zerrissenen Rändern. Die Vorzeichnung wurde nach dem Nadelstichverfahren auf den Malgrund übertragen (Abb. 10). Wir wählen die klassische Zweischichtentechnik, d.h. wir machen zuerst eine Untermalung in leicht verdünnter, magerer Ölfarbe. Wir denken dabei an den Grundsatz fett auf mager. Wenn die Untermalung trocken ist, übermalen wir deckend mit der Ölfarbe, wie sie aus der Tube kommt, wenn wir mit Borstenpinseln arbeiten. Malen wir mit Haarpinseln, ist es besser, die Farbe etwas mit (ganz wenig) Malmittel zu verdünnen. Bei der Untermalung verdünnen wir die Farbe in jedem Fall leicht mit Malmittel 2 und malen nur mager, d.h. in einer dünnen Schicht. Wer es jedoch eilig hat, der kann auch Malmittel 3 nehmen, was den Trocknungsprozeß erheblich beschleunigt. Wir malen bei der Untermalung die Formen nicht im Detail aus und bringen auch nicht die Vielfalt und den Reichtum der Farben, wie wir sie für die Übermalung vorsehen. Im allgemeinen gehen wir von den mittleren Schattenfarben aus, so daß das Bild in diesem Stadium etwas kontrastärmer aussieht, als im fertigen Zustand. Bei der Übermalung werden dann die Formen im einzelnen ausgearbeitet, die helleren Töne werden aufgetragen und die Schatten verstärkt.

Bei der Untermalung kann man noch nicht allzu viel falsch machen, was man bei der Übermalung nicht noch korrigieren könnte. Ich mache es Ihnen einmal vor, indem ich Ihnen jeweils erkläre, was ich tue und welche Farbe und welchen Pinsel ich benutze. Um gleich beim Pinsel anzufangen: da wir keine Details malen, wähle ich in erster Linie größere Pinsel. Die Flachpinsel Nr. 10, 6, 4 und 2 werde ich brauchen. Da wir mit etwas verdünnter Farbe malen, nehme ich Haarpinsel. Das ist aber nicht unbedingt notwendig. Wenn es Ihnen besser zusagt, können Sie auch mit einem flachen Borstenpinsel arbeiten. Da es jetzt noch nicht so sehr darauf ankommt und ich bei der Übermalung noch alle Korrekturmöglichkeiten habe, male ich jetzt zügig und mit großzügigen Pinselstrichen. Ich halte mich allerdings dabei an die Grenzen der Vorzeichnung. Den Himmel und die Wolken sparen wir aus, weil wir diesen Teil des Bildes ohne Untermalung gleich in einem Zuge fertig malen.

Die Untermalung hat neben den Vorteilen der Korrekturmöglichkeit und des leichteren Aufsetzens von brillanten Farben auf dunkle Schatten noch einen weiteren Vorzug. Durch dieses Verfahren wird erreicht, daß nach dem Malen des Himmels und der Wolken der Malgrund vollständig mit Farbe bedeckt ist und keine weiße Leinwand mehr sichtbar ist. Das ist sehr wichtig. Viele Maler sind bestrebt, so schnell wie möglich die Leinwand mit Farbe zu bedecken. Der Grund liegt darin, daß jede Farbe in ihrer Wirkung von den sie umgebenden Farben beeinflußt wird. Auch und gerade das Weiß unbemalter Leinwand übt dabei einen starken Einfluß aus, der unerwünscht ist, weil dieses Weiß schließlich verschwindet.

● *Regel:* Die Farben auf dem Malgrund beeinflussen sich gegenseitig. Die endgültige Wirkung einer Farbe ist daher erst dann zu beurteilen, wenn die Nachbarfarben aufgetragen sind.

Wer nicht sehr erfahren ist, kann durch weiße Stellen auf der Leinwand in seiner Beurteilung der Farben stark beeinflußt werden. Auch der Geübte ist davon nicht vollständig frei. Das ist auch ein Hauptgrund dafür, daß es so außerordentlich schwierig ist, Primamalerei im engeren Sinne zu betreiben."

„Wie ist es nun mit den Bäumen, die in den Himmel hineinragen? Werden die bei der Untermalung mitgemalt oder nicht?"

„Dieses Problem wird auf zwei verschiedene Arten gelöst. Wenn die Belaubung des Baumes so dicht ist, daß der Himmel nur an einzelnen kleinen Stellen durchscheint, wird er mit der Untermalung mitgemalt. Die kleinen Stellen des Himmels werden dann nachträglich zusammen mit dem Himmel eingefügt. Zu diesem Zeitpunkt kann man dann auch noch korrigieren, indem man noch weitere durchscheinende Stellen im Baum anbringt, wenn dies erforderlich sein sollte. Wenn die Belaubung des Baumes jedoch spärlich oder gar nicht vorhanden ist, werden zuerst Himmel und Wolken gemalt und dann auf den Himmel die Äste, Zweige und eventuell wenige Blätter. Das ist deswegen notwendig, weil man den Himmel nicht gut um die Äste und Zweige herum malen kann. Versuchen Sie so etwas erst gar nicht. Es sieht wirklich nicht schön aus. Das führt zu einer weiteren

● *Regel:* Wenn vor einem hellen (dunklen) Hintergrund ein kompliziert verzweigter dunkler (heller) Gegenstand erscheint, muß immer zuerst der Hintergrund gemalt werden.

Ich beginne die Untermalung mit der Ferne, in diesem Falle mit den Hügeln im Hintergrund. Ich nehme dazu Weiß und Ultramarin, das mit etwas lichtem Ocker abgedämpft wurde. Dieser etwas stumpfe Farbton ist noch nicht endgültig. Erst bei der Übermalung wird der genaue Farbton bestimmt, weil dazu der Himmel und die Wolken gemalt sein müssen. Denn wie wir eben festgestellt haben, beeinflussen sich Nachbarfarben gegenseitig. Ich male diesen Teil mit dem mittleren Pinsel Nr. 6, weil es sich hier um kleinere Gegenstände im Bild handelt.

Die fernen Felder unterhalb der Hügel werden mit Kadmiumgelb und lichtem Ocker angelegt. Mit den gleichen Farben, zum Teil mit etwas Weiß aufgehellt, werden die etwas näheren Getreidefelder untermalt. Den dunkleren Rand der Getreidefelder male ich auch mit diesen Farben, jedoch mit zusätzlich etwas Siena gebrannt. Für den Feldrain benutze ich Chromoxidgrün, Kadmiumgelb und lichten Ocker.

Die Büsche und die beiden Bäume lege ich mit einer Mischung aus Chromoxidgrün, lichtem Okker und gebrannter Siena an mit etwas Vandyckbraun an den Schattenstellen. Ich arbeite dabei stets mit ganz kurzen, schnellen Pinselstrichen und versuche immer eine Vielfalt der Formen und Nuancen zu erreichen. Zwar wird dies, wie bereits erwähnt, nicht so weit getrieben wie bei der Übermalung, doch wird hier schon in jedem Fall das verpönte Anstreichen vermieden.

Für die Baumstämme nehme ich gebrannte Siena und Vandyckbraun mit etwas Chromoxidgrün. Ich vergesse dabei nicht, daß das Licht von rechts kommt und die rechten Seiten der Baumstämme daher heller sein müssen. Die Grasflächen des Vordergrundes male ich mit Chromoxidgrün, lichtem Ocker und Kadmiumgelb, etwas mit gebrannter Siena gedämpft."

„Ich höre jetzt schon zum zweiten Mal den Ausdruck ‚gedämpft'. Was heißt das?"

„Dämpfen oder brechen heißt, einer Farbe eine kleine Menge einer anderen Farbe, meist ihrer Komplementärfarbe beizumischen. Dadurch wirkt die Farbe nicht mehr so leuchtend und grell, sondern etwas stumpfer. Das Grün in der Natur ist meist nicht so grell, wie die grünen Farben aus den Tuben kommen. Sie werden daher in der Regel etwas gebrochen. Die Komplementärfarbe zu Grün ist Rot. Gebrannte Siena ist ein rotbraunes Pigment. Deswegen nehme ich es in diesem Fall zum Dämpfen der grünen Farbe der Vegetation. Ich hätte auch eine andere rote Farbe dazu benutzen können, allerdings wird zum Brechen der grünen Farben der Vegetation am häufigsten Siena gebrannt verwendet.

Doch nun zurück zu der Untermalung. Es bleibt mir noch das Wasser. Das ist am schwierigsten anzulegen, weil Wasser keine Eigenfarbe hat und nur Himmel, Wolken und Umgebung widerspiegelt. Seine genaue Farbe hängt also in starkem Maße von den angrenzenden Farben ab. Ich werde also nur einen vorläufigen Ton nehmen, der aus Weiß, Phtaloblau und etwas Vandyckbraun besteht. Die genaue Farbgebung müssen wir uns bis zur Übermalung aufsparen.

So, die Untermalung ist nun fertig (Abb. 11). Jetzt möchte ich, daß Sie den Himmel, die Wolken und die Ferne malen. Nehmen Sie für den Himmel einen großen Pinsel: Nr. 10 oder gar 12, natürlich einen Flachpinsel. Ob Sie einen Haar- oder einen Borstenpinsel nehmen, hängt von Ihrer Vorliebe ab. Wenn Sie allerdings einen Haarpinsel wählen, müssen Sie die Farbe immer etwas mit Malmittel verdünnen, sonst malt es sich mit dem Haarpinsel schlecht und der Pinsel nutzt sich sehr schnell ab. Das gilt bis zu einem gewissen Grad auch für Borstenpinsel. Wenn Sie also viel mit Farben malen, wie sie aus der Tube kommen, müssen Sie mit einem größeren Pinselverbrauch rechnen. Für die Berge und das Getreidefeld in der Ferne nehmen Sie kleine Rundpinsel, z.B. Nr. 1.

Ich bin mir im klaren darüber, daß es etwas unfair ist, Sie gleich den Himmel malen zu lassen, denn das ist nicht ganz leicht. Aber wenn Sie auf eigene Faust malen würden, würden Sie wahrscheinlich auch zuerst mit dem Himmel und den Wolken anfangen. Schließlich und endlich lernt man am meisten aus seinen Fehlern. Ich werde diese Fehler mit Ihnen besprechen und Ihnen zeigen, wie es richtig gemacht wird."

„Dann sagen Sie mir wenigstens, welches Blau ich nehmen soll! Wir haben drei verschiedene Blaus auf unserer Palette und soviel verstehe ich schon von der Sache, daß ich weiß, daß nicht jedes Blau ohne weiteres für den Himmel geeignet ist."

„Das ist richtig. Obwohl alle drei (Phtaloblau, Kobaltblau und Ultramarin) verwendet werden, zieht man Preußischblau und Kobaltblau oftmals vor. Die meisten Maler verwenden wohl für den Himmel Preußischblau. Über die Problematik dieser Pigmentfarbe und ihren möglichen Ersatz durch Phtaloblau haben wir schon gesprochen. Manche Maler verwenden eine Mischung aus Phtaloblau und Ultramarin, andere nehmen Coelinblau, das ich auf die Ergänzungsliste der von mir vorgeschlagenen Farben gesetzt habe.

Ich schlage Ihnen vor, Phtaloblau zu nehmen. Sie mischen die Farbe für den Himmel, indem Sie von Weiß ausgehen. Das heißt, Sie drücken etwa 2—3 cm Titanweiß auf Ihre Palette und fügen zunächst mit der Ecke Ihres Pinsels ganz wenig Blau hinzu und mischen es mit dem Weiß gut durch. Sie können dazu Ihren Pinsel nehmen, wie auch ich es mache, oder das Palettmesser, wie es viele derjenigen Maler machen, die ihre Farben vormischen. Wenn die Farbe zu steif ist und sich schlecht mischen läßt, fügen Sie etwas Malmittel hinzu. Aber nicht zuviel, damit die Farbe nicht zu dünn wird. Am besten tauchen Sie den — sauberen — Pinsel zuerst in das Gefäß mit dem Malmittel, streifen ihn ab und gehen dann in die Farbe. Nach dem Durchmischen prüfen Sie, ob der Farbton stimmt. Ist die Mischung noch zu blaß, dann geben Sie noch eine kleine Menge Blau dazu und prüfen wieder usw., bis der Ton richtig ist. Dann brechen Sie die Mischung mit einer Spur lichtem Ocker und einer noch kleineren Spur Krapplack. Seien Sie dabei vorsichtig mit dem Krapplack! Sie dürfen wirklich nur eine ganz geringe Menge nehmen, weil Krapplack ein sehr farbstarkes Pigment ist. Wenn Sie nicht aufpassen, bekommen Sie schnell eine Art Violett anstatt des angestrebten Himmelblau."

„Warum geht man von Weiß aus? Da ich eine blaue Farbe mische, wäre es doch logisch, mit Blau zu beginnen und nach und nach so viel Weiß dazuzugeben, bis die Mischung stimmt."

„Nein. Da in dieser Mischung Weiß im Vergleich zu Blau in relativ großer Menge gebraucht wird, ist es praktischer, mit Weiß zu beginnen. Sonst kann es Ihnen passieren, daß Sie am Ende so viel Weiß dazumischen müssen, daß Sie die angemischte Farbe gar nicht alle brauchen. Es gilt daher die

● *Regel:* Eine Mischung wird stets mit der Farbe begonnen, die mit der größten Menge beteiligt ist. Die anderen Farben werden unter ständigem Prüfen nach und nach hinzugefügt.

In diesem besonderen Falle hätten Sie vielleicht nicht zu viel Farbe erhalten, denn Sie brauchen sehr viel mehr als die erste Mischung, die Sie mit den angegebenen Mengen erhalten. Sie sollten sich aber trotzdem an die Regel halten, denn Sie brauchen verschiedene Mischungen für den Himmel."

„Ich habe mich schon gewundert, warum ich nur 2—3 cm Weiß nehmen soll. Ich brauche für den Himmel doch viel mehr!"

„Hier muß ich wieder auf Unterschiede in der Handhabung des Farbenmischens bei verschiedenen Malern hinweisen. Es gibt viele Maler, die alle Farbmischungen, die sie voraussichtlich für eine Stelle des Bildes brauchen — also hier z.B. für den Himmel — im vorhinein in ausreichender Menge vormischen. Dadurch ist natürlich eine große Gleichmäßigkeit zu erreichen. Die Frage ist nur, ob man das wünscht. Andere Maler sind der Meinung, daß zu große Gleichmäßigkeit des Tones eher langweilig wirkt. Sie mischen daher stets nur kleine Mengen und hoffen, daß von den kleinen kaum merklichen Unterschieden eine belebende Wirkung ausgeht. Allerdings dürfen die Unterschiede nicht so groß sein, daß es auffällt und z.B. der Himmel fleckig erscheint.

Ein weiterer Grund für das Ausmischen geringerer Mengen beim Himmel ist die Veränderung des Tones von oben nach unten. Wir erinnern uns, daß am oberen Bildrand stets das tiefste Blau erscheint. Je näher man dem Horizont kommt, umso blasser wird der Ton, was durch Zugabe von mehr Weiß und lichtem Ocker oder auch etwas Kadmiumgelb oder Rot, je nach der Tageszeit, erreicht wird.

Die zuerst erwähnten Maler berücksichtigen das natürlich auch. Sie bereiten für den Himmel nicht nur eine Mischung vor, sondern vielleicht fünf verschiedene, die von Mischung zu Mischung immer heller werden. Sie können sich natürlich dasjenige System angewöhnen, welches Ihnen am besten zusagt. Sie werden bald herausfinden, welches das ist. Ich ziehe es vor, stets nur wenig Farbe vorzumischen, weil ich ein Anhänger der Vielfalt der Farbnuancen bin.

Noch ein Wort zum Farbenmischen. Bei der Mischung von Blau für den Himmel ist die Sache von vornherein klar: Sie wissen, daß Sie sehr viel Weiß und sehr wenig Blau benötigen. Sie können also in der von mir geschilderten Art und Weise vorgehen. Wenn Sie jedoch andere Mischungen machen müssen, — vielleicht auch noch mit drei Farben — so wissen Sie vorher oft nicht annähernd, wieviel Sie von jeder Farbe brauchen. Sie nehmen daher für Ihre Mischungsversuche zunächst stets ganz kleine Farbmengen. Erst wenn Sie eine gewisse Vorstellung davon haben, mit welchen Mengen die einzelnen Farben an der Mischung beteiligt sein werden, können Sie Gebrauchsmengen nehmen. Wenn Sie das nicht beachten, werden Sie sehr viel Farbe wegwerfen müssen, weil Sie bei dem Versuch, die Mischung gleich in der Menge anzulegen, die Sie brauchen werden, immer wieder neue Farbe im Zuge des Mischungsvorganges zusetzen werden, so daß Sie schließlich das Mehrfache dessen an Farbe gemischt haben, das Sie wirklich brauchen. Mir ist es in meiner Anfangszeit oft so ergangen.

Z.B. das Mischen der Vegetationsfarben ist so ein Fall. Chromoxidgrün feurig ist sehr grell. Beim Dämpfen müssen Sie erst etwas experimentieren, bis Sie die richtigen Mischungsverhältnisse finden. Wenn Sie dann glauben, die richtige Mischung gefunden zu haben, malen Sie nicht gleich drauf los, sondern tragen Sie erst mit dem Pinsel ganz wenig Farbe an einer Stelle auf, die Sie notfalls gut übermalen können. Prüfen Sie dann gründlich, ob der Farbton stimmt. Andernfalls ändern Sie die Mischung solange, bis er stimmt."

„So, ich bin mit dem Himmel, den Wolken und der Ferne fertig (Abb. 12)."

„Dann wollen wir uns das einmal ansehen. Bei dem Himmel und den Wolken sieht man sofort die typischen Anfängerfehler: Der Himmel ist zu blau und die Wolken sind zu weiß. Sie müssen bei dem Mischen der Farben für den Himmel sorgfältiger vorgehen. Gehen Sie so vor, wie ich es Ihnen gesagt habe. Beginnen Sie mit Weiß und geben Sie das Blau nur sehr vorsichtig dazu. Prüfen Sie immer wieder, indem Sie auf ein Stück Papier einen Probeaufstrich Ihrer Mischung machen und das Papier gegen den Himmel oder neben ein anderes Bild oder eine Reproduktion mit blauem Himmel halten. Mit der Zeit lernen Sie sicher, ohne dieses Hilfsmittel zurechtzukommen. Am Anfang sollten Sie es aber nicht verschmähen.

Außerdem haben Sie meinen Rat nicht befolgt, das Blau mit etwas lichtem Ocker zu brechen oder Sie haben es zu zaghaft getan. Ihr Blau ist zu grell.

Bei den Wolken kommt ein Grundsatz zur Geltung, den Sie sich von vornherein gut einprägen sollten. In der Malerei wird nur ganz ausnahmsweise reines, unvermischtes Weiß verwendet. Eigentlich kommt es nur begrenzt bei bestimmten Wolkenrändern vor. Sonst wird das Weiß der Wolken wie anderwärts zumindest mit etwas lichtem Ocker, Kobaltblau oder auch Kadmiumgelb gebrochen. Wolkenschatten, die oft vorhanden sind, müssen sorgfältig gemalt werden. Bei Haufenwolken werden die Schatten oft mit einem warmen Grau wiedergegeben."

„Was ist ein warmes Grau?"

„Die Farben werden in warme und kalte eingeteilt. Warme Farben sind Rot, Orange und Gelb. Kalte Farben nennt man Blau, Violett und Grün, wobei Grün an der Grenze liegt. Grau kann entweder neutrales Grau oder farbiges Grau sein. Neutral nennt man ein Grau, das aus einer Mischung aller drei Primärfarben zu gleichen Teilen und Weiß entsteht. Sind die drei Primärfarben nicht im gleichen Verhältnis beteiligt, so entsteht ein farbiges Grau. Überwiegen dabei die Rot- und Gelbanteile, handelt es sich um ein warmes Grau, wenn Blau in der Mischung überwiegt, spricht man von kaltem Grau. Im übrigen handelt es sich bei der Bezeichnung kalt und warm für Farben nicht um eine Zweiteilung, so daß man nicht einfach sagen kann, die als kalt bezeichneten Farben sind eine Gruppe und die warmen Farben eine andere. Es handelt sich vielmehr um eine kontinuierliche Farbskala von ganz kalt (Blau) bis ganz warm (Rot). Es gibt also ein Blau, das wärmer ist als ein anderes Blau, z.B. ist Ultramarin wärmer als Phtaloblau und ein Rot, das kälter ist als ein anderes Rot, beispielsweise ist Krapplack kälter als Kadmiumrot.

Doch zurück zu Himmel und Wolken unseres ersten Bildes. Der dritte Fehler in Ihrem Himmel sind die glatten Ränder der Wolken. Sie wirken unnatürlich, insbesondere bei Cirruswolken, die meist vielfältig an den Rändern zerrissen sind. Dem müssen Sie Rechnung tragen. Sie müssen also bei den Wolken das Weiß mit etwas Gelb (lichter Ocker oder Kadmium) oder auch etwas Blau (Phtaloblau) brechen. Aber nicht gleichmäßig! Auf den Wolken müssen in unregelmäßigen Abständen Schatten entstehen, die ihnen ein natürliches Aussehen geben, wenn diese Schatten bei Cirruswolken auch schwach ausgeprägt sind. Das Zerrissene der Wolkenränder erreichen Sie dadurch, daß Sie in den Grenzbereichen zwischen Himmel und Wolken die noch nasse Farbe mit einem trockenen oder zumindest leeren Pinsel vorsichtig ineinanderwischen. Halten Sie sich dabei immer das Bild zerrissener Wolken vor Augen und versuchen Sie, deren Erscheinungen wiederzugeben.

Nun noch ein Wort zu dem Hintergrund. Die Berge sind zu glatt und einfarbig und etwas zu blau. Eine leichte, wenn auch verschwommene Struktur ist bei dieser Entfernung noch angebracht. Außerdem ist der Rand zum Himmel zu scharf. Auch hier ist Verschwommenheit und teilweises Ineinanderfließen günstig für die Wirkung. Das ferne Getreidefeld ist zu gelb. Das Gelb des Getreides ist von Natur aus blasser und in der Entfernung gilt das erst recht. Ich werde das jetzt alles korrigieren. Während ich male, werde ich erklären, was ich mache. Sie sehen zu und versuchen sich zu merken, was ich Ihnen sage.

Ich fange mit dem Himmel an. Dazu drücke ich einige Zentimeter Weiß aus der Tube und sehr viel weniger Phtaloblau und noch viel weniger lichten Ocker und eine Spur Krapplack. Ich mische nun ganz vorsichtig eine Spur Blau zu dem Weiß und prüfe die Mischung. Wenn sie zu blaß ist, setze ich noch etwas Blau zu usw. Dann füge ich winzige Mengen lichten Ocker und Krapplack hinzu, um die zu grelle Farbe etwas zu brechen. Da ich mit einem Haarpinsel arbeite, nehme ich mit dem Pinsel etwas Malmittel dazu, um die Farbe geschmeidiger und für den Haarpinsel besser vermalbar zu machen. Ich nehme dazu das Malmittel 2, das die Trocknung verzögert."

„*Warum wollen Sie die Trockenzeit verlängern?*"

„Sie erinnern sich an den Grundsatz fett auf mager. Es kann zu Schwierigkeiten kommen, wenn ich nach einigen Tagen noch etwas ändern möchte, wenn ich die Trocknungszeit nicht verlängere, weil dann die Farbe vielleicht schon trocken ist. Solange die Farbe noch naß ist, kann ich jederzeit wieder hineinmalen, ohne mit dem Grundsatz in Schwierigkeiten zu kommen. Das heißt, ich halte mir die Mager-Phase möglichst lange offen.

Ich fange am oberen Rand des Bildes an und Sie sehen, daß meine Mischung sehr viel heller ist als Ihre. Ich gehe nun weiter nach unten, wobei ich die Wolken ausspare. Je mehr ich mich dem Horizont nähere, umso heller wird meine Mischung. Ich nehme dazu mehr Weiß und mehr lichten Ocker. In das Blau mische ich beim Malen an verschiedene Stellen immer etwas Weiß, um eine gleichmäßig blau ‚angestrichene' Fläche zu vermeiden, die ich langweilig finde.

Dann nehme ich einen neuen Pinsel und male damit die Wolken mit Weiß, das ich mit etwas lichtem Ocker gebrochen habe. Ich nehme aber nur ganz wenig lichten Ocker und an einigen Stellen lasse ich auch etwas unvermischtes Weiß auf den Malgrund kommen.

An den Rändern zu dem Blau des Himmels wische ich die Farbe vorsichtig ineinander. Ich male nun auch die Berge der Ferne neu. Ich nehme dazu wiederum Ultramarin und Weiß sowie etwas lichten Ocker. Der Anteil des lichten Ockers wird immer höher, je näher die Berge sind. Bei dem entferntesten ist kein Ocker dabei. Damit wird den Erfordernissen der Gesetze der Luftperspektive Genüge getan.

Das Getreidefeld in der Ferne male ich im wesentlichen mit lichtem Ocker, Kadmiumgelb und Weiß. An den Rändern kommt dazu noch gebrannte Siena. Das Grün am Rand ist Chromoxidgrün feurig, Kadmiumgelb und wiederum gebrannte Siena. So, das ist also meine Version (Abb. 13). Nun sollten Sie sich an Mittel- und Vordergrund wagen. Arbeiten Sie frei, so wie Sie es sich vorstellen. Wir werden uns das Ergebnis wieder gemeinsam ansehen."

„Ich würde aber doch gerne wissen, welche Farben ich nehmen soll."

„Mir wäre es lieber, wenn Sie die Farben selbst auswählen würden, damit Sie das auch lernen. Sie können sich aber an das halten, was ich beim Malen der Untermalung gesagt habe. Die dort genannten Farben werden im wesentlichen auch für die Übermalung verwendet.
So, das ist also bei Ihren Bemühungen herausgekommen (Abb. 14). In erster Linie ist dazu zu sagen, daß das Grün Ihrer Bäume und Sträucher zu grün ist. Sie haben vergessen, das sehr brilliante Chromoxidgrün feurig zu brechen oder Sie haben es zu zaghaft getan. Das Grün ist daher zu grell. Es ist ein richtig giftiges Grün, das für die Darstellung von Vegetation völlig ungeeignet ist. Außerdem haben Sie offenbar nur mit Weiß aufgehellt."

„Wieso ist das ein Fehler?"

„Es ist insofern ein Fehler, als Sie ein viel besseres, ja unentbehrliches Mittel zum Aufhellen von Grün bei der Darstellung von Vegetation haben: lichten Ocker und Kadmiumgelb. Chromoxidgrün feurig in verschiedenen Mischungen mit lichtem Ocker und Kadmiumgelb, gebrochen mit gebrannter Siena gibt eine herrliche Skala der schönsten Grüntöne für die Vegetation.

Hellen Sie jedoch Chromoxidgrün nur mit Weiß auf, so ändert sich nichts an dem ‚giftigen' Aussehen dieser Farbe, wie sie aus der Tube kommt. Es wird allenfalls noch etwas kälter und spielt ins Blaue hinein, was ja für die Vegetation ungeeignet ist, die sich meist eher dem Grüngelben nähert. Deshalb ist zum Aufhellen von Grün ein Gelbton unerläßlich. Wenn Sie ein noch helleres Grün brauchen, als es durch Chromoxidgrün feurig und Kadmiumgelb hell erreichbar ist, können Sie die Mischung aus diesen beiden Farben vorsichtig mit etwas Weiß weiter aufhellen.

Der erfahrene Maler versucht stets, wenn ein Aufhellen einer Mischung nötig ist, dies durch Zumischen einer anderen, helleren bunten Farbe zu erreichen. Nur wenn das nicht geht, z.B. weil sich dadurch der Ton in einer unerwünschten Richtung ändert, greift er zu Weiß. Es handelt sich dabei um eine gute

● *Regel:* Soll eine Farbe oder eine Mischung aufgehellt werden, versucht man es stets zuerst mit einer passenden helleren bunten Farbe, bevor man dazu Weiß nimmt.

Das ist deswegen so wichtig und über den eben diskutierten besonderen Fall der Grünaufhellung von Bedeutung, weil Weiß die bunten Farben immer etwas vergraut. Daraus folgt allerdings auch, daß die Regel nicht gilt, wenn die Vergrauung beabsichtigt ist.

Zurück zu dem Bild. Ein weiterer Fehler ist der Versuch, Schatten mit unvermischtem Chromoxidgrün darzustellen. Dazu wird besser die eben erwähnte Mischung (Chromoxidgrün, lichter Ocker, gebrannte Siena) mit Vandyckbraun oder einem anderen dunklen Braun abgedunkelt. Bei ganz dunklen Ausmischungen läßt man den lichten Ocker weg.

Wir haben also für die Darstellung der hellen Töne der Bäume und Büsche dieses Bildes als Farben Chromoxidgrün feurig, lichten Ocker, gebrannte Siena und Kadmiumgelb hell zur Verfügung. Für die dunklen Töne gehen wir ebenfalls von Chromoxidgrün feurig und gebrannter Siena aus. Diese Mischung dunkeln wir mit Vandyckbraun ab.

Wie man nun beim Farbenmischen vorgeht, hängt wiederum davon ab, ob man lieber die voraussichtlich benötigten Nuancen vormischen will oder ob man während des Malens jeweils etwas Farbe mischt, die man sogleich verarbeitet. Wenn man vormischt, muß man für die Bäume und Sträucher mindestens fünf, besser aber sieben oder noch mehr Grünnuancen anmischen. Für die dunkelste Version, die man für die dunkelsten Schatten benötigt, mischt man Vandyckbraun, Chromoxidgrün feurig und etwas gebrannte Siena. Die gebrannte Siena ist bei allen Mischungen zum Dämpfen dabei. Für die nächste Mischung nimmt man weniger Vandyckbraun und etwas lichten Ocker dazu. Man braucht diese Mischung für die etwas helleren Schatten. Bei der nächsten Mischung läßt man Vandyckbraun weg und mischt demnach Chromoxidgrün, lichten Ocker und gebrannte Siena. Diese Mischung wird für die mittleren Töne benötigt, d.h. für Bildstellen, an den Büschen und Bäumen, die weder klar im Schatten noch deutlich im Licht sind. Bei der vierten Mischung nimmt man etwas weniger Chromoxidgrün und ersetzt einen Teil des lichten Ockers durch Kadmiumgelb hell. Damit werden die zum Teil im Licht befindlichen Zweige gemalt. Schließlich die fünfte Mischung mit noch weniger Grün und noch mehr Kadmiumgelb hell, die man für die beleuchteten Zweige und Blätter benutzt. Zu dieser Mischung etwas Weiß ergibt die Farbe für die hellsten Lichter.

Man kann diese Mischungen noch weiter differenzieren, indem man Zwischentöne dadurch herstellt, daß man zwei benachbarte Mischungen miteinander mischt. Wenn Sie das Blattwerk in der Natur beobachten, werden Sie sehen, daß an einem Baum oder Strauch oft eine große Zahl von Grünnuancen festzustellen sind. Jedenfalls ist das scheinbar so, denn rein objektiv gesehen ist es in den meisten Fällen nur ein einziger Ton. Jedoch das vielfältige Spiel von Licht und Schatten läßt den Eindruck der vielen Nuancen entstehen. Ein Bild wird daher umso überzeugender und natürlicher wirken, je genauer man diese Grünvielfalt wiedergibt.

Wenn man aber, wie ich das tue, keine Farben vormischt, dann muß man praktisch doch alle diese Mischungen herstellen, doch nicht im vorhinein und nicht gleichzeitig, sondern so, wie man sie gerade braucht.

Beachten Sie, daß man Schatten und Lichter nicht willkürlich in den Bäumen und Sträuchern verteilen darf. Man erhält sonst ein geschecktes Etwas, das recht unnatürlich wirken kann. Bei den Überlegungen zur Verteilung von Licht und Schatten muß man immer von der Lichtquelle ausgehen. In der Landschaftsmalerei ist das zwar immer die Sonne, es kommt aber darauf an, von welcher Seite sie scheint und wie hoch sie am Himmel steht. Grundsätzlich ist es natürlich so, daß die Schatten unten und das Licht oben ist, d.h. die Unterseiten des Blattwerks der Bäume und Sträucher sind immer dunkler als die Oberseiten. Bei Büschen sind die erdnahen Teile immer schattig und dunkel. Bei den Zweigen weiter oben kommt es auf die Richtung an, aus der das Licht kommt. Belichtete Stellen sind jedoch nicht einheitlich hell und Schattenstellen nicht einheitlich dunkel. Innerhalb dieser Stellen gibt es vielmehr meist noch verschiedene dunklere und hellere Bereiche.

Zweige, die vom Betrachter aus nach den Seiten gerichtet sind, gehen oft über das Profil des Baumes oder Strauches hinaus und sind unten schattig und oben beleuchtet. Zweige, die gegen den Betrachter gerichtet sind, sind gewöhnlich nur als hellere Stellen inmitten etwas dunklerer Schatten zu erkennen. Um das alles richtig zu erfassen, müssen Sie so oft wie möglich die Vegetation in der Natur beobachten. Sie müssen also selbst hinaus gehen in die Natur. Ich kann Sie nur darauf aufmerksam machen, wonach Sie sehen müssen. Wenn Sie Bäume und Sträucher malen, achten Sie immer auf die Unterschiedlichkeit der Formen und Farben. Das Erscheinungsbild eines Baumes ist sehr verschieden, je nachdem wie der Aufbau seiner Äste und Zweige ist, ob er große oder kleine Blätter hat und welchen Grünton das Laub hat. Das ist für den Kundigen ein wichtiges Qualitätsmerkmal einer Landschaft, ob die Bäume und Sträucher an ihrem charakteristischen Erscheinungsbild erkennbar sind oder ob es sich um nicht einzuordnende Vegetation handelt.

Doch nun weiter mit der Kritik. Die Stämme der Bäume sind zu einfarbig. Es ist kaum ein Unterschied zu der Untermalung vorhanden.

Die gleichen Fehler wie bei dem Grün der Bäume und Sträucher haben Sie natürlich bei dem Gras im Vordergrund gemacht.

Auch hier muß ein anderes Grün verwendet werden, das aus den Farben gemischt wird, die ich eben aufgezählt habe.

Außerdem sind diese Grasstücke sehr ärmlich ausgefallen. Die Wiese auf der linken Seite wirkt wie grün angestrichen, und das sieht gar nicht gut aus. Die Böschung auf der rechten Seite des Bildes ist auch nicht besser.

Auch das Wasser ist nicht gut. Es ist erstens zu blau. Zweitens sieht man kaum Spiegelungen. Es handelt sich aber hier um ein ruhiges, stehendes Gewässer. Solche Spiegelungen müßten also sichtbar sein. Die Gliederung der Ufer ist nicht differenziert. Auch hier ist zuviel von dem schematischen Entwurf der Vorzeichnung geblieben.

Wir wollen das alles nun gemeinsam verbessern und ich werde die Änderungen kommentieren.

Ich besetze zunächst meine Palette mit den Farben Weiß, Vandyckbraun, Chromoxidgrün feurig, gebrannte Siena, lichter Ocker und Kadmiumgelb hell. Ich beginne bei dem Laub der Bäume und Sträucher. Ich fange mit den dunklen Mischungen an, weil ich vom Dunkeln zum Hellen male. Ich mische dazu die dunklen Grünnuancen, wie ich es eben erklärt habe: Chromoxidgrün feurig, gebrannte Siena, Vandyckbraun und etwas lichter Ocker ist die erste Mischung. Mit diesem sehr dunklen Ton lege ich die Schatten im Blattwerk der Bäume und Sträucher an, die sich im wesentlichen jeweils links und unten befinden, weil das Licht von rechts oben kommt. Dann male ich mit den anderen, eben besprochenen Mischungen die mittleren Töne und schließlich die hellen und hellsten Stellen im Licht. Die Tannen halbrechts werden mit dem Schattenton der Laubbäume gemalt, wobei der lichte Ocker nur an den hellen Lichtstellen an der Mischung beteiligt ist.

Dann gehe ich zu den Stämmen der Bäume über. Auch diesen muß man die nötige Sorgfalt widmen. In unserem Bild ist natürlich der doppelte Stamm des großen Baumes im Vordergrund wichtig, weil er beim Betrachten des Bildes sofort ins Auge fällt. Ich übermale ihn mit Vandyckbraun, lichtem Ocker, etwas Grün und wiederum gebrannter Siena. Ich mache dabei die Lichtseite etwas heller, mit etwas mehr lichtem Ocker und weniger Vandyckbraun und die Schattenseite etwas dunkler mit mehr Vandyckbraun und weniger lichtem Ocker. Dazwischen ist der Übergang stufenlos und unmerklich, was dem Baumstamm den Eindruck der Rundheit verleiht. Dieses Herausarbeiten der plastischen Wirkung durch genaues Darstellen der Licht-, Schatten- und Übergangszonen eines Gegenstandes ist in der Malerei sehr wichtig und man muß ihm sehr viel Aufmerksamkeit widmen. In der Malersprache heißt das modellieren.

● Modellieren heißt in der Malerei, dem dargestellten Gegenstand durch genaue Wiedergabe der Licht-, Schatten- und Übergangszonen die natürliche Plastizität, das natürliche räumliche Aussehen zu verleihen.

Auch bei dem Stamm des kleinen Baumes auf der linken Seite müssen wir diesen Grundsatz beachten.

Das Gras auf der Böschung und auf der Wiese jenseits des Wassers wird mit der gleichen Mischung gemalt wie die Bäume und Sträucher, wobei jedoch kaum Kadmiumgelb genommen wird. Der Gelbanteil wird im wesentlichen vom lichten Ocker getragen. Auch hier ist es wichtig, gemäß dem natürlichen Eindruck einer Wiese mit verschiedenen Grünnuancen zu arbeiten. Es muß auf jeden Fall vermieden werden, die Wiese einfach ‚grün anzustreichen'. Die Pflanzen wachsen auch auf der Wiese wie überall, wo sie sich frei entwickeln können, sehr verschieden. Es gibt verschiedene Arten von Gräsern und Pflanzen, wobei sich die Verschiedenheit sowohl in der Größe und Gestalt als auch in der Farbe zeigt. Dies zusammen mit dem Einfluß von Licht und Schatten ergibt auch für eine Wiese eine Vielfalt von Farben und Formen, die dargestellt werden muß, wenn das Bild nicht unnatürlich wirken soll. Beim Malen von Gras arbeitet man stets mit kurzen Pinselstrichen, die immer in der Richtung verlaufen, wie das Gras wächst, d.h. von unten nach oben. Versuchen Sie dabei den Pinsel nicht abrupt am Ende des Pinselstriches von der Leinwand zu nehmen, sondern ihn nur allmählich abzuheben, so daß sich die Pinselspur am Ende zu einer Spitze verjüngt, was dem natürlichen Eindruck von Gras entspricht. Doch denken Sie daran, daß Gras und andere Pflanzen nicht immer senkrecht nach oben wachsen oder immer so stehenbleiben. Sie müssen also auch und oft vor allem nach der Seite geneigtes Gras darstellen. Bei etwas größeren Pflanzen ist es oft so, daß lange schmale Blätter sich in einem Bogen wieder zur Erde neigen oder abgeknickt sind. Auch das muß man wiedergeben. Das Gelb der Weizenfelder male ich mit einer Mischung aus Kadmiumgelb, lichtem Ocker, Weiß und gebrannter Siena in unterschiedlicher Zusammensetzung. Auf der Oberseite des Getreidefeldes mehr Weiß und kaum gebrannte Siena. Bei dem Getreidefeld ganz rechts, das sich ganz im Vordergrund befindet, habe ich am Rand einige Halme angedeutet. Das ist sehr wichtig für den natürlichen Eindruck des Bildes. Man darf jedoch nicht versuchen, sozusagen jeden Halm des ganzen Getreidefeldes einzeln zu malen. Das würde sehr schnell unnatürlich wirken. Man muß hier das richtige Maß finden. Beachten Sie auch, daß ich die angedeuteten Halme nicht senkrecht, gerade stehend gemalt habe, sondern etwas geneigt, was dem natürlichen Erscheinungsbild reifen Getreides entspricht, das meist nicht mehr ganz gerade steht.

An den Rändern von Weizenfeldern finden sich gewöhnlich irgendwelche Pflanzen und Gräser. Ich habe diese Vegetation zwischen dem Weizenfeld und dem Weg mit Chromoxidgrün feurig, lichtem Ocker, etwas Kadmiumgelb und mit der unvermeidlichen Siena gebrannt gemalt.

Der Weg besteht aus lichtem Ocker, gebrannter Siena, Kadmiumgelb und Weiß. Auch hier werden Mischungen mit verschiedener Zusammensetzung der genannten Farben verwendet, um der Verschiedenheit der Obeflächenbeschaffenheit des Weges Rechnung zu tragen und Eintönigkeit zu vermeiden.

Nun komme ich zum Wasser. Die Darstellung von Wasser gehört in der Landschaftsmalerei zu den schwierigeren Aufgaben. Auf den meisten Landschaftsbildern hat Wasser keine eigene Farbe bzw. sie kommt unter den obwaltenden Lichtverhältnissen nicht zur Geltung. Bei klarem Wetter und nicht zu sehr verschmutztem, ruhigem Wasser spiegelt dieses im wesentlichen seine Umgebung wieder. Das heißt in erster Linie, daß sich am Rand des Gewässers der Bewuchs des Ufers wiederspiegelt. Dabei ist das Spiegelbild immer etwas dunkler als das Original. Das ist sehr wichtig und man muß es sich merken.

● *Regel:* Spiegelungen von Vegetation usw. im Wasser sind stets dunkler als die über dem Wasserspiegel befindlichen wirklichen Gegenstände.

Die Spiegelung selbst erscheint unter verschiedenen Bedingungen des Wetters und der Wasserbewegung unterschiedlich. Bei heller Sonne, klarer Luft und vollkommen ruhigem Wasser ist die Spiegelung sehr klar und muß auf dem Bild in allen Einzelheiten zu erkennen sein. Bei nicht so klarem Wetter und anderen Lichtverhältnissen kann die Spiegelung sehr viel undeutlicher sein und bei bewegtem Wasser ist sie vielfach unterbrochen. Auch hier gilt, was ich schon mehrfach gesagt habe: die genaue Beobachtung der Natur ist unerläßlich, wenn Sie gute Bilder mit Spiegelungen im Wasser malen wollen. Natürlich hilft es Ihnen auch etwas weiter, wenn Sie sich die Bilder der großen Meister daraufhin noch einmal genau ansehen. Wenn Sie unterwegs sind und Ihre Kamera dabei haben, fotografieren Sie möglichst viele Gewässer mit ihren Spiegelungen. Sie werden über die Vielfalt dieser Erscheinung erstaunt sein. Auch hier die schon mehrfach geäußerte Mahnung: Gewöhnen Sie sich nicht eine bestimmte Manier der Spiegelungsdarstellung an, die Sie immer wiederholen. Je nach den dargestellten Wetter- und Lichtverhältnissen könnte das sonst manchmal recht unnatürlich wirken.

Welche Farben ich für unser Wasser genommen habe, geht schon aus dem hervor, was ich eben gesagt habe. Der Rand wird im wesentlichen mit einer dunkleren Version der Mischung für die Vegetation gemalt. Das heißt in diesem Fall Chromoxidgrün feurig, lichter Ocker und gebrannte Siena. Am linken Ufer des Gewässers ist ein Streifen unbewachsen. Er wurde mit der gleichen Farbe ohne Chromoxidgrün dargestellt, wobei Vandyckbraun die Hauptfarbe ist. Dieser Streifen erscheint auch in der Spiegelung wieder. Rechts ist der runde Schatten des großen Baumes. In der Mitte spiegeln sich Himmel und Wolken wider. Man geht daher bei der Auswahl der Farben von den Farben aus, mit denen man den Himmel gemalt hat. Ich habe das auch so gemacht. Phtaloblau ist die Hauptfarbe, etwas gebrochen mit lichtem Ocker und dazu sehr viel Weiß. Eine genaue Spiegelung von Himmel und Wolken ist unter normalen Verhältnissen auf dem Bild nicht zu sehen. Wenn aber viele helle Wolken am Himmel sind, ist die wiedergespiegelte Farbe oft viel heller als das reine Blau des Himmels. Ich nehme also mehr Weiß als bei der Mischung für den Himmel. Zum unteren Bildrand hin ist die Farbe nicht mehr ganz so hell und hier habe ich ganz vorsichtig etwas Krapplack zu der Mischung genommen. Krapplack ist unter bestimmten Verhältnissen zur Darstellung von Wasser angebracht. Sehr wichtig für die Entstehung des Eindrucks von Wasser sind die hellen Streifen insbesondere auf den dunklen Stellen des Wassers. Sie müssen schmal sein und stets waagerecht verlaufen. Nehmen Sie dazu keine zu helle Farbe und auf keinen Fall reines Weiß. Meist ist eine aufgehellte Version der Farbe an der betreffenden Stelle angebracht. Manchmal nimmt man auch die Farbe der Himmelsspiegelung in der Mitte. Eine feste Regel gibt es da nicht, weil es wiederum auf die Lichtverhältnisse ankommt. Machen Sie jedoch nicht zu viele Streifen, das wirkt unruhig und unnatürlich! Unser Wasser ist ein ziemlich ruhiges, stehendes Gewässer. Fließendes Wasser hat wieder seine eigenen Probleme, auf die wir in einem anderen Bild zurückkommen werden.

Zum Schluß male ich noch die Spiegelung des kleinen Baumes richtig und mit den passenden Farben, einer dunkleren Version der Vegetationsmischungen.

Das waren also meine Korrekturen an Ihrer Version des Vordergrundes (Abb. 15). Was sagen Sie dazu?"

„Nun, das Bild sieht jetzt gewiß besser aus und ich habe viel dazugelernt. Ist das Bild jetzt fertig?"

„Noch nicht ganz. Ich habe die Angewohnheit, die auch viele andere Maler haben, ein Bild am Ende des Malprozesses noch einmal von oben bis unten genau zu betrachten und das zu ändern, was ich dabei für änderungsbedürftig finde. An das Bild wird sozusagen ‚letzte Hand angelegt'. Manche nennen das Retusche. Ich mag diesen Ausdruck jedoch nicht besonders.

Sehen wir uns das Bild einmal gemeinsam an und ändern wir, was uns nötig oder zweckmäßig erscheint.

Wenn wir oben anfangen, ist das zunächst der Himmel. Ich bin der Meinung, daß wir die Wolkenränder noch etwas aufhellen sollten. Wir nehmen also Titanweiß und tönen es ganz vorsichtig mit einer Spur Kadmiumgelb hell ab. Sie sehen, wie behutsam ich das mache. Ich nehme mit der Ecke des Pinsels eine winzige Menge Gelb und mische sie unter das Weiß. Das Weiß darf dabei nicht gelb werden, muß sich aber vom reinen Weiß unterscheiden. Damit gehe ich nun an die Wolkenränder. Ich male aber damit keineswegs alle Ränder gleichmäßig an. Ich betupfe nur einzelne Stellen der Wolkenränder, so daß dieses sehr helle Weiß an verschiedenen Stellen in unregelmäßigen Abständen und Ausdehnungen erscheint.

Als nächstes fällt unser Blick auf die Berge im Hintergrund. Mir scheint zumindest der hinterste Berg etwas zu dunkel geraten zu sein. Er soll eigentlich fast mit dem Himmel verschwimmen. Ich nehme also wiederum viel Weiß und ganz wenig Ultramarin und töne mit einem kleinen Rundpinsel Nr. 1 ganz vorsichtig den letzten Berg etwas heller. Ich mache auch hier die Tönung nicht gleichmäßig, sondern lasse an einigen Stellen die ursprüngliche Farbe stehen, an anderen Stellen nehme ich nicht ganz so helle Farbe.

Die Vegetation scheint mir in Ordnung zu sein. Da wollen wir nichts ändern, hingegen scheint mir das Wasser im Hintergrund zu dunkel. Wir hellen es also mit viel Weiß und etwas Phtaloblau auf. Der Schatten des großen Baumes auf der rechten Seite des Wassers erscheint mir als etwas zu rund und glatt. Wir machen also die Schattenränder etwas ungleichmäßiger.

Schließlich habe ich den Eindruck, daß das Getreide an der Oberseite etwas heller sein könnte. Ich nehme also etwas lichten Ocker, etwas Kadmiumgelb und viel Weiß und helle die Oberseite stellenweise auf. Das mache ich in der Weise, daß der Eindruck des ‚Wogens' bei dem Getreidefeld entsteht.

Bei einem weiteren prüfenden Blick auf das Bild kommt mir das Gewässer etwas kahl und das Ufer etwas ärmlich vor. Wir wollen also das Bild noch weiter bereichern und natürlicher gestalten, indem wir noch einige Pflanzen am Wasser hinzufügen. Wir wollen etwas Schilf an das rechte Ufer des Wassers malen. Die Farben, die wir dazu benutzen, sind die gleichen wie für die übrige Vegetation. Die Stengel des Schilfes male ich mit einer Mischung aus lichtem Ocker und Kadmiumgelb, der bei den wassernahen Partien etwas gebrannte Siena hinzugefügt wurde.

So, damit ist das Bild fertig (Abb. 16). Wir können es zur Seite stellen und uns neuen Taten zuwenden."

Abb 10 Die Vorzeichnung zu Bild 1.

Abb. 11 Die Untermalung, ausgeführt mit Ölharzfarben. Der Himmel und die Wolken werden nicht untermalt.

Abb. 12 Der Versuch des Anfängers, Himmel und Ferne zu malen, ist mit schweren Fehlern behaftet.

Abb. 13 Die Korrektur des erfahrenen Praktikers zeigt, wie es gemacht wird.

Abb. 14 Die Version des Anfängers von Mittel- und Vordergrund, wieder mit vielen Fehlern.

Abb. 15 Die Korrektur dieser Fehler durch den Fachmann.

Abb. 16 Das fertige Bild Nr. 1.

Das zweite Bild

Größe des Originals:	40 × 60 cm
Malgrund des Originals:	Leinenmalpappe
Farben der Untermalung:	Tempera (Schwarz und Weiß)
Farben der Übermalung:	Harzölfarben
Verwendete Pinsel:	Haarflachpinsel Nr. 2, 4, 6 und 10 Borstenflachpinsel Nr. 6 Haarrundpinsel Nr. 1
Verwendetes Malmittel:	Malmittel Nr. 2

Palette: Titanweiß
Lichter Ocker
Kadmiumgelb hell
Siena gebrannt
Vandyckbraun
Umbra gebrannt
Kadmiumrot hell
Chromoxidgrün feurig
Phtaloblau
Ultramarin dunkel
Kobaltblau dunkel

„Als zweites Bild wollen wir ein Frühlingsbild malen. Die Vorzeichnung (Abb. 17) zeigt eine Landstraße, die von Birken gesäumt ist. Rechts im Vordergrund vor drei kleinen Fichten ein sogenanntes ‚Marterl', wie man es heutzutage vor allem in Süddeutschland noch oft findet. Rechts im Hintergrund sieht man ein kleines Dorf um die Kirche geschart. Wie schon beim ersten Bild wurden nicht alle Einzelheiten in die Vorzeichnung aufgenommen, sondern nur das Wesentliche, das unbedingt Notwendige. So wurden z.B. die Schatten weggelassen, denn sie ergeben sich aus den dargestellten Bildelementen, z.B. den Bäumen. Man sieht an der Zeichnung die Wirkung der Gesetze der Linearperspektive: Die Straße scheint sich dem Horizont zu immer mehr zu verengen, obwohl wir wissen, daß sie überall gleich breit ist. Die Bäume am Rand der Landstraße werden scheinbar immer kleiner, je weiter sie sich vom Vordergrund entfernen, obwohl wir auch hier wissen, daß sie ungefähr gleich groß sind. Dadurch gewinnt das Bild an Tiefe und der Raumeindruck entsteht.

Die Übertragung des Entwurfes vom Transparentpapier auf den Malgrund geschah wie bei dem ersten Bild nach der Methode der Nadelstiche mit anschließender Verstärkung der Linien mit HB-Bleistift.

Mit diesem Bild wollen wir eine weitere Variante der Untermalung vorführen. Wir untermalen das Bild mit Tempera und übermalen dann in Öl."

„Was heißt eigentlich Tempera?"

„Eigentlich müßte man Temperafarben sagen, die meisten Maler sagen aber abgekürzt Tempera. Der Begriff ist leider nicht scharf umgrenzt. Viele, recht verschiedene Farben werden als Tempera bezeichnet. In der allgemeinsten Form kann man jedoch sagen:

● Temperafarben sind Farben, deren Bindemittel wasserlöslich ist.

Das ist aber noch nicht ausreichend, denn auch Aquarellfarben sind natürlich wasserlöslich. Temperafarben, wie man sie über Jahrhunderte verwendet hat, sind denn auch dadurch gekennzeichnet, daß ihr Bindemittel eine Emulsion ist."

„Was ist denn eine Emulsion?"

„Eine Emulsion ist eine Flüssigkeit, in der eine andere Flüssigkeit, die in dieser nicht lösbar ist, in feinen Tröpfchen verteilt schwebt, z.B. Öl in Wasser. Eine solche Öl-in-Wasser-Emulsion ist beliebig mit Wasser verdünnbar und damit hergestellte Farben sind somit wasserlöslich. Verteilt man Öl durch Schütteln fein in Wasser, entsteht eine milchige Flüssigkeit — eine Emulsion. Läßt man dieses Gemisch aber eine Weile stehen, setzt sich das schwere Wasser auf dem Boden ab und das leichte Öl schwimmt obenauf. Man sagt dann, die Emulsion hat sich entmischt. Sie ist nicht stabil. Um das Entmischen zu verhindern, benötigt man einen geeigneten Stoff — den sogenannten Stabilisator. Bei der Herstellung von Temperafarben bedient man sich im wesentlichen zweier in der Natur vorkommender Stabilisatoren: des Eigelbs, genauer genommen des in diesem enthaltenen Lezithins und des Kaseins, des natürlichen Stabilisators der Milch, die ja eine Emulsion ist."

„Wo bekommt man nun solche Temperafarben?"

„Die echten Temperafarben, wenn man Temperafarben mit Emulsionen als Bindemittel so nennen will, mischt sich der Maler selbst. Er bezieht im Handel die benötigten Pigmente in Pulverform und mischt sie mit geeigneten Mengen eines Stabilisators sowie Öl oder Harzfirnis und Wasser. So entstehen emulsionsgebundene, wasserlösliche Temperafarben. Als Stabilisator wird, wie bereits erwähnt, frisches Hühnervollei, manchmal auch nur Dotter oder Kasein verwendet. Es würde zu weit führen, den genauen Vorgang der Herstellung und die Rezepturen zu beschreiben, weil wir hier ja Ölmalerei betreiben wollen. Wer sich aber dafür interessiert, kann das alles in der Literatur über Malmaterial nachlesen, z.B. in dem schon mehrfach erwähnten Standardwerk von *Doerner*.

Noch ein Wort zur Verarbeitung von Tempera. Sie ist also im allgemeinen wasserlöslich, trocknet relativ schnell auf und hat eine matte Oberfläche."

„Was heißt ‚im allgemeinen' wasserlöslich?"

„Das hängt von der Rezeptur ab. Es gibt auch Temperafarben, die so hohe Ölanteile haben, daß sie nur noch öllöslich und nicht mehr wasserlöslich sind. Sie werden jedoch relativ selten und nur von Spezialisten verwendet. In der Regel sind Temperafarben wasserlöslich."

„Dann kann man also die Anfangsdefinition nicht aufrecht erhalten?"

„Wenn man sehr genau sein will, kann man das nicht oder man muß sie leicht abändern. Ich halte folgende Definition für richtig:

● Temperafarben im engeren Sinne sind Farben mit einer Emulsion als Bindemittel, die in der Regel wasserlöslich ist."

„Man bekommt aber doch im Handel Temperafarben in Tuben. Was sind denn das für Farben?"

„Das sind in der Regel wasserlösliche Farben, die Gummen als Bindemittel haben. Gummen sind harzige, wasserlösliche Pflanzenextrakte. Diese Farben zählen nicht zu den eben definierten Temperafarben im engeren Sinne. Man kann sie jedoch dazu machen, wenn man sie mit Emulsion verdünnt."

„Was ist denn nun der Unterschied in der Verarbeitung zwischen Temperafarben im engeren Sinne und den anderen?"

„Temperafarben mit Emulsionen als Bindemittel oder Malmittel trocknen wasserunlöslich auf. Die anderen bleiben wasserlöslich, was beim Übermalen Tempera auf Tempera von Bedeutung sein kann, weil die obere Schicht die untere auflösen kann, wenn sie nicht wasserlöslich aufgetrocknet ist."

„Warum sind keine Temperafarben mit Emulsionen als Bindemittel auf dem Markt, z.B. Eitempera oder Kaseintempera?"

„Weil diese nicht lange haltbar sind. Man muß die selbst gemachten Farben auch im Kühlschrank aufbewahren und nach einer gewissen Zeit können sie trotzdem in Fäulnis übergehen, was an einem ziemlich unangenehmen Gestank leicht zu erkennen ist. Der Maler bereitet daher seine Eitempera oder Kaseintempera nur in kleinen Mengen, so daß er sie solange im Kühlschrank aufbewahren kann, bis sie aufgebraucht sind. Gewöhnlich wird die Emulsion im Kühlschrank aufbewahrt und die Farben jeweils nur für einen Arbeitstag vorbereitet, wobei man, wie bereits erwähnt, entweder Pigmente in Pulverform oder sogenannte Temperafarben in der Tube, die Gummen als Bindemittel haben, verwendet.

Im übrigen wird neuerdings auch Eitempera in Tuben von einigen Herstellern angeboten. Sie sollen sich bis zu zwei Jahren halten, wenn man die Tuben stets luftdicht und luftfrei verschließt. Die Frage ist dabei, wie die dabei verwendeten Konservierungsmittel auf die Farbe einwirken. Da müssen noch Erfahrungen gesammelt werden. Berufsmaler sind wohl eher skeptisch. Das ist aber alles eigentlich nur wichtig für die reine Temperamalerei oder allenfalls bei Untermalung mit Tempera und anschließender Lasurenmalerei. Da wir aber deckend zu übermalen gedenken, genügen für unsere Zwecke sogar Gouachefarben."

„Was sind Gouachefarben?"

„Gouachefarben sind ebenfalls Farben mit Gummen als Bindemittel. Sie haben jedoch weniger Pigmente pro Raumanteil als Temperafarben, der Rest sind sogenannte Füllstoffe."

„Welche Farben — ich meine jetzt Farbtöne — verwenden wir nun für die Untermalung?"

„Wir verwenden in diesem Falle nur Weiß und Schwarz, aus denen wir die verschiedenen Grauwerte erzeugen, so daß unser Bild in dieser Phase eine starke Ähnlichkeit mit einer Schwarz-Weiß-Fotografie hat. Wir machen das deswegen, weil wir mit der Untermalung nur die Formen und die Licht- und Schattenverteilung festlegen wollen."

„Ist es denn sinnvoll, eine Untermalung nur in Grauwerten zu machen, wenn man dann ohnehin deckend übermalen will?"

„Jede Untermalung hat ihren Sinn, auch wenn sie nur in Grautönen gehalten ist. Ich stimme Ihnen aber in zwei Dingen zu. Erstens hat Temperauntermalung, auch die monochrome, d.h. einfarbige, in erster Linie Bedeutung für die Lasurenmalerei. Zweitens ist es sicher besser, wenn man für eine deckende Übermalung eine mehrfarbige Untermalung macht. Ich wollte Ihnen aber die monochrome Untermalung, die auch in einer bunten Farbe, z.B. Grün oder Braun gemacht werden kann, einmal demonstrieren, damit Sie auch diese Möglichkeit kennenlernen, auch wenn sie in Ihrer praktischen Arbeit zunächst kaum eine Rolle spielen wird.
Wenn man mit diesen Dingen als Anfänger experimentieren will, muß man auch bedenken, daß man sich für eine farbige Untermalung eine Auswahl verschiedener Farben zulegen muß und nicht nur, wie in unserem Falle, Schwarz und Weiß. Ich will hier aber den einfachsten Fall vorführen. Jeder kann natürlich das System wählen, das ihm am besten zusagt."

„Warum macht man überhaupt Untermalungen in Tempera und Gouache? Wäre es nicht einfacher, gleich ganz bei Ölfarbe zu bleiben?"

„Das ist sicher eine Möglichkeit und wir haben sie ja beim ersten Bild durchexerziert. Die Untermalung in Tempera oder Gouache — übrigens auch in Aquarellfarben, was wir auch noch ausprobieren wollen — hat indessen zwei Vorteile, denen der eine oder andere schon ein gewisses Gewicht beimessen wird. Erstens trocknen diese Farben schnell, so daß man an einem Tag die Untermalung machen und bereits mit der Übermalung beginnen und bei kleinen Bildern unter Umständen diese auch schon beenden kann. Zweitens kann man mit diesen Farben beliebig oft weniger gut gelungene Stellen übermalen, ohne sich um den Grundsatz ‚fett auf mager' zu kümmern und ohne längere Trocknungszeiten abwarten zu müssen. Insofern ist dieses System für den anfangenden Freizeitmaler besonders gut geeignet, der sich ja in der Regel noch etwas unsicher fühlt und gerne die Möglichkeit der Korrektur ohne große Hindernisse wahrnehmen möchte.

Man kann auch Tempera- und Gouachefarben sowohl mit Haar- wie auch mit Borstenpinseln verarbeiten. Ist die Farbe zu steif, so kann man sie mit Wasser etwas verdünnen. Man verdünnt sie allerdings nicht so stark wie Aquarellfarben, sondern nur so weit, daß sie sich geschmeidig und bequem vermalen lassen. Sehen wir uns nun gemeinsam die Schwarz-Weiß-Untermalung an (Abb. 18). Sie sehen, daß der Himmel nur etwas grau gemacht wurde, um die weiße Leinwand zu bedecken. Die Einzelheiten der Wolken wollen wir erst bei der Übermalung festlegen. Ansonsten ist im wesentlichen die Hell-Dunkel-Verteilung festgelegt worden. Bei den Baumstämmen und den Blättermassen ist schon berücksichtigt, daß das Licht von links kommt. Die Baumstämme sind an der rechten Seite, der Schattenseite, dunkler gehalten als an der linken. Indessen ist das alles noch nicht in den Einzelheiten ausgearbeitet, vieles ist vielmehr nur angedeutet. Auch in dieser Phase habe ich es mir erspart, z.B. die Schlagschatten der Bäume schon zu malen, die wollen wir uns für zuletzt aufheben. Man sieht aber, daß die Fichten hinter dem Marterl dunkler sind als das Blattwerk der Birken. Das Dorf im Hintergrund und die Vegetation in der Nähe sind nur in großen Zügen angedeutet. Trotzdem ist — auch ohne die Wirkung der Luftperspektive — allein auf der Grundlage der Linearperspektive der Raumeindruck, die Tiefe des Bildes schon vorhanden.

Wie beim ersten Bild sollten Sie jetzt mit der Übermalung beginnen. Wir machen das wieder in zwei Schritten. Zur ersten Phase zählen wir wieder den Himmel und die Ferne, zu der wir in unserem Falle auch das Dorf und die es umgebenden Felder zählen wollen."

„Welches Blau soll ich für den Himmel nehmen? Und wie sollen die Wolken aussehen?"

„Wir nehmen diesmal für den Himmel eine Mischung aus Phtaloblau und Ultramarinblau zu etwa gleichen Teilen und natürlich wieder viel Weiß. Sie haben sicher nicht vergessen, daß wir von Weiß ausgehen. Mischen Sie also zunächst eine kleine Menge Phtaloblau und Ultramarin zu gleichen Teilen, dann drücken Sie mehrere Zentimeter Titanweiß aus der Tube und fügen vorsichtig unter ständigem Prüfen kleine Mengen der Blaumischung hinzu, bis Sie den richtigen Ton gefunden haben. Die Wolken sollten lockere Haufenwolken sein. Da wir einen sonnigen Frühlingstag und seine Stimmung darstellen wollen, werden die Wolken ziemlich hell sein müssen."

„So, der Hintergrund ist nun von mir aus fertig (Abb. 19)."

„Dann wollen wir uns das einmal gemeinsam ansehen. Der Ton des Himmelsblau ist schon mal nicht schlecht. Ich würde ihn vielleicht noch eine Nuance heller machen, wobei ich immer im Hinterkopf habe, daß wir ja einen strahlenden Frühlingstag zeigen wollen.

Die Wolken sind aber schon weniger gut. Sie sind ganz allgemein zu dunkel und düster für unser Vorhaben. Helle, lockere Wolken möchten wir haben. Aber, selbst wenn wir diese dunklen Wolken akzeptieren wollten, sind doch die Ränder nicht hell genug. Da wurde wohl wieder der Pinsel nicht richtig ausgewaschen. Außerdem sollten die Ränder auch für diese Art Wolken viel unschärfer und weicher sein."

„Das habe ich ja versucht. Es ist mir aber nicht so recht gelungen. Was habe ich falsch gemacht?"

„Es ist aber schon sehr viel besser als bei dem ersten Bild. Eine ganz allgemeine Bemerkung zu weichen Übergängen. Sie werden in der Regel mit trockenem und sauberem Pinsel bewerkstelligt. Man wischt damit vorsichtig die beiden Farben an der Grenze ineinander ohne dabei zu schmieren. Deswegen muß der Pinsel sauber sein und im Laufe der Arbeit oft an einem sauberen Lappen abgewischt werden. Die Pinselstriche selbst müssen zwar vorsichtig strichelnd, aber auch schwungvoll und natürlich sein. Ich bin mir im klaren darüber, daß das für den Anfänger schwierig ist. Das ist ein weiterer der vielen Stolpersteine auf dem Weg zur Malerei. Den freien Pinselschwung, der dynamisch genug und doch genau ist, den man für ein naturwahres Aussehen z.B. gerade der Wolken braucht, erwirbt man sich erst im Laufe der Zeit nach fleißiger Übung. Der Anfänger ist in aller Regel zu zaghaft und zu vorsichtig. Er tut das instinktiv, weil er, wie es so heißt, ‚den Schwung noch nicht raus hat'. Das Ergebnis einer solchen Pinselführung ist dann oft recht unbefriedigend. Das ist aber, wie gesagt, ein vorübergehender Mangel. In dem Maße, wie Sie unbeirrt weitermalen, kommen Sie der richtigen Handhabung des Pinsels immer näher. Viele Anfänger verstehen diesen Zusammenhang leider nicht. Sie glauben, daß der geübte Maler, sei er Berufskünstler oder Freizeitmaler, dies schon immer beherrscht hat und es sich bei ihnen selbst einfach um einen Mangel an Talent handelt. Das ist aber grundfalsch. Jeder hat einmal anfangen müssen. Auch die ersten Bilder der großen Meister haben recht ungelenk ausgesehen! Das Ganze ist also eine Frage der Zeit und der Gewöhnung und es ist schade für jeden, der vorzeitig aufgibt.

Nun aber wieder zurück zu dem Bild. Richtig gemacht ist, daß der Himmel zum Horizont zu immer heller wird. Allerdings ist er nicht hell genug. Er ist vielmehr von jenem etwas schmutzigen Grau, das bei etwas trübem Wetter am Himmel zu beobachten ist. Die Farbe des Himmels am Horizont und die Farbe des Himmels überhaupt ist aber sehr wichtig für die Stimmung eines Bildes. Sehen Sie einmal genau hin! Kommt Ihnen beim Betrachten die Vorstellung eines hellen Frühlingstages? Nein, dazu ist das Ganze zu düster.

Damit kommen wir dann zu dem Hintergrund. Dazu gibt es eine allgemeine Bemerkung: er ist auch zu dunkel und in zu kräftigen Farben gehalten. Sie haben bei der Diskussion der Luftperspektive gehört, daß die Farben der Bildgegenstände umso kälter und kontrastärmer werden, je weiter sie vom Vordergrund entfernt sind."

„Die linke Seite ist doch in der Ferne blau, also kalt. Und von Helligkeit war bei der Luftperspektive keine Rede."

„Das ist richtig. Auf der linken Seite haben Sie den Farbton richtig, aber das Ganze ist zu dunkel. So könnte es durchaus dargestellt werden, wenn man die Stimmung eines düsteren, trüben Tages wiedergeben möchte, was auch seine Reize hat. An einem sonnigen, hellen Tag muß aber alles sehr viel heller sein. Das gilt auch für die rechte Seite, die auch zu dunkel und darüber hinaus zu farbkräftig geworden ist. Auch hier muß das Ganze sehr viel heller und sonniger sein. Außerdem sind die Bäume im Hintergrund etwas undeutlich und der Übergang zu den Feldern ist zu verschwommen oder wie hinter den Bäumen an der rechten Seite der Straße gar nicht vorhanden. Schließlich haben Sie ein Stück des Hintergrundes an der äußersten rechten Seite des Bildes ganz vergessen. Genaues Hinsehen, das für den Maler unverzichtbar ist, bewahrt einen davor.

So, nun wollen wir wieder gemeinsam die nötigen Korrekturen anbringen, die ich dabei kommentieren werde. Wie bereits erwähnt, ist das Blau Ihres Himmels schon annähernd richtig. Ich nehme nur einen leicht helleren Ton, d.h. ich mische etwas weniger Phtaloblau und Ultramarin zu dem Weiß, von dem ich bei der Mischung ausgehe. Bei den Wolken denke ich daran, daß wir sie ganz hell haben wollen. Ich gehe also wiederum von Weiß aus und töne es nur ganz vorsichtig mit etwas lichtem Ocker. Dazu nehme ich einen frischen Pinsel, um ein Vergrauen zu vermeiden und male zunächst die im Bilde oberen, also die vorderen Wolkenränder. Dabei gestalte ich den Übergang zwischen Wolken und Himmel locker und unscharf, wie es einem solchen Himmel entspricht. An den unteren, hinteren Rändern der Wolken lasse ich diese stufenlos und allmählich in den Himmel übergehen. Ein Wolkenbild, wie man es in der Natur häufig beobachten kann. Der sanfte Übergang wird dadurch hergestellt, daß die Wolke unten nicht ganz an das Blau des Himmels herangeführt wird. Der verbleibende Zwischenraum wird zunächst mit einer Mischfarbe aus Wolkenfarbe und Himmelsfarbe gefüllt, also mit einer Farbe, die dunkler als die Wolke, aber heller als der Himmel ist. Die beiden Übergänge werden dann noch mit leerem Pinsel stupfend und strichelnd ineinander gemalt, so daß man dort keinen deutlichen Wolkenrand sieht. Ich vergesse wiederum nicht, den ganzen Himmel umso heller zu machen, je mehr ich mich dem Horizont nähere. Am Horizont ist kaum noch Blau in der Mischung. Sie besteht im wesentlichen aus Weiß und lichtem Ocker. Das natürliche Wolkenbild entsteht in erster Linie dadurch, daß es keine scharfe Trennung zwischen dem Blau des Himmels und den hellen Wolken gibt. Sanfte Übergänge und sehr viele kleine weiße Stellen im blauen Himmel bewirken die Natürlichkeit. Hält man den Himmel jedoch ganz einfarbig blau und die Wolken scharf getrennt und hell dazwischen, entsteht sehr schnell das unnatürlich wirkende Bild der ‚Schäfchenwolken', die man meist auch auf Bildern sogenannter naiver Maler sehen kann."

„Warum haben wir eigentlich hier das Blau für den Himmel nicht mit lichtem Ocker und Krapplack gedämpft?"

„Aus zwei Gründen. Der wichtigste Grund besteht darin, daß in dem Ultramarin schon etwas Rot enthalten ist. Wir wissen, daß Ultramarin wärmer ist als Phtaloblau. Zweitens wollten wir einen strahlenden Frühlingshimmel malen. Das Blau darf also schon etwas leuchtend sein.

Das Blau der unbestimmten Ferne auf der linken Seite mache ich etwas heller. Ich nehme dazu Ultramarin, etwas Krapplack und Weiß. Ich denke dabei daran, daß Krapplack ein hohes Färbevermögen hat und nehme daher nicht zu viel davon, sonst wird die Ferne rotviolett, was nicht gut wäre. Die Bäume in der Mitte des Hintergrundes, wo die Straße einmündet, male ich mit Chromoxidgrün feurig, Kadmiumgelb hell und lichtem Ocker. Insbesondere in den Schatten aber auch in den Lichtern wird die Mischung mit etwas Kobaltblau abgekühlt, da wir ja im Mittelgrund sind. Man kann zum Abkühlen auch Ultramarin nehmen. Die Bäume werden insgesamt sehr viel heller dargestellt, als in der von Ihnen gemalten Version. Sie werden aber nicht zu sehr in den Einzelheiten ausgearbeitet. Wichtig ist auch hier die Licht- und Schattenverteilung. Den unteren Rand der Bäume und den Boden unter ihnen mache ich daher dunkel. Hier kann zum Abdunkeln der eben genannten Mischung etwas Vandyckbraun hinzugefügt werden. Die Bäume selbst werden im wesentlichen dadurch sichtbar, daß die linke Seite, wo das Licht herkommt, heller ist als die rechte Schattenseite eines jeden Baumes in der vorderen Reihe."

„Warum haben wir bei diesen Bäumen die Grünmischung nicht mit gebrannter Siena gedämpft wie im ersten Bild?"

„Weil diese Bäume zu der Ferne gehören und nach den Gesetzen der Luftperspektive kalt wirken müssen. Gebrannte Siena würde die Mischung zu sehr erwärmen. Wir haben sie jedoch im Gegenteil mit Kobaltblau etwas abgekühlt. Die gebrannte Siena wird wieder eine Rolle spielen, wenn wir zum Vordergrund kommen.

Die Häuser des Dorfes werden ebenfalls sehr viel heller gemalt. Die Dächer bekommen eine helle Mischung aus lichtem Ocker, gebrannter Siena, wenig Kadmiumrot und Weiß. Das Dach der Kirche habe ich im Vergleich zu Ihrer Version geändert. Sie hatten auch für dieses Dach rote Dachziegel vorgesehen. Ich gehe von einem häufiger vorkommenden Schieferdach aus. Das bringt auch einen zusätzlichen Kontrast. Als Mischung, die auch für den Kirchturm verwendet wird, nehme ich Kobaltblau, Vandyckbraun und Weiß.

Für die Felder nahe bei dem Dorf habe ich verschiedene Farben vorgesehen. Damit soll der unterschiedliche Bearbeitungs- bzw. Bebauungszustand verschiedener Felder zum Ausdruck gebracht werden. Das grüne Feld rechts ist mit Kadmiumgelb und Chromoxidgrün gemalt, die helleren Felder links und rechts auf der rechten Seite von der Straße sind mit der gleichen Mischung und zusätzlich dazu Weiß angelegt. Das rote Feld ist lichter Ocker und gebrannte Siena. Das etwas hellere Stück daneben mit dieser Mischung sowie etwas Chromoxidgrün und Weiß. Die Wiese links von der Straße wird auch sehr hell angelegt. Hauptfarbe ist Kadmiumgelb mit etwas gebrannter Siena und Chromoxidgrün und Weiß. Weiße Frühlingsblumen werden mit reinem Weiß und mit einem Borstenpinsel in die noch nasse Farbe hineingestupft.

Das Ergebnis sieht doch entschieden luftiger und heller aus (Abb. 20).

Nun können Sie daran gehen, die zweite Phase, den Vordergrund zu malen."

„So, das ist das Ergebnis (Abb. 21)."

„Dann wollen wir uns das einmal ansehen. Was dabei zunächst ins Auge fällt, sind die Bäume am Rande der Straße. Sie sind schon sehr viel besser als die Bäume des ersten Bildes. Ich habe daran nur dreierlei auszusetzen. Erstens ist das Blattwerk zu dunkel geraten. Zwar haben Sie jetzt nicht mehr mit reinem Grün aus der Tube gearbeitet, sondern das Grün gut mit gebrannter Siena gedämpft und mit Kadmiumgelb etwas aufgehellt. Aber die Aufhellung ist nicht ausreichend. Wir malen ja ein Frühlingsbild. Wenn Sie einmal das Grün im Frühling aufmerksam betrachten, werden Sie sehen, daß es zumindest bei Laubbäumen sehr hell ist. Erst in späteren Monaten, im Sommer und Herbst, wird das Laub dunkler. Der zweite Fehler ist, daß Sie bei dem Blattwerk die Verteilung von Licht und Schatten nicht deutlich genug vorgenommen haben. Man hat sogar den Eindruck, daß der Baum ganz rechts an seiner rechten Seite heller ist. Da aber das Licht von links kommt, muß es genau umgekehrt sein. Der nächste Fehler ist, daß die Pinselspuren im Blattwerk, die durch Stupfen entstanden sind, zu groß und zu rund sind. Sie haben offenbar jeweils immer zuviel Farbe am Pinsel gehabt und diesen dann voll auf die Leinwand gesetzt. Das ergibt dann einen Fleck von der Größe des Pinsels. Das ist aber zumindest für Birken, die ja ganz kleine Blätter haben, nicht angemessen und es sieht nicht sehr naturgetreu aus. Darüber hinaus ist die Birke ein Baum, deren äußerste Zweige sehr dünn und biegsam sind und daher meist nach unten hängen. Das ist zwar nicht so ausgeprägt wie bei einer Weide, aber doch deutlich sichtbar. Das müssen wir auch darstellen, wenn der Betrachter den Baum als Birke erkennen soll. Wie bereits erwähnt, halte ich es für sehr wichtig, daß man Bäume nach ihrem Erscheinungsbild identifizieren kann. Dabei ist es noch nicht einmal so wichtig, daß der Maler und der Betrachter die genauen Namen der Bäume kennen. Es ist jedoch wichtig, daß derjenige, der sich das Bild ansieht, sich sofort erinnert, diese Art von Bäumen schon oft gesehen zu haben. Wir denken also immer daran, die Eigenheiten der Bäume, die wir malen, in ihren charakteristischen Ausprägungen richtig darzustellen.

Das Holzgatter an der linken Seite der Straße ist etwas undeutlich geraten. Da es ja gegen das Licht steht, sollte es etwas dunkler sein und sich somit deutlicher von seiner Umgebung abheben. Die Straße ist insgesamt zu grün und sieht daher nicht sehr natürlich aus. Eine hellere, mehr sandfarbene Version würde sicher besser aussehen. Schließlich ist das Marterl etwas stiefmütterlich behandelt worden. Zwar könnte verwittertes Holz durchaus so aussehen, wie Sie es gemalt haben, so daß vom maltechnischen Standpunkt nichts dagegen einzuwenden ist. Vom Standpunkt der Komposition würde sich meiner Ansicht nach eine kräftigere Holzfarbe besser ausnehmen. Auch hier wäre es ein guter Kontrast, den Sockel sehr viel heller zu machen. Gerade vor dem Hintergrund der dunklen Fichten sieht das sicher besser aus.

Ganz unten am unteren Bildrand schimmert noch deutlich die Temperauntermalung durch. Dort ist die aufgebrachte Farbschicht zu dünn, so daß man den Eindruck hat, die Farbe sei Ihnen ausgegangen.

Nun wollen wir wiederum diese Fehler zusammen korrigieren. Zunächst die Bäume. Ich gehe bei dem Grün wieder von der Mischung aus, die wir im ersten Bild verwendet haben. Grundlage ist Chromoxidgrün feurig, das mit gebrannter Siena gedämpft wird. In den Schattenstellen kommt dazu Vandyckbraun und in den Lichtern lichter Ocker und Kadmiumgelb hell. Nur die ganz hellen Stellen erfordern auch etwas Weiß, aber ganz wenig. Wie eben schon erwähnt, müssen wir berücksichtigen, daß die Birke ein kleinblättriger Baum mit hängenden äußeren Zweigen ist. Ich habe Ihnen sonst immer gesagt, daß Sie frei sind, einen Borsten- oder einen Haarpinsel zu benutzen. In diesem Falle haben wir die Wahl nicht, denn wir brauchen unbedingt einen Borstenpinsel. Ich nehme also einen Borstenpinsel, und zwar einen mit gerade abgeschnittenen Borsten. Die abgerundeten, z.B. Katzenzungenfacon-Pinsel sind dazu weniger gut geeignet. Mit diesem Pinsel von der Größe Nr. 6 bringe ich die Farbe stupfend auf den Malgrund. Ich nehme dabei immer nur wenig Farbe auf den Pinsel, sonst wird es ein zu großer Fleck auf dem Malgrund. Ich stupfe auch meist mit der Seite oder gar nur mit einer Ecke des Pinsels, um die richtige Struktur kleinblättriger Bäume zu erreichen."

„Sie machen das sehr schnell. Ich kann nicht richtig sehen, wie dieses Stupfen vor sich geht."

„Dann mache ich es Ihnen langsam vor. Ich nehme also wenig Farbe auf den Pinsel. Wenn zuviel am Pinsel hängenbleibt, wische ich etwas davon ab. Dann tippe ich mit dem Pinsel leicht an die Stelle des Malgrundes, an der ich gerade arbeite. Da bei diesem Verfahren immer nur wenig Farbe von dem Pinsel auf die Leinwand gelangt, muß ich den Pinsel immer etwas drehen und mit einer neuen Stelle des Pinsels erneut auf den Malgrund tippen. Das kann ich oftmals wiederholen, bis der Pinsel ganz leer ist. Dann nehme ich neue Farbe auf und mache das Ganze noch einmal usw. Ich achte dabei selbstverständlich darauf, welche Farbmischung ich mit dem Pinsel aufnehme. Die Schattenstellen an den Bäumen enthalten viel Vandyckbraun und wenig lichten Ocker, während für die lichten Stellen nur wenig oder gar kein Vandyckbraun, dafür aber mehr lichter Ocker oder Kadmiumgelb hell gebraucht wird. Dabei ist das Verfahren allerdings so, daß ich zuerst die dunklen Stellen der Schatten flächig aber sehr dünn mit einer sehr dunklen Ausmischung bedecke. Auf diese dunkle, dünn aufgetragene Farbe stupfe ich dann mit hellerer Farbe die gewünschte Blätterstruktur.

Bei den mittleren und helleren Stellen gehe ich in gleicher Weise vor. Der Unterschied besteht nur darin, daß die flächige Grundierung der Blattmasse heller und die Struktur darauf noch heller ist.

Das gelingt einem meist nicht auf Anhieb. Auch mir ist es in meiner Anfangszeit so ergangen. Wenn Sie also so etwas noch nie gemacht haben, empfiehlt es sich, erst auf Papier ein wenig zu probieren und zu üben. Das sollten Sie sich ganz allgemein angewöhnen als

● *Regel:* Wenn man eine Technik noch nie angewendet hat, soll man stets auf Papier üben, bevor man es auf der Leinwand versucht.

Zu diesem Zwecke sollte man immer einen der sehr preiswerten Ölmalblocks bereithalten."

„Wird das Grün der Bäume immer mit den eben genannten Farben gemalt, also mit Chromoxidgrün feurig, gebrannter Siena, lichtem Ocker, Kadmiumgelb hell und ein wenig Weiß?"

„Nein. Es gibt viele Möglichkeiten, Grün für die Vegetation zu mischen. Fast alle Kombinationen aus den verschiedenen Blaus und Gelbs können dazu als Grundlage dienen. Es sind so viele Möglichkeiten, daß wir sie hier, selbst wenn wir wollten, nicht alle zeigen könnten. Doch zu allen diesen Mischungen kommt für die Vegetation im Vordergrund mehr oder weniger gebrannte Siena oder ein anderes geeignetes rotes Pigment zur Dämpfung zu großer Brillianz dazu, um ein möglichst natürlich wirkendes Vegetationsgrün zu erhalten.

Andererseits kann man mit den von Ihnen eben aufgezählten Farben durch Mischungen in verschiedenen Verhältnissen eine große Anzahl von Grünnuancen erzeugen, die für die Darstellung der Vegetation geeignet sind. Ich will Ihnen hier die Grundlagen nahebringen und eine gute Möglichkeit von vielen vorführen. Wenn Sie soweit sind, daß Sie diese Mischungen souverän beherrschen, dann ist die Zeit gekommen, daß Sie sich an andere Grünmischungen wagen, die Sie aus Blau und Gelb herstellen. Das muß aber nicht sein. Sie können mit den von uns verwendeten Mischungen alle Aufgaben der Landschaftsmalerei bewältigen. Ich will auch gerne zugeben, daß ich eine persönliche Vorliebe für die Verwendung dieser Farben zur Darstellung von Vegetation habe. Man kann damit meiner Ansicht nach ein wunderschönes, saftiges Grün erzeugen. Aber noch einmal: es ist nur eine Möglichkeit von vielen und Ihrer Entdekkerlust sollen keine Grenzen gesetzt sein. Im übrigen hat die kunsthistorische Forschung ergeben, daß so gut wie jeder Maler ganz bestimmte Vorlieben und Abneigungen gegenüber bestimmten Farben hat, die er meist ein Leben lang behält.

Die Farben, die ein Maler bevorzugt, verwendet er immer wieder und oft genug sind das nicht allzu viele. Andere Maler verwenden wieder bevorzugt andere Farben. In ähnlicher Weise haben die meisten Maler Farben, die ihnen unsympathisch sind und die sie kaum oder nie benutzen. So hat jeder Maler auch in der Farbenauswahl seine eigene ‚Handschrift' und es ist möglich oder sogar wahrscheinlich, daß Sie nach einiger Zeit der Versuche zu ganz anderen Farben für die Vegetation gelangen, als es die bisher von mir verwendeten sind. Aber wie auch immer Sie Ihr Vegetationsgrün ermischen, denken Sie daran, daß Sie es stets mit einem Rotpigment etwas dämpfen müssen, wenn Sie naturgetreue Farben anstreben.

Die Vegetation am Rande der Straße mache ich etwas deutlicher. Insbesondere auf der linken Straßenseite ist das bei Ihnen so ein wenig unbestimmt. Das Aussehen solcher Grasflächen hängt natürlich davon ab, welche Gräser dort in welcher Zusammensetzung wachsen. Ihr Grün ist jedenfalls nicht schlecht und es ist durchaus möglich, daß eine Grasfläche so aussieht. Mir erscheint sie allerdings wie gesagt etwas chaotisch und unbestimmt. Die Änderungen, die ich jetzt durchführe, sind also bis zu einem gewissen Grad von meinem persönlichen Geschmack beeinflußt. Meine Version, die ich Ihnen jetzt vorführe, paßt meiner Ansicht nach besser zum Gesamtcharakter des Bildes.
Das Gatter mache ich etwas dunkler, weil es gegen das Licht steht und dem Betrachter seine Schattenseite zuwendet. Ich nehme dazu in erster Linie Vandyckbraun, dann aber auch gebrannte Siena und lichten Ocker.

Die Straße mache ich etwas heller und mehr sandfarben. Die dazu passenden Farben sind lichter Ocker, gebrannte Siena und Kadmiumgelb hell. An den hellsten Stellen wird auch etwas Weiß hinzugefügt. Die Radspur auf der Straße male ich mit gebrannter Umbra, Kadmiumrot hell und Kobaltblau. Die drei Nadelbäume hinter dem Marterl mache ich noch etwas dunkler mit der bewährten Grünmischung für die Vegetation. Das Marterl selbst übermale ich vollständig. Für das Kreuz und das Dach will ich den Eindruck von neuem oder frisch gestrichenem Holz erzeugen. Ich nehme dazu verschiedene Mischungen der Farben Vandyckbraun, gebrannte Siena, lichter Ocker und etwas Chromoxidgrün feurig. Mittlerweile wissen Sie sicher schon, daß ich diese Farben je nach Verwendungszweck in verschiedener Zusammensetzung auf meiner Palette dann mische, wenn ich sie brauche. Zum Beispiel besteht die Mischung für die hellen Stirnleisten des Daches in erster Linie aus lichtem Ocker, während die anderen Teile des Daches mit einer Mischung gemalt werden, die hauptsächlich Vandyckbraun enthält. Ich helle auch den Sockel des Kreuzes auf und verwende dazu die gleiche Mischung wie für die Figur: Weiß etwas getönt mit Vandyckbraun und Kobaltblau.

Schließlich müssen wir nun endlich die so wichtigen Schatten malen. So wie sich unser Motiv darbietet, müssen über die ganze Straße kräftige Schatten der Bäume auf der linken Straßenseite zu sehen sein. Ich nehme dazu eine Mischung aus Vandyckbraun, Kobaltblau und lichtem Ocker."

„Warum haben wir uns das so lange aufgehoben?"

„Das ist hier so ähnlich wie bei dem Malen von Bäumen gegen den Himmel. Wenn nur ein großer Schatten eines Baumes etwa auf eine Grasfläche fällt, wird er gewöhnlich gleich bei der Anlage dieser Grasfläche gemalt. Wenn aber, wie in unserem Falle, viele Schatten von Bäumen quer über eine Straße fallen, ist es zweckmäßiger, erst die Straße fertig zu malen und dann erst die Baumschatten. Andernfalls müßte man beim Malen der Straße den Pinselstrich bei jedem Baumschatten unterbrechen und genau an diese Schatten heranmalen. Das wäre sehr mühsam und es würde sicher nicht schön aussehen. Wir ziehen es daher vor, die Schatten auf die fertige Straße zu malen.
Das waren nun die Korrekturen am Vordergrund (Abb. 22). Nun bleibt uns noch der letzte Durchgang, bei dem wir wie üblich das ganze Bild noch einmal in jeder Hinsicht überprüfen.
Der Himmel und der Hintergrund sind so richtig, wie sie sind, daran werden wir also auch nichts ändern.
Beim Vordergrund sehe ich allerdings einiges, was wir doch unbedingt ändern sollten. Da sind zunächst die Bäume. Sowohl das Blattwerk als auch die Stämme werden von einer letzten Überarbeitung gewinnen. Die Blätter der Bäume müssen noch etwas heller werden. Wir sind im Frühling und die Pflanzen haben noch das erste, hellere Grün. Außerdem muß die Struktur des Blattwerkes noch besser differenziert werden. Wir haben ja Birken vor uns und der kleinblättrige Eindruck dieser Bäume muß in dieser Struktur zum Ausdruck kommen, andernfalls fällt es schwer, die Bäume als Birken wiederzuerkennen. Ich nehme also wieder den Borstenpinsel zur Hand, ohne den das nicht zu machen ist. Ich arbeite durchgehend mit verschiedenen hellen Ausmischungen der bekannten Art, also Chromoxidgrün feurig, gebrann-

te Siena, lichter Ocker, Kadmiumgelb hell und ab und zu ganz vorsichtig etwas Weiß, um mit diesen Mischungen die hellsten Lichter zu setzen. Bei dieser Gelegenheit wird dann auch der krumme Baum links noch einmal überarbeitet. Das Holzgatter wird an den Rändern, die belichtet sind, etwas aufgehellt.

Dann nehme ich mir die Baumstämme noch einmal vor. Hier muß in erster Linie wieder die Hell-Dunkel-Verteilung der belichteten und schattigen Seiten verstärkt werden. Die hellen Seiten male ich mit Weiß, das nur leicht mit lichtem Ocker und wenig Kobaltblau abgetönt ist. Die Schattenseiten sind Vandyckbraun und Kobaltblau für die ganz dunklen Stellen, die ja für Birkenstämme charakteristisch sind, und für die hellen Stellen der Schattenseiten helle ich diese Mischung etwas mit lichtem Ocker auf. Auch bei dem einzelnen Baum links gehe ich noch einmal über den Stamm. Gebrannte Siena, Vandyckbraun und Chromoxidgrün sind die Farben, die ich dabei verwende.

Nun kommt mir das Grasstück an der rechten Seite der Straße doch etwas zu glatt vor. Eine Belebung dieser Fläche erreiche ich, wenn ich mit einer hellen Ausmischung der Vegetationsfarbe hellere Grasbüschel andeute. Auch die drei Tannen helle ich noch etwas auf.

Als letzte Änderung mache ich noch einen schmalen Weg von der Straße zu dem Marterl und ich füge an dessen Fuß einen Blumentopf mit einer blühenden Pflanze hinzu. Diese Einzelheit soll das Bild lediglich noch etwas auflockern (Abb. 23).

Damit wollen wir aber die Arbeit an diesem Bild abschließen und uns einer neuen Aufgabe zuwenden."

Abb. 17 Die Vorzeichnung zu Bild 2.

Abb. 18 Die Untermalung wurde in Tempera einfarbig grau mit Schwarz und Weiß ausgeführt.

Abb. 19 Der zweite Versuch des Anfängers, den Himmel mit Wolken und die Ferne zu malen, ist zwar schon besser, aber immer noch fehlerhaft.

Abb. 20 So kann man es besser machen. Die Version des Fachmannes.

Abb. 21 So malte der Anfänger Mittel- und Vordergrund.

Abb. 22 Das hat der erfahrene Praktiker daraus gemacht.

Abb. 23 Das fertige Bild Nr. 2.

Das dritte Bild

Größe des Originals:	40 cm × 60 cm
Malgrund des Originals:	Leinenmalpappe
Farben der Untermalung:	entfällt
Farben der Übermalung:	Harzölfarben
Verwendete Pinsel:	Borstenflachpinsel Nr. 2, 4, 6 und 12 Haarrundpinsel Nr. 0
Verwendetes Malmittel:	keines

Palette: Titanweiß
Lichter Ocker
Kadmiumgelb hell
Siena gebrannt
Vandyckbraun
Umbra gebrannt
Kadmiumrot hell
Ultramarin dunkel
Kobaltblau dunkel

„Als drittes Bild wollen wir ein Winterbild malen."

„*Na, wenn das nur gut geht!*"

„Warum soll das nicht gut gehen? Winterbilder sind doch sehr beliebt. Wenn Sie allerdings davor etwas erschrecken, dann ist das vielleicht eine typische Freizeitmalerreaktion. Ich habe den Eindruck, daß viele Freizeitmaler sich nicht gerne an Winterbilder heranwagen. Eine solche etwas skeptische Haltung ist jedoch keineswegs gerechtfertigt. Es ist nicht schwieriger ein Winterbild zu malen als irgend ein anderes Bild. Genau genommen ist das einzige Problem dabei die naturwahre Darstellung des Schnees. Dieses Problem ist jedoch seit langem gelöst, und es ist nicht einzusehen, warum ein Freizeitmaler sich nicht an ein Bild mit Schnee wagen sollte.

Bei der Darstellung von Schnee erinnern wir uns zunächst an den Grundsatz, daß Weiß nur ganz ausnahmsweise unvermischt, wie es aus der Tube kommt, vermalt wird. Schnee gehört nicht zu diesen Ausnahmen.

● Schnee wird immer durch Weiß dargestellt, das durch andere Farben abgetönt wurde.

Welche Farben man zum Abtönen verwendet, hängt davon ab, ob der Schnee im Licht oder im Schatten liegt. Für im Licht liegende Schneepartien wird Titanweiß ganz vorsichtig mit ein oder zwei Farben der wärmeren Seite des Spektrums abgetönt. Ich verwende dazu Kadmiumgelb hell und Krapplack. Aber, Vorsicht! Nicht zu viel von diesen Farben nehmen! Die Mischung darf weder hellrot noch gelb aussehen. Sie muß vielmehr nur ganz zart nach diesen Farben hin schimmern. Insbesondere bei Krapplack muß man sehr behutsam vorgehen, weil diese Farbe besonders farbkräftig ist. Im Nu haben Sie eine ganze Menge Weiß rosa eingefärbt, wenn Sie da nicht aufpassen! Die Mischung ist dann für den Schnee nicht mehr zu verwenden, es sei denn, es handelt sich um eine ganz geringe Menge, so daß Sie durch Zusatz von Weiß die Farbe noch retten können. Wenn das aber nicht mehr geht, dann nehmen Sie neues Weiß und tönen dieses mit einer kleinen Menge Ihrer mißglückten Mischung. Wenn Sie bei der ersten Mischung nicht übermäßig viel Farbe genommen haben, dann kommen Sie damit doch noch ohne allzu großen Abfall davon.

Für die Schattenpartien des Schnees wird Titanweiß mit Blau abgetönt. Es ist normalerweise das Blau des Himmels, weil sich dieses mehr oder weniger auf dem Schnee widerspiegelt. Wir nehmen daher für diesen Zweck das gleiche Blau, das wir auch für den Himmel verwenden. Die blau getönte Weißausmischung darf im Gegensatz zu der eben besprochenen Mischung für den belichteten Schnee durchaus farbkräftiger ausfallen, d.h. die Mischung ist ein deutliches Hellblau, das in den tiefsten Schatten bis zu einem mittleren Blau verstärkt werden kann. Da die Schatten beim Schnee, wie das auch sonst der Fall ist, nicht überall gleich intensiv sind, brauchen wir auch hier hellere und dunklere Varianten unserer Mischung. Aus dem Zusammenspiel der verschiedenen Tönungen ergibt sich auf dem Bild der realistische Eindruck von Schnee.

Das Motiv zeigt im Vordergrund einen großen, kahlen Laubbaum. Beachten Sie, daß der Baum nicht in der Mitte des Bildes steht. Ich habe vielmehr den Bildausschnitt so gewählt, daß er ein gutes Stück rechts von der Mitte des Bildes ungefähr auf der Drittellinie steht. Sie erinnern sich sicher, daß dies ein Grundsatz der Bildkomposition ist, über den wir schon gesprochen haben. Gleichermaßen steht das Haus, der zweite Hauptgegenstand des Bildes, auf der linken Drittellinie. Der Horizont liegt nicht auf der Mittellinie der Bildhöhe, sondern bei etwa 40 % davon, was eine bei Landschaften in der Ebene häufig vorkommende Lage ist. Den Horizont säumen Bäume und Sträucher. Links im Bild ist ein Gatter, an dem ein Weg entlangführt. An dem Gatter und an dem Weg läßt sich gut die Wirkung der Linearperspektive demonstrieren. Das Gatter besteht aus zwei Reihen von Rundhölzern, die an Pfählen befestigt sind und etwa in gleichem Abstand voneinander verlaufen. Betrachten Sie das Stück links, das parallel zur Bildfläche steht. Die Pfähle an diesem Stück sind gleich hoch und die Rundhölzer liegen ungefähr parallel zueinander. Ganz anders jedoch das restliche, längere Stück des Gatters, das in einem Winkel von etwa 90 Grad zur Bildebene steht und daher in die Tiefe des Bildes führt. Die Pfähle dieses Stückes werden scheinbar immer kleiner und die Rundhölzer scheinbar immer dünner und sie verlaufen nicht parallel, sondern sie nähern sich scheinbar einander an. Wenn man die Linien der Rundhölzer dieses Stückes über ihr Ende hinaus weiter verfolgt, stellt man fest, daß sie sich am Horizont etwa in der Mitte des Weges treffen. Auch die verlängerten Linien der Schlittenspuren auf dem Weg sowie der Schneerand des Weges treffen sich in diesem Punkt. Es ist der Augenpunkt des Bildes. Das heißt, der Betrachter des Bildes blickt auf diesen Punkt. Er steht also scheinbar in der Mitte des Weges.

Ganz links habe ich dann noch aus kompositorischen Gründen zur Abrundung des Bildes einen schneebedeckten Nadelbaum angeordnet. Damit wird ein gutes Gleichgewicht der Bildelemente hergestellt. Dem dominierenden großen Laubbaum auf der rechten Seite stehen Haus, Scheune, Gatter und kleiner Nadelbaum gegenüber, wodurch ein ausgewogener Eindruck des Bildes entsteht. Schließlich sind noch die Pfähle zu erwähnen, die im rechten Feld zu sehen sind. Diese in zwei Reihen in die Tiefe gehenden Pfähle unterstützen die räumliche Wirkung des Bildes.

Nun bleibt noch die Festlegung der Richtung, aus der das Licht kommt. Ich möchte noch einmal wiederholen, daß das für die Bildwirkung sehr wichtig ist. Man muß beim Malen des Bildes immer daran denken und die jeweiligen Bildgegenstände dementsprechend mit der richtigen Schatten- und Lichtverteilung darstellen. Wir setzen für dieses Bild fest, daß das Licht von rechts kommen soll.

Der Entwurf wurde zunächst auf weißes Konzeptpapier gezeichnet und dann mit Hilfe eines mit Graphit beschichteten Übertragungspapieres, das zwischen Malgrund und Zeichnung gelegt wurde, durch nachziehen der wichtigsten Linien auf den Malgrund übertragen. Das dazu benötigte Übertragungspapier ist auch in größeren Formaten im Handel erhältlich."

„Sie sagten eben, wir legen fest, daß das Licht von rechts kommen soll und etwas vorher, daß Sie einen Nadelbaum an der linken Seite des Bildes angeordnet haben. Ist das nicht alles von der Natur vorgegeben, wenn wir ein bestimmtes Motiv gefunden haben, das wir malen wollen?"

„Nein. Ich habe bereits bei der Besprechung der Besonderheiten der Landschaftsmalerei darauf hingewiesen, daß man ein in der Natur gefundenes Motiv oft nicht ohne bestimmte Änderungen malen kann, wenn man Wert auf Ausgewogenheit und Gleichgewicht des Bildes legt. Solche Änderungen werden von den meisten Landschaftsmalern vorgenommen und diese Möglichkeit ist einer der wichtigen Punkte, die die Landschaftsmalerei von der Fotografie unterscheiden. Der Fotograf muß die Landschaft so nehmen, wie sie nun einmal ist. Er kann nur dokumentieren. Der Maler hingegen kann gestalten, kann schöpferisch tätig sein. Man sollte daher nie zögern, das auch zu tun, abgesehen von Sonderfällen, in denen man ausnahmsweise einmal etwas dokumentarisch genauso festhalten will, wie es in der Wirklichkeit ist.

Was nun den Lichteinfall betrifft, so ist das ja eine Augenblickssache. Geht ein Maler beispielsweise in die Landschaft hinaus und malt dort, sagen wir im Laufe eines Tages, ein Bild, so hat sich der Lichteinfall von der einen Seite vormittags auf die andere Seite nachmittags gedreht. Es ist vollkommen klar, daß dieser Maler die Schatten in den einzelnen Phasen seiner Arbeit nicht so malen kann, wie sie ihm jeweils erscheinen, weil das keinen Sinn ergeben würde. Er muß vielmehr eine bestimmte Richtung festlegen an die er sich während des ganzen Malprozesses halten muß, unabhängig davon, wie die Schatten sich in den einzelnen Phasen seiner Arbeit wirklich darstellen.

Selbst wenn Sie eine Landschaft nur skizzieren, vergeht meist soviel Zeit dabei, daß die Schatten sich am Ende Ihrer Arbeit anders darstellen als am Anfang. Schließlich kann es kompositorische Gründe für die Festlegung eines bestimmten Lichteinfalles geben. Für Sie ist es wichtig, sich zu merken:

● Über die Richtung des Lichteinfalles in der Landschaftsmalerei entscheidet der Maler frei.

Doch nun wieder zurück zu unserem Bild. Sie sehen (Abb. 24), daß die Linien auf dem Malgrund nur recht blaß durchkommen und die Vorzeichnung nach diesem Verfahren nicht sehr kräftig und kontrastreich geworden ist. Da ich Ihnen aber auch diese Art der Übertragung einmal vorführen wollte, habe ich die Linien auch nicht mit Bleistift verstärkt, was man natürlich ohne weiteres tun kann. Ich wollte Ihnen aber den Eindruck bieten, der sich zunächst bei Benutzung dieser Methode ergibt. Die Vorzeichnung ist jedoch trotzdem als Basis für die Weiterarbeit geeignet. Die wichtigsten Linien, die ja ohnehin nur Anhaltspunkte sein sollen, sind ausreichend deutlich zu sehen. Schließlich möchte ich noch darauf aufmerksam machen, daß ich den großen Baum nicht ausführlich gezeichnet habe. Jedenfalls trifft dies für die Äste und Zweige des oberen Teiles zu. Der Grund dafür liegt darin, daß wir diesen Teil der Vorzeichnung ohnehin gleich vollständig mit dem Himmel übermalen werden gemäß dem Grundsatz, daß bei stark verzweigten, blattlosen Bäumen, die gegen den Himmel stehen, immer zuerst der Himmel gemalt wird. Anschließend müssen wir dann von der Vorzeichnung ausgehend oder aus der Phantasie das Geäst des Baumes in den Himmel malen.

Mit diesem Bild wollen wir uns einmal an eine gemäßigte Form der Primamalerei wagen. Das heißt, wir machen keine Untermalung, sondern versuchen, das Bild gleich in seiner endgültigen Form zu malen. Wenn ich ‚gemäßigte Form' sage, so meine ich damit, daß wir uns vorbehalten, auch schon mal auf bereits gemalte Stellen des Bildes zurückzukommen.

Wir malen das Bild in zwei Etappen. Erst kommt der Himmel an die Reihe, der ja mehr als die Hälfte des Bildes ausmacht, dann bewältigen wir den Rest. Ich möchte Sie jetzt bitten, den Himmel zu malen. Ich habe ihn mir folgendermaßen vorgestellt: oben leichte Streifenwolken, die sich zum Horizont zu immer mehr verdichten, so daß ein heller Horizont zustande kommt. Als Farbe für den Himmel nehmen wir diesmal Kobaltblau, damit Sie auch diese Möglichkeit kennenlernen."

„Welche Pinsel soll ich nehmen? Ich muß feststellen, daß Sie mit Hinweisen darauf, welchen Pinsel ich nehmen soll, immer sparsamer werden. Warum?"

„Weil ich möchte, daß Sie sich in dieser Hinsicht rechtzeitig an ein eigenes Urteil gewöhnen. Das ist nicht schwer, wenn Sie sich einen einfachen Grundsatz einprägen:

● Man nimmt immer den größten Pinsel, mit dem man eine bestimmte Aufgabe bewältigen kann.

Mit diesem Grundsatz kommen Sie automatisch immer zu dem richtigen Pinsel.

Wenn Sie einen für eine bestimmte Arbeit zu großen Pinsel wählen, merken Sie das sofort, weil die Pinselspur für den Gegenstand zu breit ist. Sie nehmen also einen ein oder zwei Nummern kleineren Pinsel und versuchen es damit. Dieses Verfahren setzen Sie solange fort, bis Sie den richtigen Pinsel gefunden haben.

Nehmen Sie aber am Anfang einen kleineren Pinsel als den, mit dem dem Sie die Aufgabe gut bewältigen könnten, so merken Sie möglicherweise nicht gleich, daß Sie auch einen größeren Pinsel benutzen könnten, weil Sie mit einem kleineren Pinsel ohne weiteres malen können. Das Ergebnis ist aber oft nicht befriedigend, denn Sie müssen mit einem kleinen Pinsel mehrere Striche für die gleiche Wirkung machen, die Sie mit dem richtigen Pinsel mit einem Strich erreichen können. Eine solche Malerei wirkt dann oft kleinlich und, wie die Maler zu sagen pflegen, ‚verquält'. Also: immer mit einem großen Pinsel anfangen! Zu einem kleineren werden Sie schon gezwungen, wenn er zu groß sein sollte. Manche Maler raten sogar, stets einen um zwei Nummern größeren Pinsel, als den zu nehmen, von dem man glaubt, er sei richtig.

Im übrigen werden Sie mit der Zeit, d.h. wenn Sie fleißig üben, einen Blick dafür bekommen, welche Aufgabe mit welchem Pinsel am besten zu lösen ist.

So, nun fangen Sie mit dem Himmel an! Nehmen Sie dazu einen Pinsel Nr. 12."

„Der Himmel ist fertig (Abb. 25). Was sagen Sie dazu?"

„Das ist nicht schlecht. Jedenfalls ist der Himmel schon sehr viel besser als Ihre ersten Versuche bei den beiden ersten Bildern. Indessen ist er noch nicht ganz richtig. Zumindest würde er nicht gut zu unserem Bild passen, das einen hellen, sonnigen Wintertag darstellen soll. Ich habe Sie beim Malen beobachtet und ich muß sagen, daß Sie mit dem Dämpfen des Blau nun offensichtlich zuviel des Guten getan haben. Ihr Himmel ist zu grau und zu flau geworden. Solche Himmel gibt es zwar, aber sie passen zu anderen Witterungsverhältnissen. Die Stimmung dieses Himmels paßt nicht zu dem Bild, das wir malen wollen.

Ich sehe weiter, daß Sie versucht haben, die Wolkenränder mit Weiß darzustellen. Das ist zwar in der Absicht richtig, aber Ihnen ist das Weiß durchweg zu schmutzig geraten. Das ist deswegen passiert, weil Sie den Himmel mit einem einzigen Pinsel gemalt haben und dabei noch dauernd zwischen Himmel und Wolken hin und her gesprungen sind. Bei diesem Hin- und Herspringen zwischen Himmel und Wolken haben Sie diesen einzigen benutzten Pinsel auch noch nicht richtig sauber gemacht."

„Muß man denn beim Malen des Himmels zwei Pinsel benutzen? Einen für den Himmel und einen für die Wolken?"

„Nein. Man muß natürlich nicht, obwohl man sich dadurch einige Pinselwascherei ersparen kann. Man kann einen Himmel mit Wolken auch mit nur einem Pinsel malen. Dann muß man aber unbedingt zwei Dinge beachten. Erstens malt man alle blauen Himmelteile an einem Stück nacheinander. Dann wird der Pinsel gründlich ausgewaschen und die Wolken werden gemalt. Der Ton liegt dabei auf dem Wort ‚gründlich'. Das gilt ganz allgemein beim Auswaschen von Pinseln, in besonderem Maße aber dann, wenn man an hellen Bildstellen arbeitet wie z.B. an den Wolkenrändern."

„Warum ist das so? Und warum genügt es nicht, den Pinsel einfach mit dem Lappen abzuwischen?"

„Weil dann immer Farbreste im Pinsel zwischen den Haaren oder Borsten hängen bleiben. Wenn Sie gerade dunkle Farben verarbeiten, mag das noch hingehen, obwohl es auch dann nicht empfehlenswert ist. Bei sehr hellen Mischungen mit sehr viel Weiß ist es jedoch absolut unzulässig, weil die Gefahr der Vergrauung zu groß ist."

„Was heißt Vergrauung und wie kann man ihr entgehen?"

„Um diese Frage zu beantworten, kommen uns die Kenntnisse zugute, die wir bei der Besprechung der Farbenlehre erworben haben. Sie haben das hoffentlich nicht vergessen! Folgende Zusammenhänge müssen wir uns dabei vor Augen halten:

- Grau wird eine Mischung immer dann, wenn an ihr die drei Primärfarben in etwa gleichem Verhältnis und Weiß beteiligt sind.

Bei einem hellen Grau sind dabei die Primärfarben nur mit geringen Mengen beteiligt. Nehmen wir einmal an, Sie wollen Wolkenränder nicht mit reinem Weiß malen, sondern das Weiß leicht mit lichtem Ocker und Krapplack antönen, was oft vorkommt. Wenn Sie das mit einem Pinsel machen, an dem noch Reste von der blauen Farbe für den Himmel haften, dann wird Ihre Mischung unweigerlich grau. Es kann Ihnen aber auch passieren, daß Sie Grau erhalten, wenn Sie eine bestimmte Nuance mischen wollen und in diesem Bestreben immer wieder neue Farben zu der Mischung geben. Früher oder später landen Sie dabei mit Sicherheit bei einem mehr oder weniger bunten Grau. Auf jeden Fall wird es eine unansehnliche Farbe, die — abgesehen von Spezialfällen — kaum zu gebrauchen sein wird."

„Wie kann man das vermeiden?"

„In manchen Malbüchern findet man den Rat, nie mehr als zwei, höchstens aber drei Farben zusammenzumischen. Dabei wird Weiß natürlich nicht mitgezählt. Hinter diesem Rat steckt sicher eine gute Absicht. Aber dieser Rat ist einerseits nicht ausreichend, andererseits zu weitgehend. Nicht ausreichend, weil man das häßlichste Grau produzieren kann, obwohl man sich an diese Regel hält. Wie wir bei der Diskussion der Farbenlehre gesehen haben, kann das schon beim Mischen von nur zwei Farben geschehen, wenn es sich um Komplementärfarben handelt. Und davon gibt es ja einige. Bei drei Farben ist die Möglichkeit, eine Mischung zu erhalten, in der alle drei Primärfarben in nennenswerter Menge vorkommen, naturgemäß noch viel größer.

Zu weitgehend ist die Vorschrift deswegen, weil man durchaus auch einmal vier Farben mischen kann, ohne das etwas Unerwünschtes passiert, wenn dabei mindestens eine der drei Primärfarben nicht oder nur unwesentlich beteilig ist. Das ist meistens der Fall, wenn man verwandte Töne miteinander mischt. So haben wir für die Vegetation der beiden ersten Bilder oft Mischungen verwendet, die aus vier Farben bestehen, z.B. Chromoxidgrün feurig, gebrannte Siena, lichter Ocker und Kadmiumgelb hell. Bei dieser Mischung sind die beiden letztgenannten Farben eng miteinander verwandt, denn beide sind Gelbtöne. Zusammen mit der Farbe Chromoxidgrün ergeben sie ein Gelbgrün, das allerdings so noch zu leuchtend wäre, um damit die Vegetation darzustellen. Deswegen wird eine genau dosierte Menge der roten Farbe gebrannte Siena hinzugefügt, um die Mischung etwas zu dämpfen.

Richtig ist allerdings, daß man stets danach streben soll, eine bestimmte Farbwirkung mit Mischungen zu erreichen, an denen so wenig Farben wie möglich beteiligt sind.

Wenn man also so eine Regel aufstellen will, dann müßte sie meiner Ansicht nach lauten:

● Man versucht stets, bei Mischungen mit möglichst wenigen Farben auszukommen und vermeidet Mischungen mit mehr als vier Farben.

Damit ist es aber noch nicht genug. Eine unbeabsichtigte Vergrauung vermeiden wir mit Sicherheit damit nicht, auch wenn wir uns an diese Regel halten. Denn es bleibt die Erkenntnis, daß jede Vorschrift, die eine bestimmte Höchstzahl von Farben für Mischungen festlegt, nicht immer vor einer solchen Vergrauung schützt.

Um das zu erreichen, muß man vielmehr eine weitere Regel aufstellen:

● Bei Farbmischungen achtet man stets darauf, daß mindestens eine der drei Primärfarben nicht oder nicht wesentlich beteiligt ist.

Das heißt, man muß sich immer genau überlegen, welche Farben man miteinander mischt. Da wir ja die Grundzüge der Farbenlehre beherrschen — und jetzt sehen wir auch, warum das gut ist —, fällt uns das nicht sonderlich schwer.

Wir denken dabei nur immer an die uns bekannten Zusammenhänge. Komplementärfarben darf man nur dann miteinander mischen, wenn man eine davon mit einer geringen Menge der anderen dämpfen will. Auch das ist ja im Grunde eine Vergrauung, aber eine geringe und eine kontrollierte und beabsichtigte. Man muß darüber hinaus bei anderen Mischungen, an denen Sekundär- und Tertiärfarben beteiligt sind, immer überlegen, aus welchen Primärfarben diese Farben zusammengesetzt sind. Das hört sich schwieriger an, als es in Wirklichkeit ist. Da man nur mit einer begrenzten Palette arbeitet, weiß man das bald sehr genau. Dann kann einem eigentlich nichts mehr passieren, wenn man sich an diese einfachen Regeln hält.

Doch nun wieder zurück zu Ihrem Himmel. Ein weiterer Einwand dagegen ist, daß die Aufhellung zum Horizont zu nicht ausreichend ist.

Ich werde den Himmel jetzt korrigieren. Ich nehme für das Blau des Himmels wie beabsichtigt Kobaltblau und natürlich viel Weiß. Ich töne diese Blauausmischung nur ganz vorsichtig mit ganz wenig lichtem Ocker ab. Sie sehen, daß das so abgetönte Blau leuchtender ist als Ihres. Die Wolken mache ich sehr viel heller. Das Weiß dafür töne ich mit einer Mischung aus lichtem Ocker und Kadmiumgelb hell für die Ränder, und die gleiche Mischung mit einer Spur des für den Himmel verwendeten Kobaltblau nehme ich für die Schattenstellen der Wolken. Diese Schatten auf den Wolkenstreifen sollen nicht zu ausgeprägt sein, weil das zu dieser Wetterlage wiederum nicht passen würde. Die Wolken sollen vielmehr einen recht hellen Eindruck machen. Doch ich achte sorgfältig darauf, daß die Wolken nicht etwa einfarbig hell werden. Nuancen, wenn auch geringe, kommen sowohl bei den Schatten als auch bei den Rändern vor.

Die Wolken am oberen Bildrand sehen wir hauptsächlich von unten. Die Streifen der Wolken und die dazwischen liegenden Streifen des blauen Himmels sind daher deutlich zu erkennen und zu unterscheiden. Je mehr sich die Wolken dem Horizont nähern, umso weniger sehen wir von ihren Unterseiten und umso mehr von ihren im wesentlichen weißen Rändern. Von den dazwischen liegenden Streifen des Himmelsblau sehen wir nun kaum noch etwas. Am Horizont sehen wir praktisch nur die weißen Wolkenränder und kein Blau mehr. Unnötig zu sagen, daß es natürlich kein reines Weiß ist, sondern das mit den bereits erwähnten Farben abgetönte Titanweiß (Abb. 26).

Und jetzt können Sie den Rest des Bildes, d.h. Hinter-, Mittel- und Vordergrund malen."

„So, das ist nun mein Versuch. Ich muß sagen, daß ich nicht sehr zufrieden bin (Abb. 27)."

„So schlecht ist es aber gar nicht. Und wir wollen ja wie üblich die Fehler besprechen und gemeinsam korrigieren. Fangen wir einmal beim Hintergrund an. Da haben Sie zwei Fehler gemacht: einen kompositorischen und einen maltechnischen. Zunächst zu dem kompositorischen Fehler. Ich habe die Bäume und Sträucher am Horizont in der Vorzeichnung nicht im einzelnen gezeichnet, sondern wie üblich nur angedeutet. Das gab Ihnen die Freiheit, Ihre Phantasie walten zu lassen und diesen Bewuchs nach eigenem Belieben — natürlich im Rahmen der Beschreibung — darzustellen. Sie haben dabei wieder einen typischen Anfängerfehler gemacht. Sie haben am ganzen Horizont nur Bäume und keine Sträucher dargestellt, die dazu auch noch gleich groß sind und in ungefähr gleichem Abstand voneinander stehen. So etwas ist in der Natur meist nicht zu sehen und wenn, dann ist es so langweilig, daß man es von sich aus ändern muß. Meist ist aber in der Wirklichkeit ohnehin eine große Vielfalt zu beobachten. Es sind meist nicht nur Bäume da, sondern auch Sträucher und Hecken. Die Bäume sind verschieden groß und von unterschiedlicher Gestalt. Außerdem stehen sie gewöhnlich in unterschiedlichen Abständen. All das trägt zur Natürlichkeit des Bildes bei. Merken Sie sich daher die folgende

● *Regel:* Sind auf einem Bild mehrere gleichartige Bildbestandteile zu sehen, z.B. viele Bäume oder mehrere Häuser, so sind sie in Größe, Gestalt und Abstand voneinander verschieden darzustellen. Vermeiden Sie jede Monotonie!

Diese Regel gilt ganz allgemein. Jede Gleichmäßigkeit wirkt langweilig. Streben Sie immer nach Vielfalt!
Der maltechnische Fehler bezieht sich auf die Art und Weise, wie Sie versucht haben, diese im Bild relativ klein erscheinenden Bäume am Horizont zu malen. Sie haben versucht, die Zweige und Äste mit einem kleinen Rundpinsel Nr. 0 zu malen. Das ist kein empfehlenswertes Verfahren. Sie können die Vielfalt der Äste und Zweige bei dem von uns verwendeten Malgrund kaum mit einem so kleinen Pinsel darstellen. Außerdem wäre der ernsthafte Versuch zeitraubend und langweilig. Sie haben versucht, sich dadurch zu helfen, daß Sie jeweils nur wenige Äste je Baum gemalt haben. Das sieht aber nicht gut aus. Es gibt eine bessere Möglichkeit. Dazu benötigen Sie einen Borstenflachpinsel mittlerer Größe, etwa Nr. 6, der nicht mehr der neueste sein sollte. Mit diesem Pinsel machen Sie etwas, was Sie sonst unter allen Umständen vermeiden: Sie stupfen ihn ganz fest mit den Borsten auf eine harte Unterlage, damit sich die Borsten nach allen Seiten sträuben. Dann tauchen Sie die so gesträubten Borsten vorsichtig in die vorbereitete Farbe. Aber, Vorsicht! Nicht zuviel Farbe aufnehmen! Mit diesem Pinsel malen Sie dann vorsichtig strichelnd das dünne Geäst. Da die gesträubten Borsten nur wenig Farbe aufnehmen dürfen, um nicht zu schmieren, weil ja sozusagen jede Borste einen Zweig malen soll, muß man öfter in die Farbe eintauchen. Dabei muß man immer darauf achten, nicht zuviel Farbe aufzunehmen, damit keine ‚Kleckse' entstehen, womit der angestrebte Zweck nicht erreicht wäre. Am besten ist es, Sie üben erst einmal auf Papier, bis Sie eine gewisse Sicherheit bei der Anwendung dieser Methode erworben haben. Sollte es Ihnen trotzdem passieren, daß Ihnen ein ‚Klecks' unterläuft, so können Sie das korrigieren, indem Sie die Stelle mit der Farbe, die der Himmel an dieser Stelle hat, übermalen und die Sache noch einmal versuchen. Mehr als einmal können Sie das am nassen Bild aber kaum machen.

Den Pinsel, den Sie für diesen Zweck etwas mißhandelt haben, heben Sie auf, bis Sie wieder einmal so etwas Ähnliches zu malen haben.

Als letzten Schritt können Sie jetzt noch mit einem Haarrundpinsel Nr. 0 an den Bäumen gezielte Verbesserungen anbringen. Da die eben geschilderte Methode nur ein wirres Durcheinander von Zweigen und Ästen liefert, können Sie nun mit ein Paar gezielten Strichen dieses Pinsels Baumstämme und Hauptäste anbringen. Das sieht dann ganz natürlich aus.

Gehen wir nun weiter zum Gatter. Wir wollen ein Gatter aus Rundhölzern an runden Pfählen malen. Ihr Gatter sieht aber recht flach aus. Es könnten eher Bretter sein. Doch auch dazu wären sie zu gleichmäßig einfarbig. Aber wir wollen ja Rundholz. Dieses müssen wir so malen, daß Licht- und Schattenverteilung den Eindruck der Rundheit erzeugt.

Bei der Tanne im Vordergrund haben Sie offenbar den gleichen Fehler gemacht wie beim Malen des Himmels: Sie haben den Pinsel nach dem Malen des Grüns an der Tanne nicht richtig ausgewaschen. Ihr Schnee hat einen Grünschimmer."

„Ich habe das gesehen. Ich wollte es auch durch Übermalen mit neuer Farbe ausbessern. Es ist mir aber nicht gelungen."

„Das war deswegen so, weil die verschmutzte Farbe noch frisch und naß und außerdem ziemlich reichlich aufgetragen war. In einem solchen Fall kann man durch Auftragen frischer Farbe nicht mehr viel korrigieren. Die betreffende Stelle ‚nimmt keine Farbe mehr an', wenn sie einmal mit nasser Farbe gesättigt ist. Wenn einem das passiert ist, bleiben nur zwei Möglichkeiten. Man kann erstens die Farbe abnehmen und die Stelle neu malen. Dazu kratzt man die Farbe mit einem Palettmesser oder einem Spachtel ab, soweit das möglich ist. Dann kann man den Rest noch mit einem mit Terpentin getränkten, sauberen Lappen oder Küchenkrepp abnehmen. Das muß aber schnell und vorsichtig geschehen und Sie müssen danach die Stelle schnell mit einem sauberen Lappen trockenreiben, damit das Terpentin die Grundierung nicht auflöst. Wenn Sie sich nicht sicher sind, daß Sie das können, verzichten Sie lieber darauf. Bei kleinen Stellen, die zwischen solchen sind, die stehen bleiben sollen, macht diese Methode auch oft Schwierigkeiten. So können Sie damit kaum den Schnee zwischen dem Grün der Tanne herausnehmen. Sie müßten schon den ganzen Baum wegnehmen und neu malen.

Es ist auf jeden Fall sicherer und ungefährlicher, die Farbe an den entsprechenden Stellen mit etwas Malmittel soweit zu verdünnen, daß man sie mit dem Pinsel nach und nach abnehmen kann, indem man den Pinsel immer wieder abwischt. Das ist zwar ein sehr mühsames und langwieriges Verfahren, aber wie gesagt, dasjenige mit den wenigsten Gefahren.

Der andere Weg besteht darin, daß man die Stelle ein paar Tage trocknen läßt, dann kann man sie ohne Schwierigkeiten übermalen. Allerdings nur dann ohne weiteres, wenn die verschmutzte Farbe oder die mißglückte Stelle nicht zu fett geraten war, d.h. die Farbe nicht zu dick aufgetragen wurde. War die Farbe zu fett, dann kann es sein, daß sie, auch wenn sie trocken ist, nur schlecht Farbe annimmt.

In diesem Falle kann man sich nur noch dadurch helfen, daß man die Stelle mit feinem Bimsmehl abschleift.

Ihr nächster Fehler an diesem Baum war, daß Sie die Licht- und Schattenverteilung nicht beachtet haben. Da das Licht von rechts kommt, muß der Schnee auf dem Baum auf der rechten Seite heller sein als auf der linken.

Der große Laubbaum im Vordergrund rechts ist etwas mager ausgefallen. So würde allenfalls ein abgestorbener, dürrer Baum aussehen. Ein lebender Baum, und einen solchen wollen wir doch malen, hat sehr viel mehr Zweige und Äste. Außerdem sind Ihre Äste zu gerade. Das ist auch ein Überbleibsel aus der Kinderzeit, als wir Bäume malten mit geraden Ästen und Zweigen, die eher aussahen wie Besen. In Wirklichkeit sind die Äste und Zweige der meisten Bäume keineswegs gerade, sondern meist recht krumm und mehrfach gebogen. Der Baum muß also sehr viel mehr Zweige und Äste haben und sie dürfen nicht so gerade sein.

Auch bei diesem Baum haben Sie vergessen, die richtige Licht- und Schattenverteilung darzustellen. Die rechte, die Lichtseite des Stammes und der größeren Äste muß deutlich heller sein als die linke. Schließlich haben Sie noch einen Perspektivfehler gemacht. Und zwar bei dem Streifen mit den dürren Pflanzen rechts von dem großen Baum. Die Reihe dieser Pflanzen zieht sich vom Vordergrund in den Mittelgrund hin, ähnlich wie die Stangen des Gatters links. Die Pflanzen müssen daher immer kleiner werden, je mehr sie sich vom Vordergrund entfernen.

Ihr größter Fehler ist natürlich die mangelhafte Darstellung des Schnees."

„Ich habe ja gleich gesagt, daß ich da so meine Bedenken habe."

„Diese Einstellung war vielleicht der größte Fehler. Man muß sich auch etwas zutrauen. Wenn man an eine Sache mit der Überzeugung herangeht, daß man es doch nicht schafft, so ist es sehr wahrscheinlich, daß es auch so kommt.

Sie sind insgesamt zu zaghaft gewesen. Insbesondere die blaue Tönung der Schattenpartien des Schnees ist zu schwach ausgefallen. Die Schatten des Schnees müssen mit deutlichen Blauausmischungen gemalt werden. Aber auch die belichteten Stellen sind bei Ihnen nicht besonders gut. An einigen Stellen haben Sie sogar die nackte Leinwand stehen lassen."

„In der Aquarelltechnik ist das aber üblich."

„Richtig. Auch in der Ölmalerei gibt es Maler, die, wie ich bei der Diskussion der Malweisen gesagt habe, bei der Primamalerei weiße Leinwandstellen stehen lassen. Ich halte das aber nicht für besonders gut in der Öltechnik. Gerade Bilder mit Schnee sind da meiner Ansicht nach sehr empfindlich. Um das Spiel von Licht und Schatten richtig darzustellen, muß man sowohl die Schatten als auch die belichteten Stellen des Schnees mit genau kalkulierten Tönungen wiedergeben.

Wir werden nun alle besprochenen Fehler nach bewährter Manier gemeinsam korrigieren und die Korrekturen ausgiebig kommentieren. Wir fangen am Horizont an. Jetzt arbeite ich mit der Technik des gestupften Borstenpinsels. Ich nehme dazu eine Mischung aus Ultramarin, gebrannter Siena, lichtem Ocker und wenig Kadmiumgelb."

„Ultramarin? Blaue Farbe für Bäume?"

„Das Blau wird benötigt, um die sonst zu warme Mischung etwas abzukühlen. Sie erinnern sich an unsere Diskussion der Luftperspektive: entferntere Gegenstände müssen immer kühler sein als diejenigen des Vordergrundes. Natürlich nehme ich nicht soviel Ultramarin, daß die Bäume blau erscheinen. Dazu sind sie doch zu nahe. Außerdem müßten sie dann verschwommener und kontrastärmer gemalt werden. Wie wir uns das schon angewöhnt haben, machen wir für die verschiedenen Baumgruppen etwas unterschiedliche Mischungen. Mal etwas mehr Siena gebrannt und weniger lichten Ocker, mal umgekehrt. Aber die Nuancen dürfen sich nicht zu stark unterscheiden. Auf diese Entfernung wäre das nicht plausibel.

Als erstes wollen wir einmal von der Eintönigkeit wegkommen. Wir machen also an einigen Stellen anstatt der Bäume, einige heckenartige Sträucher. Dann machen wir die Bäume, die wir noch beibehalten, unterschiedlich in Größe und Gestalt und wir verändern die Abstände der Bäume zueinander, um auch hier Unregelmäßigkeit und Vielfalt zu erreichen.

Nun verbessern wir das Haus und die Scheune. Wir machen das Haus nicht weiß, weil es sich etwas von der weißen Umgebung abheben soll. Ich nehme für das Haus eine Mischung aus Kadmiumgelb und Krapplack mit Weiß. Diese warme Mischung macht sich gut inmitten der im wesentlichen kalten Farben. Sie ist aber willkürlich gewählt und Sie können eine andere nehmen, wenn diese Ihnen nicht sympathisch sein sollte. Sie sollte nur warm sein und nicht zu grell bunt, weil das sofort unnatürlich wirken würde. In der sogenannten naiven Malerei findet man das häufig und es ist eines der wesentlichen Elemente neben der meist falschen Perspektive, die das Gekünstelte dieser Bilder ausmacht.

Ich habe nicht vergessen, daß die Sonne von rechts kommt und somit auf die Giebelseite des Hauses scheint. Ich mache also diese Seite etwas heller, was ich durch Zugabe von mehr Weiß zu der Mischung erreiche. Sowohl auf der Giebel- als auch auf der Längsseite des Hauses vermeide ich ein gleichmäßiges ‚Anstreichen'. Kleine Farbunterschiede und Unregelmäßigkeiten gestalten das Haus natürlich. Allerdings darf man das bei dieser Entfernung nicht übertreiben. Ich versuche auch nicht, Einzelheiten der Türen und Fenster zu malen. Sie haben das auch vermieden und das war richtig so, womit ich Sie auch einmal loben kann. Auf diese Entfernung sind solche Einzelheiten nicht auszumachen. Wollte man sie trotzdem darstellen, würde das Haus sofort unnatürlich wirken. Allerdings ist es günstig, wenn man die Schattenfarbe, mit der man die Öffnungen des Hauses malt, an der jeweils rechten Seite etwas dunkler macht, weil das Licht von rechts kommt und dort somit die Schatten am stärksten sind. Wir werden das so machen. Zum Malen dieser Schatten verwenden wir eine Mischung aus Ultramarin, gebrannter Siena und Vandyckbraun.

Die braune Scheune male ich neu mit einer Mischung aus gebrannter Umbra, lichtem Ocker, Weiß und etwas Ultramarin. Da es sich bei den Wänden der Scheune um rohes Holz handelt, müssen hier die Unregelmäßigkeiten in der Farbe ausgeprägter sein als beim Haus. Ich bringe also senkrechte Streifen an, um anzudeuten, daß die Scheune aus senkrecht stehenden Brettern erbaut wurde.

Wir gehen nun zu dem Gatter auf der linken Seite des Bildes über. Wir erinnern uns, daß dieses Gatter aus Rundholz bestehen soll. Das gilt sowohl für die Pfosten als auch für die Querstangen. Um die ‚Rundheit' zu erreichen, müssen wir die entsprechenden Licht- und Schattenverhältnisse darstellen. Sie erinnern sich, daß der Maler das ‚modellieren' nennt. Wir nehmen dazu eine Mischung aus gebrannter Umbra, gebrannter Siena, lichtem Ocker und Weiß. Um die Modellierung zu erreichen, muß man einen Kontrast zwischen den beleuchteten und den Schattenstellen eines Gegenstandes herstellen. Der Übergang von Licht zu Schatten und umgekehrt entscheidet über die Form des Gegenstandes. Bei einem runden Gegenstand muß dieser Übergang weich und allmählich sein. Wir nehmen für die Unterseiten der Querstangen und für die linken Seiten der Pfosten eine sehr dunkle Mischung ohne jedes Weiß, die im wesentlichen aus gebrannter Umbra besteht. In der Mitte der Querstangen und an der rechten Seite der Pfosten — also an den Stellen der stärksten Beleuchtung — nehmen wir eine helle Mischung mit ganz wenig gebrannter Umbra und viel lichtem Ocker und Weiß. Die Stellen dazwischen werden mit mittleren Ausmischungen so gemalt, daß allmähliche Übergänge zwischen den dunklen und den hellen Stellen entstehen. Aber bitte nicht zu regelmäßig und zu gleichmäßig, sonst erhalten Sie Eisenrohre oder Eisenstangen. Etwas Unregelmäßigkeit ist bei dem natürlich gewachsenen Holz unerläßlich. Die Oberseite der Querstangen und der Pfosten lassen wir frei. Da kommt nämlich etwas hin, was Sie auch anzudeuten vergessen haben: Schnee. Wir ergänzen das, wenn wir den Schnee malen. Nun zu dem großen Baum rechts. Wie bereits angedeutet, geben wir ihm sehr viel mehr Äste und Zweige. Wir vermeiden es dabei, die Äste und Zweige kerzengerade zu malen, weil sie in der Natur auch nicht so wachsen. Wenn die Bäume im Winter ohne Blätter sind, kann man das besonders gut beobachten. Außerdem müssen Sie darauf achten, daß Sie die kontinuierlichen Verjüngungen der Äste richtig darstellen. Bei ihrem Baum sind die Äste verglichen mit der Anfangsdicke und der Dicke des Stammes zu kurz geraten. Wir machen die Äste also länger, so daß der ganze Baum gleich natürlicher wirkt.

Als Mischung nehme ich gebrannte Siena, gebrannte Umbra, lichten Ocker und Weiß. Wie es den Lichtverhältnissen entspricht, male ich die linken Seiten des Stammes und der großen Äste mit einer dunklen Version unserer Mischung und die rechten Seiten mit einer sehr viel helleren. Auch dabei achte ich darauf, daß dies nicht zu regelmäßig ausfällt, damit der natürliche Eindruck eines gewachsenen Baumes entsteht. Um naturgetreue Bäume malen zu können, ist es wie bei allen Landschaftsmotiven von Vorteil, die Natur aufmerksam zu beobachten. Gehen Sie auch im Herbst und im Winter hinaus in die freie Natur und machen Sie Skizzen von Bäumen und Sträuchern oder fotografieren Sie, wenn Ihnen zum Skizzieren die Zeit fehlt. Verlassen Sie sich nicht darauf, daß Sie schon wissen, wie ein Baum aussieht.

So, nun scheint der Baum richtig zu sein. Wir hätten noch mehr Äste und Zweige anbringen können. Viele Bäume in der Natur haben ein noch stärker gegliedertes Geäst. Aber da läuft man dann Gefahr, zuviel des Guten zu tun, und so ein Baum wirkt dann schnell überladen. So, wie er jetzt ist, ist er richtig.

Noch ein Wort zum Malen von Bäumen. Wenn man einen solchen Baum nach der Natur oder einer Vorlage malt, wäre es nicht sinnvoll und auch viel zu mühsam, wollte man jeden Ast und jeden Zweig des Vorbildes genau nachmalen. Man malt dagegen frei und strebt nur danach, den allgemeinen Eindruck des Baumes zu treffen.

Nun zu den Pflanzen rechts des großen Baumes. Wir nehmen dazu lichten Ocker, Vandyckbraun, Kadmiumgelb, etwas Kadmiumrot und Weiß. Wir malen mit Pinselstrichen in der Richtung, wie die Pflanzen gewachsen sind, d.h. von unten nach oben. Ich habe das schon erwähnt, denn es ist eine allgemeine Regel für das Malen von Grashalmen:

● Pflanzen, Grashalme und andere Vegetationen malt man immer in der Richtung, wie sie gewachsen sind.

Ich möchte auch noch einmal daran erinnern, daß man darauf achten muß, daß die Pinselstriche nach oben und außen schmäler werden um die Spitzen der Pflanzen und Gräser richtig darzustellen. Nicht vergessen, wechselnde Mischungen zu verwenden, damit durch den Kontrast der Eindruck von Halmen und Blättern entsteht. Ich halte mich auch an die Gesetze der Linearperspektive und male die Pflanzen im Vordergrund groß und dann immer kleiner werdend in dem Maße, wie sie sich dem Hintergrund nähern.

So, und jetzt kommen wir zu dem so wichtigen Schnee. Wir wissen, daß wir zunächst zwei Gruppen von Farbenmischungen benötigen: eine für den belichteten Schnee und eine für den Schnee im Schatten. Innerhalb dieser Gruppen brauchen wir dann noch verschiedene Nuancen.

Ich gehe dabei wie folgt vor: Ich lege zunächst zwei Stränge Titanweiß auf die Palette und breite sie mit dem Pinsel etwas aus. Neben den ersten Weißhaufen setze ich eine Mischung aus ganz wenig Krapplack und wenig Kadmiumgelb. Von dieser Mischung nehme ich dann immer eine kleine Menge mit dem Pinsel auf und mische sie mit einer großen Menge Weiß zu der gewünschten Nuance für die Darstellung des belichteten Schnees. Für das Malen des Schnees benutze ich zwei Pinsel von mittlerer Größe etwa von der Größe Nr. 6. Einen verwende ich ausschließlich für die mit den eben erwähnten warmen Farben abgetönten Lichtnuancen, den anderen für die blau getönten Schattennuancen. Das erspart mir viel Pinselwascherei. Für die Blautöne nehme ich Kobaltblau, das ich direkt in verschiedener Konzentration an dem zweiten Weißhaufen mische. Ich habe aber schon bei früherer Gelegenheit gesagt, daß Sie das natürlich auch anders machen können. Wie viele andere Maler können Sie auch von jeder Gruppe mehrere Nuancen in Häufchen vormischen und dann je nach Bedarf verarbeiten.

Wo die eine und wo die andere Mischung verwendet wird, ergibt sich von selbst, wenn wir wissen, wo das Licht herkommt und wie die Geländeverhältnisse sind. In unserem Falle kommt das Licht von rechts. Alle Vertiefungen im Schnee haben daher einen Schatten an ihrer rechten Seite, der durch eine Blaunuance dargestellt wird. Bei breiten Vertiefungen, wie z.B. der geräumte Weg, der im Verhältnis zu der Umgebung tiefer liegt, ist dieser Schatten sehr deutlich ausgeprägt. Ebenso ist es mit den Spuren der Schlittenkufen, die wir auf dem Weg andeuten wollen. In allen Fällen sind die linken Ränder der Vertiefungen belichtet und daher heller als ihre Umgebung darzustellen.

Die Schlagschatten des Baumes und der Pfosten sind ebenfalls in einer etwas dunkleren Version des Blau gehalten."

„Was heißt eigentlich Schlagschatten genau?"

„Der Maler oder Zeichner unterscheidet zwei Arten von Schatten. Der Schatten, der auf einem Gegenstand selbst auf der von dem Licht abgewandten Seite entsteht, heißt Eigenschatten. Der Schatten, der auf der Unterlage entsteht, auf der der Gegenstand steht oder liegt, heißt Schlagschatten.

Zu der Darstellung von Schnee noch folgendes: Seien Sie nicht zu zimperlich bei der Darstellung dunkler Schatten im Schnee. Sehen Sie sich mal Winterbilder der großen Meister an oder meinetwegen auch Fotografien mit Schneelandschaften. Sie werden sich vielleicht wundern, welch dunkle Schatten da manchmal auf dem Schnee vorkommen.

Mit den Schneefarben legen wir jetzt auch eine Schicht auf die Rundhölzer und auf die Pfosten des Gatters. Auch hier legen wir die Schicht nicht gerade und wie mit dem Lineal gezogen an, sondern unterschiedlich dick, damit ein naturgetreuer Eindruck entsteht.

Wir gehen auch noch einmal über den Tannenbaum links im Bild und verbessern die Schneelage mit frischer Farbe, wobei wir auf der linken Seite leicht blau getönte Mischungen verwenden. Als letzte Ergänzung wollen wir noch den Eindruck schaffen, daß der Großteil der Hecken und Bäume am Horizont auf einer Böschung stehen. Wir erreichen das dadurch, daß wir etwas Pflanzen andeuten, die etwa an einem Graben stehen könnten. Dadurch entsteht der Eindruck, daß die Bäume und Hecken etwas erhöht stehen. Damit schaffen wir eine weitere Belebung der Landschaft.

So, damit sieht unsere Winterlandschaft doch schon ganz schön aus! (Abb. 28)."

„In der Tat. Das hätte ich nicht gedacht, daß das so leicht gehen würde. Jetzt kommt wohl noch der letzte Durchgang, die sogenannte Retusche."

„Richtig. Aber nicht alle Maler nennen das so. Es ist einfach die letzte Durchsicht mit den noch als nötig erachteten Korrekturen oder Ergänzungen."

„Warum macht man das eigentlich? Ist es nur eine Art Angewohnheit oder hat es ganz bestimmte Gründe?"

„Es gibt im wesentlichen zwei Gründe für diese letzte Durchsicht und Ergänzung des Bildes. Der erste Grund ist kompositorischer Natur. Es ist das erste Mal, daß man das Bild ganz fertig und in den richtigen Farben sieht. Das gibt Gelegenheit zu prüfen, ob die kompositorische Idee, das, was man darstellen wollte, auch wirklich erreicht wurde. Ob die Atmosphäre richtig getroffen ist und ob das Gleichgewicht der Bildelemente sich so darstellt, wie man sich das ursprünglich vorgestellt hat."

„Was versteht man eigentlich genau unter Atmosphäre?"

„Ein anderes Wort für Atmosphäre ist Stimmung. Bei unserem Bild heißt das z.B., daß einem beim Betrachten des Bildes die lebhafte Vorstellung eines hellen, kalten Wintertages kommt, vielleicht noch verbunden mit Erinnerungen an solche Tage. Wenn das der Fall ist, dann sagt man, die Stimmung ist getroffen, die Atmosphäre ist richtig.

Stellt man fest, daß irgend etwas nicht genau stimmt, daß sich die eben geschilderte Vorstellung nicht oder nur unvollkommen einstellt, dann muß man versuchen herauszufinden, woran das liegt und es entsprechend ändern. Ebenso ist es, wenn man das Gefühl hat, daß das Gleichgewicht der Bildelemente nicht ganz gelungen ist. Auch in diesem Falle ist jetzt noch Zeit, die notwendigen Änderungen anzubringen.

Der zweite Grund ist ein farblicher. Erstmals sind alle Farben endgültig und man kann beurteilen, ob die gegenseitigen Beeinflussungen der Farben, von denen wir schon mehrfach gesprochen haben, sich günstig oder störend auswirken. Der farbliche Grund ist nun bei diesem Bild nicht so wichtig, weil bei dem dominierenden Weiß starke gegenseitige Beeinflussungen nicht zu erwarten waren. Bei anderen Bildern kann das jedoch sehr wichtig sein. Schließlich gibt diese Durchsicht uns die Gelegenheit, das ganze Bild noch einmal systematisch auf Fehler oder Nachlässigkeiten durchzusehen und gegebenenfalls die nötigen Änderungen anzubringen. Wir fangen mit unserer Durchsicht wie üblich mit dem Himmel an. Mir scheint, daß die Schatten der Wolken am oberen Bildrand zu stark ausgeprägt sind. Sie passen nicht ganz zu dem allgemeinen Bildcharakter. Bei den Wetterverhältnissen, die auf dem Bild dargestellt werden sollen, werden etwas hellere Wolken besser passen. Wir machen also eine sehr helle Mischung, indem wir Titanweiß nur ein wenig mit lichtem Ocker und Kadmiumgelb abtönen, um es etwas zu erwärmen. Mit dieser Mischung gehen wir stellenweise über die vorderen Wolken. Beachten Sie, daß ich mich dabei bemühe, sehr vorsichtig vorzugehen. Ich streiche also keinesfalls diese Wolken weiß an, sondern ich bemühe mich, sie insgesamt aufzuhellen, ohne die notwendigen Helligkeitsunterschiede zu beseitigen. Die Wolken sollen locker und flockig aussehen.

Als nächstes betrachten wir den Horizont. Da gefällt mir nicht, daß die schneebedeckten Dächer des Hauses und der Scheune kontrastlos in den ebenfalls fast weißen Himmel übergehen. Das sollten wir ändern."

„Warum wollen wir das ändern? Es ist doch durchaus möglich, daß so etwas in der Wirklichkeit vorkommt."

„Das ist richtig. Aber nicht alles, was in der Wirklichkeit vorkommt, hat auch eine günstige Wirkung im Bild. Es ist leider eine Tatsache, daß die Möglichkeiten der Malerei, Kontraste, d.h. Hell-Dunkel-Unterschiede darzustellen, nur sehr beschränkt sind. Verglichen mit den bei Sonnenlicht oder bei lichtstarken Projektionen von Bildern gegebenen Möglichkeiten stehen der Malerei nur Bruchteile dieser Möglichkeiten zur Verfügung. Übrigens gibt es dazu eine Parallele bei der Fotografie. Niemals wird es möglich sein, auf einem Farbfoto auch nur annähernd die Brillanz und den Kontrastreichtum einer Diaprojektion zu erreichen. Wir Maler müssen mit dieser Tatsache leben und wir müssen daher lernen, die nicht sehr großen Kontrastmöglichkeiten so gut wie möglich auszunutzen."

„Aber wie machen wir das?"

„Die Möglichkeit dazu ergibt sich immer dann, wenn sich ein Bildteil vor dem anderen befindet und wir wenigstens einen davon farblich beeinflussen oder gar frei bestimmen können. Es soll z.B. ein Mensch dargestellt werden, der vor einem Haus steht. Wenn das Haus eine helle Farbe hat, ist es ungünstig, den Anzug oder das Kleid des Menschen davor ebenfalls hell zu machen. Er würde sich von dem hellen Haus zu wenig abheben. Oder ein anderes Beispiel: Drei Pferde auf einer Weide, die voreinander stehen, sollen gemalt werden. Machen wir aus den drei Pferden lauter Schimmel oder Rappen, so wird das ungünstig wirken und wir werden große Mühe haben, die Umrisse der Pferde an den Stellen wiederzugeben, an denen sich ihre Körper überlappen. Ganz anders hingegen und sehr günstig ist es, das mittlere Pferd in einer anderen Farbe zu malen als das vordere und das hintere. Das ist sogar dann angezeigt, wenn wir nach der Natur malen und sich die geschilderte Konstellation oder eine ähnliche zufällig ergibt. Aus diesen Beispielen läßt sich eine allgemeine Regel ableiten:

● Jedes Bildelement ist nach Möglichkeit farblich so zu gestalten, daß zu den hinter ihm befindlichen Elementen ein Kontrast entsteht.

In unserem Falle lösen wir das Problem dadurch, daß wir hinter dem Haus und der Scheune Bäume anordnen, deren Kronen hinter den Dächern hervorragen. Sie sehen, wie sich die Schneedächer sehr viel besser von diesen Bäumen hinter ihnen abheben.

Das Haus und die Scheune und die Dächer dieser Gebäude können auch noch etwas verbessert werden. So möchte ich den Kontrast des Hauses zum Schnee noch etwas verstärken und bringe deshalb am Haus einen leicht andersfarbigen Sockel an, wie man das ja vielerorts antreffen kann. Die Schneeschicht auf den Dächern wollen wir noch einmal überarbeiten und etwas dicker machen. Da überall sehr viel Schnee liegt, muß auch auf den Dächern eine dicke Schicht zu sehen sein.

Auch an den anderen Stellen wollen wir den Schnee noch einmal überarbeiten. Wir verstärken sowohl die Schatten etwas als auch die Lichter."

„Das Verstärken der Schatten und das Aufsetzen von Lichtern ist wohl die häufigste Art der Ergänzung, die in der letzten Phase der Entstehung eines Bildes durchgeführt wird?"

„Richtig. Die meisten Maler sind während des Malprozesses sehr vorsichtig mit den dunkelsten Schatten und den hellsten Lichtern. Die heben sie sich bis zuletzt auf, sozusagen die Trümpfe, die sie bis zuletzt aufbewahren. Das wird deswegen so gemacht, weil man den genauen Ton und die genauen Stellen der tiefsten Schatten und der hellsten Lichter oft erst dann bestimmen kann, wenn das ganze Bild so gut wie fertig ist.

Insbesondere das Aufsetzen der hellsten Lichter ist oft das Letzte, was ein Maler an einem Bild macht. Nun wieder zurück zu unserem Bild. Auch am Gatter werden die Lichter etwas verstärkt und die Schneeschicht noch einmal überarbeitet.
Bei dem großen Baum werden ebenfalls die Schatten noch etwas verstärkt und die Lichter etwas aufgehellt. Außerdem malen wir einige Schneereste auf die größeren waagerechten Äste. An der glatten Rinde blattloser Laubbäume hält sich im Gegensatz zu Nadelbäumen kaum viel Schnee, aber auf mehr oder weniger horizontal verlaufenden dicken Ästen gibt es oft noch einige Reste davon.
Bei einem letzten Blick auf das Bild habe ich das Gefühl, daß auf der linken Seite des Bildes noch ein kleines Element der Belebung nützlich sein könnte. Wir malen also links hinter dem Gatter noch einige dürre Pflanzen, die diesem Zweck dienen.

Nun wollen wir aufhören. Das Bild scheint mir so richtig zu sein (Abb. 29). Das gehört übrigens auch zu der Kunst des Malers: rechtzeitig aufhören zu können. Die Versuchung ist manchmal groß, hier noch was zu ändern, da noch was anzufügen. Manche Freizeitmaler neigen dazu, ihre Bilder mit zuviel Elementen zu überladen oder auch immer wieder etwas zu ändern, was eigentlich schon ganz gut war. Von einem bestimmten Punkt an wird dann das Bild nicht mehr besser, sondern schlechter. Die Maler sagen dazu ‚ein Bild totmalen'. Das wollen wir nicht tun.

Wir wenden uns vielmehr dem nächsten Bild zu."

Abb. 24 Die Vorzeichnung für das Bild Nr. 3.

Abb. 25 Der etwas mißglückte Versuch des Anfängers, Himmel und Wolken zu malen.

Abb. 26 Die Version des Könners.

Abb. 27 Der Versuch des Anfängers, den Rest der Schneelandschaft zu malen.

Abb. 28 Die vom Fachmann korrigierte Version.

Abb. 29 Das fertige Bild Nr. 3.

Das vierte Bild

Größe des Originals:	40 cm × 60 cm
Malgrund des Originals:	Leinenmalpappe
Farben der Untermalung:	Aquarellfarben
Farben der Übermalung:	Harzölfarben
Verwendete Pinsel:	Haarflachpinsel Nr. 2, 4, 6 und 10 Borstenflachpinsel Nr. 6 Haarrundpinsel Nr. 1
Verwendetes Malmittel:	Malmittel Nr. 2

Palette: Titanweiß
Lichter Ocker
Kadmiumgelb hell
Siena gebrannt
Vandyckbraun
Krapplack dunkel
Kadmiumrot hell
Chromoxidgrün feurig
Phtaloblau
Preußischblau
Ultramarin dunkel

„Bei dem vierten Bild wollen wir in mehrfacher Hinsicht Neuland betreten. Zunächst wollen wir erstmalig ein Bild in Hochformat malen. Sie erinnern sich, daß wir dieses Format als in den Fällen für geeignet bezeichnet haben, bei denen ein einzelnes hohes Gebäude dargestellt werden soll. In unserem Falle ist es eine kleine Kirche. Die zweite Neuheit ist, daß wir die Ebene verlassen haben und ins Gebirge gezogen sind. Wie es bei Bildern im Gebirge die Regel ist, können wir auf diesem Bild den Horizont nicht sehen und der Himmel nimmt einen kleineren Teil des Bildes als in der Ebene ein. Die Kirche ist der klare Mittelpunkt des Bildes. Trotzdem steht sie den Regeln der Komposition folgend nicht in der Mitte des Bildes, sondern deutlich rechts davon. Als Gegengewicht auf der linken Seite können der Busch, der Kirchturm und das kleine Dorf in der Ferne sowie das auffallende Bergmasiv oberhalb dieses Kirchturmes angesehen werden. Das Bild wurde zuerst in natürlicher Größe auf Transparentpapier gezeichnet und dann nach der Nadelstichmethode mit Zeichenkohlestaub auf den Malgrund übertragen. Anschließend wurden die Linien mit HB-Bleistift nachgezogen (Abb. 30).“

„Es ist deutlich zu sehen, daß die meisten Linien der Kirche mit dem Lineal gezogen wurden. Manche Maler lehnen die Benutzung des Lineals ab. Was sagen Sie dazu? Welche Hilfsmittel soll man überhaupt benutzen und welche nicht?“

„Es ist richtig, daß einige Maler die Benutzung eines Lineals ablehnen. Diese Maler lehnen oft die Benutzung jeglicher Hilfsmittel ab. Andere sind darin wieder sehr freizügig. Ich kann Ihnen also dazu nur meine Meinung sagen und sie begründen. Ich habe den Eindruck, daß die Puristen unter den Malern, die die Benutzung jeglicher Hilfsmittel ablehnen, dies auf Grund rigoroser, fast ideologischer Prinzipien tun.

Ich habe solche rigorosen Prinzipien auf diesem Gebiet nicht und beantworte die Frage auf der Basis einer mehr praktischen Überlegung. Ich bin der Meinung, daß man alle Hilfsmittel benutzen sollte, ohne die eine bestimmte Aufgabe auf keinen Fall so gut bewältigt werden könnte wie mit diesem Hilfsmittel. Damit meine ich, daß dies auch bei großen Anstrengungen und nach langem Lernen nicht möglich ist. Hilfsmittel, die nur dem Bestreben dienen, bestimmte Dinge nicht lernen zu müssen, sollte man dagegen nicht benutzen. Das klingt recht abstrakt und muß daher erläutert werden. Niemand ist in der Lage, freihändig gerade Linien über 20 oder 30 cm zu ziehen, auch nach jahrelanger Übung nicht. Darum ist die Benutzung eines Lineals zweckmäßig und unbedenklich, wenn eine gerade Linie notwendig ist. Im übrigen kann man auch an Bildern großer Meister sehen, daß sie mit Sicherheit Lineale benutzt haben, z.B. an den Venedig-Bildern *Canalettos*.

Andererseits kann man durch fleißiges Üben lernen, Proportionen und Winkel mit dem Auge zu erfassen und zeichnerisch darzustellen, und man muß es unbedingt lernen, weil man sonst mit vielen Situationen, insbesondere beim Malen oder Skizzieren vor der Natur nicht fertig wird.

Es ist daher nicht zu empfehlen, Bildwerfer oder

Diaprojektoren dazu zu benutzen, um etwa Fotografien auf den Malgrund durch Nachziehen der Linien zu übertragen. Allenfalls kann man solche Geräte dazu benutzen, freihändig Gezeichnetes zu überprüfen, damit man sehen kann, welche Fehler man gemacht hat.

Die Anwendung der Methode der Rechtecke steht dem jedoch nicht entgegen. Innerhalb der Rechtecke bleibt noch genug Spielraum für die Übung des Augenmaßes, insbesondere wenn man die Rechtecke nicht zu zahlreich macht.

Doch nun zurück zu unserem Motiv. Die Untermalung wollen wir diesmal mit Aquarellfarben machen, um auch diese Methode kennenzulernen. Man muß dabei beachten, daß für diese Methode der Malgrund nicht zu fett sein darf, weil er sonst die Aquarellfarbe nicht annimmt. Sogenannte Ölgründe sind deswegen dafür nicht geeignet; die wässerige Aquarellfarbe würde davon abperlen. Man sollte sie aber auch aus anderen Gründen nicht verwenden. Ein guter Halbkreidegrund ist dagegen sehr gut geeignet, aber auch sogenannte Universalgründe, die meist bei den preiswerten Malpappen anzutreffen sind, eignen sich gut. Sollten bei diesen Gründen trotzdem einmal Schwierigkeiten in dieser Hinsicht entstehen, kann man den Malgrund vorher mit flüssiger Ochsengalle abreiben. Ochsengalle ist in Geschäften für Malereibedarf erhältlich. Bleiben trotzdem einzelne kleine Stellen von Farbe unbedeckt, wie das auch bei unserer Untermalung der Fall ist, so ist das weiter nicht schlimm. Das wird bei der Übermalung verschwinden.

Bei der Untermalung mit Aquarellfarben werden ungefähr die Farben angelegt, die — natürlich viel stärker und klarer — bei dem fertigen Bild erscheinen werden. Die Untermalung gibt uns also einen ersten Eindruck vom Motiv und erlaubt uns, eventuelle Änderungen, Verstärkungen oder Abschwächungen vorzunehmen. Aquarellfarbe trocknet sehr schnell. Wir können also alsbald weitermachen, ohne von weißen Stellen der Leinwand gestört zu werden (Abb. 31)."

„Müssen es unbedingt teure Aquarellfarben sein? Kann man nicht auch die etwas preiswerteren sogenannten Deckfarben benutzen?"

„Selbstverständlich kann man das! Wir werden das bei unserem nächsten Bild einmal vorführen. Teure Aquarellfarben sind dazu gedacht, Aquarelle zu malen und haben daher meist kostbare und besonders schöne Pigmente. Das ist für unsere Zwecke jedoch nicht notwendig, weil wir ja ohnehin deckend übermalen und am Ende von der Untermalung nichts mehr zu sehen ist.

Nun wollen wir also an die Übermalung gehen. Nach dem bewährten Verfahren malen Sie zunächst Ihre Version, die wir dann wieder gemeinsam ansehen und korrigieren werden. Wir teilen das Bild wieder in Himmel und Hintergrund, die wir in der ersten Phase malen wollen. Der Rest ist dann die zweite Phase. Zum Hintergrund zählen wir dabei den auffallenden hohen Berg auf der linken Seite des Bildes in der Ferne.

Den Himmel wollen wir diesmal mit Preußischblau malen. Wie bereits erwähnt, ist diese Farbe trotz der Einwände der maltechnischen Forscher bei der heutigen Malergeneration sehr beliebt. Sein Ersatz durch Phtaloblau wird noch einige Zeit in Anspruch nehmen. Sie werden aber sehen, daß diese beiden Pigmente wirklich sehr ähnlich sind und daß man daher mit gutem Gewissen auf die Eisenzyanpigmente verzichten kann, zu denen neben dem von uns jetzt verwendeten Preußischblau auch Pariserblau und Berlinerblau gehören. Zur Belebung des Himmels haben wir wieder einige Haufenwolken vorgesehen. Denken Sie beim Malen daran, daß Preußischblau etwas farbkräftiger ist als Phtaloblau. Sie brauchen also für die Mischung des Himmels noch weniger Blau."

„So, das ist also meine Version (Abb. 32)."

„Der Himmel ist gut. Man sieht, daß Sie schon viel gelernt haben. Der Himmel ist nicht zu blau, Sie waren also beim Mischen vorsichtig genug. Sie haben auch berücksichtigt, daß im Gebirge der Himmel in der Regel etwas blauer ist, weil dort meist weniger Dunst in der Luft ist als in der Ebene. Sie haben auch gut mit Weiß aufgelockert, was einen schönen Effekt hochnebelartiger, schleierförmiger Bewölkung ergibt. Auch Ihre Wolken sind gut. Vielleicht sind die im Ton richtig getroffenen Schatten noch nicht optimal verteilt, aber das sind nur Kleinigkeiten.

Der ferne Berg im Hintergrund ist dagegen im Farbton nicht ganz gelungen. Er ist zu violett! Sie haben trotz meiner Warnungen nicht bedacht, daß Krapplack ebenfalls sehr farbstark ist.

Wir wollen jetzt zusammen meine Version malen. Ich sage mit Absicht nicht ‚korrigieren', sondern ‚meine Version malen', weil der Himmel und die Wolken auch so bleiben könnten, wie Sie sie gemalt haben."

„Warum wollen Sie sie dann trotzdem neu malen?“

„Zunächst, weil doch noch einige kleinere Unvollkommenheiten da sind. Ich will zeigen, daß man es noch besser machen kann. Zweitens will ich damit zeigen, daß zwei Maler das gleiche Motiv in der Regel mehr oder weniger unterschiedlich malen. Dabei können die verschiedenen Versionen durchaus gleich ansprechend ausfallen. Ein Beweis dafür, daß jeder Maler seine eigene, unverwechselbare Handschrift hat und eine gute Demonstration der Tatsache, daß der Maler kein Fotoapparat ist.
An dem Blau des Himmels werde ich also nicht viel ändern. Den oberen Rand des Bildes mache ich lediglich noch etwas blauer. Die Wolken mache ich etwas lockerer, insbesondere den Übergang zu dem Blau des Himmels am unteren Rand der Wolken gestalte ich etwas weicher. Für die Wolken benutze ich neben Weiß nur geringe Mengen lichten Ockers und etwas Krapplack, doch auch etwas Phtaloblau. Aber ich möchte noch einmal betonen, daß wir hier lediglich zwei Versionen eines Himmels vor uns haben.

Den Berg im Hintergrund male ich neu mit Ultramarin und weniger Krapplack, als Sie genommen haben. Außerdem mache ich die hellen, von der Sonne beschienenen Stellen wesentlich heller als sie in Ihrer Version erscheinen, dadurch sieht der Berg gleich viel natürlicher aus (Abb. 33).

So, nun können Sie Ihre Version des Vordergrundes malen.“

„Ich bin fertig. Das ist also mein Vordergrund (Abb. 34).“

„Das wollen wir uns nun gemeinsam ansehen. Erster allgemeiner Eindruck: das Bild ist zu flau, zu kontrastarm. Es verbreitet eine etwas trostlose Stimmung, die zu dem Himmel nicht so recht passen will. Am besten ist noch der entferntere Mittelgrund, den Sie den Gesetzen der Luftperspektive entsprechend mit bläulichen Grüntönen gemalt haben. Das Dorf und die Vegetation des näheren Mittelgrundes müssen nach meiner Meinung kontrastreicher und deutlicher gemalt werden. Selbst der nächste Vordergrund um die Kirche ist noch sehr flau geraten.

Ein weiterer Fehler ist, daß Sie vielfach den Mittelgrund nicht bis an die Bildbestandteile des Vordergrundes heran gemalt haben, sondern ein bißchen darum herum, so daß dazwischen hellere Streifen entstehen. So z.B. ganz deutlich an der linken Kante des Kirchendaches, aber auch an dem Busch links zu sehen.“

„Wenn ich mit dem Pinsel noch näher herangegangen wäre beim Kirchendach, dann hätte ich doch riskiert, z.B. über den Dachrand der schon gemalten Kirche zu rutschen und sie zu verderben.“

„Wenn Sie das vorsichtig machen, kann nicht allzu viel passieren. Und wenn es schon mal vorkommt, ist es aber auch nicht sehr schlimm, wenn Sie nicht pastos arbeiten. Sie können die überhängenden Stellen dann ohne weiteres übermalen, notfalls nach einer Trockenpause. Aber Ihr Einwurf zeigt mir, daß Sie eine wohlüberlegte Regel nicht beachtet haben, an die sich die meisten Landschaftsmaler halten. Die Regel lautet:

● In der Landschaftsmalerei wird zuerst der Hintergrund, dann der Mittelgrund und zuletzt der Vordergrund gemalt.

Sie haben offenbar die Kirche recht früh gemalt und erst dann die Partien des Mittelgrundes, die die Kirche umgeben. Das war ein Fehler. Es ist nur natürlich, daß Sie beim Malen dieser Partien ängstlich wurden, wenn sich Ihr Pinsel der schon fertigen Kirche genähert hat. Dadurch entstehen dann diese unschönen hellen ‚Grenzstreifen‘. Um das zu vermeiden, malt man in unserem Fall die Kirche zuletzt und wenn der Pinsel schon einmal in die noch nicht übermalte Kirche rutscht, so ist das weiter nicht tragisch. Das können wir leicht korrigieren, wenn wir die Kirche später übermalen.

Die Kirche selbst und die sie umgebende Mauer sehen zu sehr nach Beton und Zement aus. Das ist zwar nicht technisch falsch, denn es könnte in der Wirklichkeit durchaus so aussehen. Aber es sieht doch viel malerischer aus, wenn man das Bild etwas durch Fugen oder Steine oder auch Risse belebt. Das werden wir auch ändern. Aber um es noch einmal zu betonen: der Haupteinwand ist die kontrastschwache Flauheit des Mittel- und Vordergrundes.“

„Ich habe das auch gesehen. Aber von einem bestimmten Punkt an war nichts mehr zu machen. Wenn ich etwas heller machen wollte, konnte ich noch soviel neue Farbe hinzutun, es wurde nur noch flauer. Noch schwieriger war es, wenn ich etwas dunkler machen wollte.“

„Darüber haben wir schon gesprochen. Sie können naß in naß nur begrenzt übermalen. Damit Sie übermalen können, müssen Sie stets mager malen, bis Sie genau wissen, daß die letzte Schicht gekommen ist. Dann können Sie fetter werden.

Darüber hinaus müssen Sie mit ganz wenig Malmittel malen. Wenn Sie, wie es bei Ihnen öfter geschehen ist, aus der Farbe durch zuviel Malmittel eine Art Soße machen, dann geht bald gar nichts mehr."

„Ich habe es so gemacht wie Sie. Bevor ich den Pinsel in die Farbe tauche, tauche ich ihn erst in Malmittel, das ich allerdings erst abstreife, bevor ich in die Farbe gehe. Ist das zuviel?"

„Das ist für diese Malweise entschieden zuviel! Sie haben auch nicht richtig beobachtet! Ich tauche meinen Pinsel in der Regel nur dann ins Malmittel, wenn ich einen neuen Pinsel nehme oder neue Farbe. Sonst zwischendurch höchst selten, wenn mal die Farbe wirklich zu dick ist. Dann streife ich den Pinsel nach dem Eintauchen ins Malmittel nicht nur an dem Gefäß ab, sondern anschließend noch mit einem Lappen, so daß eigentlich nur die geringe Menge übrig bleibt, die zwischen den Pinselhaaren haften bleibt. Das ist im allgemeinen ausreichend, um die Farbe so geschmeidig zu machen wie ich sie brauche, um trotzdem mager und trocken zu malen.

Schließlich kann man auch die Übermalung in zwei Schritten durchführen. Dabei befolge ich eine Regel, an die sich viele Maler halten und die lautet:

- Man malt aus dem Dunkeln ins Helle.

Das heißt nichts anderes, als daß man zunächst die Schatten malt, dann die Halbtöne und schließlich die Lichter. Dabei ist man bei der Anlage der Schatten und Halbtöne großzügig und malt sie etwas größer, als sie schließlich auf dem Bild erscheinen; beziehungsweise wenn Schatten und Lichter eng beieinander stehen, malt man zunächst fast alles recht dunkel und wird dann gezielt heller. Wenn und solange einem das noch nicht naß in naß gelingt, läßt man die erste — magere — Schicht etwas trocknen, zwei bis drei Tage genügen meist, und malt dann die helleren Töne darüber. Auf diese Weise kann man schöne Kontraste erzielen, auch wenn man das Malen in ganz dünnen Schichten noch nicht so richtig beherrscht. Wenn man die erste Schicht ganz trocknen läßt, kann man vor der Übermalung die betreffenden Stellen erst ganz dünn mit Malmittel bestreichen. Die Farbe verschmilzt dann besser mit dem bereits Gemalten und es gibt keine unnatürlichen scharfen Kanten. Unbedingt notwendig ist es indessen nicht. Wenn man geschickt mit dem Pinsel umgehen kann, kommt man auch ohne diesen Kniff zurecht."

„Wie kam man zu dem Grundsatz, aus dem Dunkeln ins Helle zu malen?"

„Dieser Grundsatz hat sich in Jahrhunderten herausgebildet, und ihm liegen mehrere Ursachen zugrunde. Zunächst sind viele Maler der Ansicht, daß man nicht dunkel auf hell insbesondere auf Weiß malen soll, weil sie befürchten, daß das Helle mit der Zeit irgendwie durch die dunkle obere Schicht ‚durchscheinen' könnte. Dafür gibt es allerdings kaum Beweise und die modernen Maler haben solche Befürchtungen wohl nicht. Wichtiger ist schon, daß man mit der Festlegung der Schattenwerte einen Vergleichsmaßstab schafft, an dem man die Zwischentöne und schließlich die Lichter abschätzen kann.

Ein weiterer Grund besteht darin, daß man bei der Naß-in-Naß-Malerei leichter eine dunkle Stelle auf der Leinwand aufhellen als umgekehrt eine helle Stelle abdunkeln kann."

„Warum ist das so?"

„Das hängt mit der Menge der einzelnen Farben zusammen, die man für eine Mischung benötigt. Eine Mischung läßt sich immer leicht in die Richtung der Farbe verändern, die nur mit einem geringen Anteil an ihr beteiligt ist und umgekehrt. Demnach gilt die Regel in der Form auch nicht allgemein, sondern nur für relativ dunkle Stellen des Bildes, bei Landschaften also im wesentlichen für alles außer dem Himmel und den Wolken. Bei diesen sehr hellen Stellen des Bildes ist es umgekehrt: sie sind leichter abzudunkeln als aufzuhellen. Diese Erfahrung haben Sie ja auch schon gemacht, als Sie versucht haben, die Wolkenränder aufzuhellen, die Sie vergraut hatten.

Die Erscheinung hängt mit dem Grund zusammen, aus dem die Regel aufgestellt wurde, eine Mischung stets mit der Farbe zu beginnen, die mit dem größten Anteil an der Mischung beteiligt ist, weil diese durch relativ kleine Mengen der mit einem geringen Anteil beteiligten Farbe relativ stark verändert werden kann.

Man kann also die Regel allgemein so formulieren:

- Bei der Naß-in-Naß-Malerei läßt sich eine dunkle Stelle leicht aufhellen, aber schwer abdunkeln, und eine helle Stelle läßt sich leicht abdunkeln, aber schwer aufhellen.

Für die Landschaftsmalerei bedeutet das, daß man bei Himmel und Wolken und bei Schneebildern günstig aus dem Hellen ins Dunkle, in allen anderen Fällen besser aus dem Dunkeln ins Helle malt."

„Wird die Regel, aus dem Dunkeln ins Helle zu malen, von allen Malern befolgt?"

„Nein. Es gibt auch Maler, die lieber bei den mittleren Tönen anfangen und von da aus schrittweise zu den Schatten und den Lichtern hinarbeiten. Das hat aber nur für die Reihenfolge Gültigkeit. Die oben wiedergegebene Regel gilt aber allgemein.

Wir wollen nun in bewährter Manier die Fehler korrigieren und die Korrektur besprechen. Als ersten Schritt mache ich also das, was ich eben erklärt habe: ich male großzügig die Dunkelheiten der Vegetation. Ich beginne selbstverständlich beim Hintergrund und arbeite mich über den Mittelgrund zu dem Vordergrund vor. Ich benutze für die Vegetation die von mir bevorzugte Farbkombination. Da wir jedoch mit der Ferne beginnen, muß ich zunächst mit einer etwas kalten, blauen Mischung aus Ultramarin, Krapplack und Weiß anfangen. Mit dieser Mischung in unterschiedlicher Zusammensetzung male ich den Rand der fernsten Hänge. Je mehr ich mich dabei dem Vordergrund nähere, umso mehr gehe ich zu den Grüntönen über, die ich aus Chromoxidgrün feurig, Siena gebrannt, Vandyckbraun, lichtem Ocker und Kadmiumgelb hell in verschiedener Zusammensetzung mische. Außerhalb des hinteren Teils des Mittelgrundes ist also kein Blau mehr an den Mischungen beteiligt.

In der Nähe des Dorfes sind sonnenbeschienene Wiesen, die daher sehr hell ausfallen müssen. Die Mischung dafür besteht demnach im wesentlichen aus Kadmiumgelb hell.

Das Dorf selbst machen wir etwas größer, als Sie es gemalt haben."

„In der Vorzeichnung war das aber nicht angelegt. Genaugenommen ist da nur der Kirchturm zu sehen."

„Das ist richtig. Aber bei der Art und Weise, wie wir die Vorzeichnung machen, hat das keine große Bedeutung. Wir zeichnen im wesentlichen nur den Vordergrund ziemlich genau, und Sie werden sehen, daß die Kirche im Vordergrund am Ende genauso gemalt sein wird, wie es in der Vorzeichnung vorgesehen ist. Anders ist das mit dem Mittel- und erst recht mit dem Hintergrund. Dort deuten wir die Dinge in der Vorzeichnung nur an, was uns viel Freiheit bei der Ausführung läßt."

„Warum macht man das? Machen das alle Maler so?"

„Es gibt auch Maler, die in der Vorzeichnung sehr viel genauer sind und sich dann, auch im wesentlichen daran halten. Das bedeutet natürlich, daß sie der Vorzeichnung sehr viel mehr Zeit und Sorgfalt widmen als wir. Allerdings sind das wohl nur sehr wenige.

Beide Methoden haben ihre Vor- und Nachteile. Der Vorteil unseres Verfahrens, das von den meisten Malern verwendet wird, besteht in der großen Freiheit in der Malphase. Man kann vieles hinzufügen oder auch ändern, wenn man im Laufe des Malprozesses die Notwendigkeit dazu empfindet. Man muß dazu allerdings die Gesetze der Perspektive beherrschen und auch sonst über viel Erfahrung verfügen, weil man diese Änderungen ja spontan und freihändig durchführt. Diese Methode eignet sich also besonders für freie Landschaftsmalerei, wo der eigene kompositorische Beitrag relativ hoch ist. Im übrigen machen viele Berufsmaler Vorzeichnungen, meist mit verdünnter Ölfarbe, die noch weniger genau sind als unsere.

Will man jedoch eine bestimmte Landschaft malen, so ist man mit einer sehr genauen Vorzeichnung besser dran. Ebenso, wenn man die Regeln der Perspektive noch nicht so gut beherrscht oder sich ganz allgemein für die Komposition Zeit lassen will und die spontanen Änderungen während des Malprozesses nicht so sehr schätzt. Eine Methode, die also mehr für den Anfänger geeignet ist.

Unsere Art ist also so ziemlich in der Mitte zwischen einer sehr genauen Vorzeichnung und den nur sehr sparsamen Andeutungen mit Pinsel und verdünnter Farbe, die offenbar von sehr vielen Berufsmalern vorgezogen werden.

Doch zurück zu unserem Dorf. Wir malen also eine größere Anzahl Häuser, für die wir Mischungen aus lichtem Ocker, gebrannter Siena und Vandyckbraun verwenden. Die Dächer sind mit Kadmiumrot und etwas lichtem Ocker und Weiß gemalt. Die Erde an dem Weg links ist Siena gebrannt und lichter Ocker. Natürlich malen wir auch Bäume und Büsche um das Dorf herum. Einige Straßen und Wege müssen noch gemalt werden, wozu lichter Ocker und Weiß verwendet werden.

Jetzt kommen wir zu dem Vordergrund, zu dem Hauptgegenstand des Bildes: der kleinen Kirche. Zunächst zu dem Dach. Das Dach ist achteckig, was in der Vorzeichnung deutlich zu sehen war. Da die Kirche im Vordergrund steht, muß das deutlich sichtbar werden. Das Licht kommt von rechts, daher ist der am weitesten rechts gelegene Teil des Turmes am hellsten und der am weitesten links gelegene am dunkelsten. Ich male das Dach des Turmes mit vier Mischungen aus Vandyckbraun, Siena gebrannt, Kadmiumrot und lichtem Ocker. Zu der Mischung für den äußersten rechten Teil wird für den oberen Teil etwas Grün hinzugefügt. Das Gebäude selbst wird mit verschiedenen Mischungen aus lichtem Ocker, Siena gebrannt, Vandyckbraun und Weiß gemalt, wobei die dunkelste Mischung fast nur aus Vandyckbraun und die hellste, z.B. für die Mauern des Turmes, fast nur aus lichtem Ocker und Weiß bestehen. Wir vergessen nicht, daß das Licht von rechts kommt, und ich male auf dem Dach den dunklen Schatten des Turmes und die vorderen Seiten der Umfassungsmauer mit der dunkelsten Mischung. Die Öffnungen der Fenster sind ebenfalls mit einer dunklen Mischung aus Vandyckbraun, gebrannter Siena und lichtem Ocker sowie etwas Grün gemalt. Anschließend werden zur Belebung Risse und Sprünge in der Mauer der Kirche und Fugen in der Umfassungsmauer angebracht. Das Dach der Kirche wird mit einer Mischung von Kadmiumrot und etwas Siena gebrannt gemalt. Einige Grabkreuze neben der Kirche zeigen, daß sich der Kirche ein Friedhof anschließt. Diese eisernen Grabkreuze wie auch die Kreuze auf der Kirche werden mit Vandyckbraun und etwas Ultramarin mit einem Haarrundpinsel Nr. 1 gemalt.

Als nächstes kommt der Busch auf der linken Seite des Vordergrundes an die Reihe. Ich male ihn mit der von mir bevorzugten Grünmischung. Dabei male ich zunächst eine dünne dunkle Schicht, auf die ich die hellere Blätterstruktur anbringe. Ich verwende dazu einen Borstenpinsel und die bei dem Malen der Birken des zweiten Bildes beschriebene Technik. Ähnlich gehe ich bei dem Rasen vor der Kirche vor. Er muß sehr viel heller werden als bei der ersten Version. Aber auch hier beginne ich mit einer dunklen Schicht. Darauf setze ich dann die hellere Struktur des Grases.

Schließlich kommen wir zu den Baumstämmen ganz im Vordergrund. Ich male sie mit verschiedenen Mischungen aus Vandyckbraun, Siena gebrannt und lichtem Ocker. Wenn die Farbe trokken ist, wird eine dünne grüne Lasur darüber gelegt, um den Eindruck wiederzugeben, den Rundholz bietet, das schon längere Zeit im Freien liegt."

„Das ist das erste Mal, daß wir eine Lasur erwähnen. Wie wird das technisch gemacht?"

„Das wichtigste bei der Lasurenmalerei ist das Folgende: die untere Schicht muß trocken sein, denn die Lasur darf sich nicht mit der unteren Schicht vermischen. Die Farbenmischung geschieht vielmehr auf optischem Wege. Die Lichtstrahlen gehen durch die Lasur durch, werden von der Unterschicht reflektiert und passieren die Lasur wiederum. Beim Passieren der Lasur werden ganz bestimmte Anteile des Spektrums absorbiert. Dadurch entsteht die optische Farbenmischung und die besondere Farbwirkung, die nur durch Lasuren zu erreichen ist. Technisch gesehen ist eine Lasur nichts anderes als eine ganz dünne, durchsichtige Farbschicht. Häufig wird zu diesem Zweck die Farbe mit Malmittel verdünnt, um eine möglichst dünne Schicht zu erzeugen. Das ist aber nicht unbedingt notwendig. Wenn man eine stark lasierende Farbe verwendet und sie mit den Fingern oder dem Handballen dünn aufreibt — was die alten Meister ausgiebig praktiziert haben —, kommt man oft ganz ohne Malmittel aus. Wenn man mit dem Pinsel aufträgt — und es ist dann immer ein Haarpinsel —, kommt man allerdings meist nicht ohne Malmittel aus."

„Welche Farben sind denn stark lasierend und kann man auch mit den anderen Farben lasieren?"

„Wie bereits bei der Besprechung der Farben im allgemeinen Teil erwähnt, wird die Farbe oft mit einem Zeichen auf der Tube versehen, aus dem die Lasureigenschaft hervorgeht. Aus unserer Palette sind z.B. Krapplack und Ultramarin stark lasierend. Chromoxidgrün feurig ist schwach lasierend. Man kann aber grundsätzlich mit allen Farben lasieren, also auch mit denen, die als deckend bezeichnet werden. Man muß dann nur die Schicht ganz dünn machen, was meist nur durch Verdünnen mit Malmitteln geht."

„Welche Wirkung hat die Lasur noch? Wird sie in der Landschaftsmalerei oft verwendet?"

„Lasuren werden auch gelegt, um Bildstellen, die insgesamt zu hell geraten sind, etwas dunkler zu gestalten. Sie bewirken auch eine Abschwächung scharfer Kanten und gestalten somit die so behandelten Stellen insgesamt weicher, aber sie unterstützen auch die Tiefenwirkung. In der Schichtenmalerei werden Lasuren in begrenztem Maße verwendet. Bei der Primamalerei im engeren Sinne gibt es naturgemäß keine Lasuren.

Doch nun zurück zu unserem Bild. Bevor wir an den letzten Durchgang gehen, sehen wir uns das Bild noch einmal aufmerksam an (Abb. 35).

Als erstes fällt mir auf, daß die Luftperspektive nicht ganz stimmt. Einerseits ist auf der rechten Seite die blaue Farbe der Ferne zu nahe am Vordergrund, während auf der linken Seite zu wenig Blau erscheint."

„Ist das nicht dadurch gerechtfertigt, daß links die Sonnen- und rechts die Schattenseite ist?"

„Nur bis zu einem gewissen Grade. Bei unserem Bild ist das aber zu stark. Wir müssen also den Mittelgrund links etwas kälter machen und die rechte Seite etwas wärmer gestalten und nur am oberen, entferntesten Rand blau und kalt lassen. Auf der linken Seite erreichen wir das durch eine dünne Lasur mit Ultramarin. Wir haben ja gerade über Lasuren gesprochen und erwähnt, daß Ultramarin eine stark lasierende Farbe ist. Wir machen das aber sehr behutsam und legen eine ganz dünne Lasur bis herunter zu dem Dorf, das wir damit auch etwas abkühlen und somit etwas weiter in die Ferne rücken."

„Wie soll man das verstehen ‚abkühlen' und ‚in die Ferne rücken'?"

„Das hängt mit der Wirkung kalter und warmer Farben im Bild zusammen. In kalten Farben gemalte Teile eines Bildes scheinen entfernter zu sein, als wenn man sie in warmen Farben oder in neutralem Grau malen würde. Der Maler sagt dazu, sie treten zurück. Warme Farben dagegen treten oder wirken vor.

Doch nun wieder zurück zu dem Vordergrund unseres Bildes. Die rechte Seite übergehe ich noch einmal mit der bekannten warmen Vegetationsmischung und rücke damit den unteren Teil näher an die Kirche heran.

Schließlich kommt mir noch der Abhang links zwischen dem Dorf und der Kirche etwas unnatürlich vor. Ich male also dort die Vegetation neu und erreiche damit einen etwas natürlicheren Eindruck.

Nun bleibt nur noch, hier und da, z.B. an dem Busch im Vordergrund, ein paar zusätzliche Lichter aufzusetzen und das Bild ist fertig (Abb. 36)."

„Noch eine letzte Frage: Ich sehe schon die ganze Zeit, daß der Turm unserer Kirche im Vordergrund schief ist. Er ist nach links geneigt. Ist das nicht ein Fehler?"

„Nein. Denn die Kirche existiert in Südtirol wirklich und sie hat wirklich einen etwas schiefen Turm.

So, und damit wenden wir uns einem neuen Bild zu."

Abb. 31 Die Untermalung wurde mit Aquarellfarben ausgeführt.

Abb. 30 Die Vorzeichnung für Bild 4.

Abb. 32 Die Version des Anfängers von Himmel, Wolken und Ferne ist gar nicht so schlecht.

Abb. 33 Das hat der Meister daraus gemacht.

Abb. 34 Der Versuch des Anfängers, Mittel- und Vordergrund zu malen, ist nicht gut gelungen.

Abb. 35 So hat es der erfahrene Praktiker korrigiert.

Abb. 36 Da vierte Bild ist fertig.

Das fünfte Bild

Größe des Originals:	40 cm × 60 cm
Malgrund des Originals:	Leinenmalpappe
Farben der Untermalung:	Deckfarben (Wasserfarben)
Verwendete Pinsel:	Haarflachpinsel Nr. 2, 4, 6 und 10 Haarrundpinsel Nr. 0
Verwendetes Malmittel:	Malmittel Nr. 2

Palette: Titanweiß
Lichter Ocker
Kadmiumgelb hell
Siena gebrannt
Vandyckbraun
Krapplack dunkel
Chromoxidgrün feurig
Phtaloblau
Ultramarin

„Das fünfte Bild wird eine Alm im Hochgebirge. Der Entwurf wurde auch für dieses Bild in Originalgröße auf Transparentpapier gezeichnet und nach dem Nadelstichverfahren auf den Malgrund übertragen. Wieder zeichnen wir nur die notwendigen Details und deuten die anderen Bestandteile des Bildes mehr an, als daß wir sie ausführlich zeichnen. Wiederum nimmt wie bei den meisten Gebirgsbildern der Himmel nur einen kleinen Teil des Bildes ein. Im Hintergrund haben wir ein hohes Bergmassiv. Daran anschließend einen bewaldeten Hügel und schließlich das Tal, in dessen rechtem Teil die Gebäude der Alm liegen. Im Vordergrund ist eine Reihe kleinerer Tannen oder Fichten zu sehen, durch die sich ein Bach schlängelt. Der große Baum ganz rechts ist eine Lärche. Er ist nur mit wenigen Strichen angedeutet, weil er bei der Untermalung sowieso fast verschwindet. Denn nach den Regeln wird zuerst der bewaldete Hügel gemalt und dann auf den Wald der Baum. Auch hier müssen selbstverständlich die Gesetze der Perspektive beachtet werden, auch wenn der Horizont als wichtigste Bezugslinie nicht zu sehen ist (Abb. 37).

Die Untermalung wollen wir diesmal, wie bereits angekündigt, mit sogenannten Deckfarben ausführen. Deckfarben sind eine preiswerte Alternative zu den in den guten Qualitäten doch relativ teuren Aquarellkünstlerfarben. Man kann sie auch für die Anfertigung von Farbskizzen oder Entwürfen verwenden, die man nicht aufheben will. Als Untermalung sind sie dann geeignet, wenn man mit Sicherheit weiß, daß man das ganze Bild deckend übermalen wird, so daß die Untermalung in keinem Falle an der Farbwirkung beteiligt sein wird. Wir haben ja schon darüber gesprochen, daß es durchaus möglich ist, an einzelnen Stellen nur mit lasurartigen, dünnen Schichten zu arbeiten. In solchen Fällen sollte man unbedingt Künstleraquarellfarben benutzen, weil die Pigmente dieser Farben sehr viel schöner und vor allen Dingen lichtechter und haltbarer sind als diejenigen von Deckfarben. Wir planen das jedoch für dieses Bild nicht, so daß wir ohne weiteres Deckfarben benutzen können.

Wie bei dem vierten Bild, das wir mit Aquarellfarben untermalt haben, legen wir das Bild schon in ungefähr den Farben an, die es letzten Endes haben wird. So haben wir schon einen Eindruck, wie das Bild aussehen wird (Abb. 38).

Nach bewährter Manier sollten Sie jetzt Himmel und Wolken sowie den Hintergrund malen. Zum Hintergrund zählen wir in diesem Bild das große Bergmassiv, das Sie mit Ultramarin, etwas Krapplack und ein bißchen lichtem Ocker malen sollten. Für den Himmel nehmen wir diesmal Phtaloblau und Ultramarin mit ganz wenig lichtem Ocker."

„Schon wieder eine neue Farbe für den Himmel. Reicht es nicht, wenn man mal eine schöne Himmelsfarbe gefunden hat, z.B. Phtaloblau, daß man dann immer dabei bleibt?"

„Das kann man zwar so machen. Dann läuft man aber Gefahr, immer wieder und bei allen Bildern, die man malt, den gleichen Himmel zu malen. Man sollte jedoch stets versuchen, das zu vermeiden. Wenn Sie einmal den Himmel zu verschiedenen Tageszeiten und bei verschiedenem Wetter beobachten, werden Sie erstaunt sein, wie unterschiedlich er aussehen kann. Ein gut Teil dessen, wenn nicht überhaupt alles, was man Stimmung nennt, geht vom Himmel und den Wolken aus. Wer nicht lernt, verschiedene Himmel zu malen, kann auch nicht lernen, verschiedene Stimmungen darzustellen. Ich rate Ihnen jedenfalls für Ihre zukünftige Tätigkeit als Landschaftsmaler: Widmen Sie dem Himmel stets die nötige Sorgfalt! Im übrigen ist die Mischung gar nicht so neu. Wir haben sie bereits bei dem zweiten Bild verwendet und auch einiges dazu gesagt."

„*Was bringt nun die Mischung aus Phtaloblau und Ultramarin für Vorteile?*"

„Sie stellt eine gute Nuance dar, die unsere Möglichkeiten, den Himmel zu malen, erweitert. Phtaloblau allein, nur etwas gebrochen, ist gut geeignet für strahlende Sonnentage um die Mittagszeit. Eine Mischung aus Phtaloblau und Ultramarin ist geeignet, einen etwas dunstigeren oder wolkigeren Himmel darzustellen. Dabei muß man beachten, daß in dem Ultramarin schon etwas Rot enthalten ist, das die ganze Mischung etwas dämpft. Aus diesem Grunde kann man diese Mischung auch ohne weiteres Brechen verwenden. Wenn man jedoch noch mehr Dunst und Wolken darstellen will, ist es günstig, noch etwas lichten Ocker hinzuzugeben. Im übrigen wollen wir für dieses Bild keine großen Wolken, sondern nur eine Art leichter Federwölkchen vorsehen.

Ich möchte auf jeden Fall mehrere Möglichkeiten, den Himmel zu malen, durchspielen. Wenn Sie sich schließlich trotzdem auf einen Himmel spezialisieren wollen, wovon ich nach wie vor abrate, dann haben Sie wenigstens mehrere Möglichkeiten zur Auswahl."

„*So, das ist also mein Himmel und mein Hintergrund* (Abb. 39)."

„Der Himmel ist richtig. Allenfalls ist er am oberen Rand zu blaß. Das Gebirgsmassiv ist hingegen zu ‚verwaschen'. Die Formen sind zu sehr abgerundet und die Kontraste zu schwach. Die Farbe ist jedoch im wesentlichen richtig.

Wir werden nun wieder gemeinsam korrigieren. An der geringeren Zahl der Korrekturen sieht man den Fortschritt. Ich mache also den oberen Rand des Himmels leicht dunkler und füge noch einige Federwölkchen hinzu, und schon ist der Himmel fertig.

Das Bergmassiv macht auch nicht viel mehr Arbeit. Für die Korrekturen verwende ich im wesentlichen eine dunkle Mischung aus Ultramarin und etwas Krapplack sowie Weiß, mit der ich das ganze Gebirge etwas kantiger und zerklüfteter gestalte. Ich gehe auch über die helleren Stellen, wozu ich zu der Mischung mehr Weiß und etwas lichten Ocker hinzufüge. So sieht das Ergebnis aus (Abb. 40).

Nun sind Sie wieder an der Reihe mit dem Mittel- und Vordergrund."

„*Das ist also meine Version des Mittel- und Vordergrundes* (Abb. 41)."

„Lassen Sie uns das mal sehen. Es ist nicht schlecht. Allenfalls ist es etwas zu düster für das, was ich mir vorgenommen hatte. Die einzelnen Tannenbäume sind etwas pauschal und oberflächlich geraten. Etwas mehr Sorgfalt könnte hier nichts schaden. Das gleiche gilt für die Gebäude und die Holzgestelle zum Trocknen von Heu links davon. Die große Lärche rechts hat wohl viel Arbeit gemacht?"

„*Ja. Ich habe sie mit einem ganz kleinen Pinsel sorgfältig gemalt.*"

„Trotzdem sieht sie für mein Gefühl etwas dünn und dürftig aus. Ich werde gleich zeigen, wie ich so etwas mache. Auch den Hang links und den Bach hätte man mit etwas mehr Liebe malen können."

„*Ich habe aber schon viele Bilder gesehen, wo diese Gegenstände so ähnlich dargestellt wurden.*"

„Das glaube ich Ihnen gerne. Wir haben jetzt auch einen Punkt erreicht, wo das, was Sie malen, nicht eigentlich falsch ist. Ich will Ihnen aber trotzdem zeigen, wie Sie es nach meiner Ansicht noch besser machen können. Allerdings gibt es noch einzelne Fehler, die wirklich beseitigt werden müssen, weil sie gegen die Gesetze der Logik verstoßen. An diesem Bild ist es z.B. der Bach, der von links in das Bild hinein, aber dann nirgendwo weiterfließt. In der Mitte des Bildes kann man noch annehmen, daß er hinter einer Böschung hinter der Reihe kleiner Tannen weiterfließt. Der hölzerne Steg in der Mitte des Bildes weist auch darauf hin. Aber ganz rechts ist dann vom Bach nichts mehr zu sehen. Die Wiese erstreckt sich vom Vordergrund bis zu der Gebäudegruppe ohne eine Spur des Baches."

„*Das habe ich in der Tat übersehen.*"

„Sehen Sie! Vor solchen Fehlern müssen Sie sich in acht nehmen. Wenn Sie einmal einen Baum etwas zu groß oder auch zu klein malen oder auch mal kleinere Fehler in der Perspektive machen, so ist das nicht ganz so schlimm. Aber Fehler, die Sünden gegen die Logik darstellen, müssen Sie um jeden Preis vermeiden."

„Sind das nun alle Fehler?"

„Fast alle. Man sieht einen Weg, der zu der Alm führt. Es ist aber nicht anzunehmen, daß eine solche Gruppe von Gebäuden heutzutage ohne Zufahrt für Wagen existiert. Auch daran muß man denken, und wir müssen noch eine Straße vorsehen. Im übrigen endet auch der Fußweg an dem Steg über den Bach. Auch das ist nicht logisch. Wir müssen also diesen Weg über den Vordergrund weiterführen, etwa zu dem Zaun ganz rechts an der Lärche. Der Zaun ist auch etwas dunkel geworden und das Gras in der Nähe sieht auch nicht sehr gut aus.

Schließlich ist der ganze Mittel- und Vordergrund für die dargestellte Stimmung zu düster gehalten. Wie an den sonnenbeschienenen Bergen im Hintergrund zu sehen ist, haben wir einen hellen Tag. Dazu paßt das Tal nicht, daß Sie gemalt haben.

Wir wollen nun die besprochenen Fehler gemeinsam korrigieren. Wir fangen dabei bei dem bewaldeten Hügel im Mittelgrund an. Um dem Bild noch etwas mehr Weite zu geben, malen wir an der linken Seite einen etwas entfernteren Wald, dessen Baumwipfel über den grünen Wald ragen. Den Gesetzen der Luftperspektive entsprechend müssen diese Baumwipfel blaßblau erscheinen. Ich nehme also eine Mischung aus Ultramarin und Weiß mit ganz wenig lichtem Ocker und male damit den etwas entfernteren Wald, d.h. dasjenige, was aus unserer Perspektive davon zu sehen ist."

„Nimmt man für das Blau der Ferne immer Ultramarin?"

„Ja. Es ist die einfachste Art der Darstellung der Ferne, die nicht neutral blau ist, sondern immer ein bißchen nach Violett spielt. Das wird mit Ultramarin erreicht, das ja Rotanteile hat. Sicher kann man das auch mit einem neutralen Blau, z.B. Kobaltblau, erreichen, dem man etwas Krapplack hinzufügt. Wenn man aber Ultramarin zur Verfügung hat, kann man sich das sparen."

„Sie haben eben gesagt, Kobaltblau und etwas Krapplack. Vorhin hieß es Ultramarin und Weiß und ganz wenig lichter Ocker. Kann man das nicht genauer angeben? Wieviel lichter Ocker, wieviel Krapplack usw.?"

„Nein, das ist aus technischen Gründen kaum möglich. Die Farben verschiedener Hersteller haben erstens oft verschiedene Farbnuancen und sind zuweilen auch von unterschiedlicher Farbkraft. Man kann also keine für alle Farben und Verhältnisse gültigen Mengen angeben. Außerdem stellt sich die Frage, wie man das angeben sollte. In Gramm? Wer könnte Farbe nach solchen kleinen Gewichten abwiegen? Der wichtigste Grund ist jedoch der, daß Sie, wenn man solche Mengen angeben könnte, möglicherweise daran gehindert würden, selbst das Farbenmischen zu erlernen. Das wäre aber gar nicht gut. Beim ersten Bild, das Sie selbständig malen wollten, wären Sie verloren. Nein, um das Erlernen der Farbenmischung kommt keiner herum, der wirklich malen lernen will."

„Das heißt aber, daß man immer wieder Zeit dazu verwenden muß, Mischungen herauszufinden und auszuprobieren!"

„Das ist richtig. Bis zu einem gewissen Grad ergeht das auch dem Berufsmaler so. Die Vorstellung, daß einem Maler sozusagen mit traumwandlerischer Sicherheit alle seine Mischungen gleich auf Anhieb gelingen und daß er ohne Versuche und ohne probieren auskommt, ist nicht realistisch. Etwas Zeit für das Farbenmischen muß sich jeder nehmen, der nicht vollkommen in Routine erstarrt ist. Mancher Maler wird auch freimütig zugeben, daß er auf dem Gebiet des Farbenmischens immer wieder etwas hinzulernt. Sicher werden auch Sie nach einer gewissen Zeit mehr Sicherheit erwerben und zumindest wissen, welche Farben für eine bestimmte Mischung infrage kommen. Um das Versuchen und Probieren kommen Sie aber nicht herum.

Doch nun wieder zurück zu unserem Bild. Den bewaldeten Hügel und den Wald in der Mitte des Mittelgrundes hellen wir etwas auf. Wir nehmen dazu eine helle Version der schon oft verwendeten Vegetationsmischung, d.h. Chromoxidgrün feurig, lichten Ocker, Kadmiumgelb und etwas gebrannte Siena. Mit dieser Mischung deuten wir die Lichtseiten von Bäumen an.

Die Wiese um die Gebäude herum bis hin zu dem

Bach machen wir ebenfalls etwas heller. Da wir das Bild vor der Korrektur trocknen ließen, mache ich dazu eine neue Mischung aus sehr viel Kadmiumgelb, etwas Chromoxidgrün feurig und etwas gebrannter Siena. Ich achte jedoch sorgfältig darauf, die Wiese nicht etwa einfach mit ein und derselben Mischung ‚anzustreichen', sondern ich mache auch hier einige, wenn auch nicht stark unterschiedliche Mischungen. Keine natürlich gewachsene Wiese präsentiert sich ganz gleichmäßig eingefärbt."

„Sie sagten eben: da wir das Bild vorher trocknen ließen, machen wir das so. Wie würden wir es machen, wenn es noch naß wäre?"

„Wenn es noch naß wäre, könnten wir versuchen, die betreffenden Stellen durch Auftragen von reinem Kadmiumgelb hell bis zu dem gewünschten Grad aufzuhellen. Die neu aufgetragene Farbe würde sich dabei mit der bereits auf dem Malgrund befindlichen vermischen. Das geht natürlich nur in gewissen Grenzen. Wenn eine ausreichende Aufhellung oder auch Abdunkelung nicht mehr auf diesem Wege erreichbar ist, dann muß man das Bild ein paar Tage trocknen lassen. Dann kann man wieder jeden gewünschten Ton mit einer neuen Mischung auftragen, vorausgesetzt man hat vorher nicht zu fett gemalt.

Ich gehe auch noch einmal über die Gebäude. Vor allem mache ich die Dächer etwas heller, um sie der allgemein lichten Stimmung des ganzen Bildes anzupassen. Die Schattenseite mache ich dagegen etwas dunkler."

„Warum das? Wenn doch eine lichte Stimmung erzeugt werden soll?"

„Das ist sozusagen die Kehrseite der Medaille. Wie das Sprichwort schon sagt: ‚Viel Licht macht viel Schatten.' Wenn keine Sonne scheint, ist der Unterschied etwa zwischen den verschiedenen Seiten eines Gebäudes in der Helligkeit nur gering oder auch gar nicht vorhanden. Je heller die allgemeine Stimmung ist, um so größer muß der Kontrast zwischen den belichteten Seiten und den im Schatten liegenden Seiten dargestellt werden. Aus diesen Gründen müssen wir auch die zu den Dingen gehörenden Schlagschatten malen. Sie haben das bei den Gebäuden nicht beachtet. Da das Licht von links kommt, muß an der rechten Seite der Gebäude ein Schlagschatten erscheinen. Das ist sehr wichtig für den realistischen Eindruck einer Landschaft. Ich kann gar nicht zu oft darauf hinweisen. Schließlich ändere ich noch die Farbe des niedrigen blauen Gebäudes, weil ich den Eindruck habe, daß das Blau die Farbharmonie des Gebäudekomplexes etwas stört.

Dann gehe ich über zu den Holzgestellen links von den Gebäuden und male sie etwas deutlicher und dunkler, wozu ich Vandyckbraun, lichten Ocker und gebrannte Siena sowie etwas Weiß verwende.

Nun erinnern wir uns daran, daß wir noch einen Fahrweg zu den Gebäuden malen müssen. Ich ordne diese Straße hinter den Gebäuden an. Sie ist aber deutlich als heller Streifen zu sehen. Die dazu verwendeten Farben sind lichter Ocker und Weiß. Die Straße verschwindet links und rechts jeweils im Wald, was auf der linken Seite deutlich zu sehen ist.

Wir gehen jetzt zu dem Vordergrund über. Die Nadelbäume entlang des Baches male ich etwas deutlicher, insbesondere die Spitzen, die sich von der hellen Wiese sehr deutlich abheben, behandle ich, mit Sorgfalt, ohne jedoch in Gleichförmigkeit zu verfallen. Jetzt reparieren wir auch den Fehler des im Bild verschwindenden Baches. Wir machen die Zwischenräume der kleinen Bäume rechts vom Steg ziemlich dunkel, wodurch der Eindruck einer Böschung entsteht. Man sieht damit genau einen Geländeeinschnitt, in dem der Bach weiterläuft. Auch wenn man das Wasser nicht über die ganze Strecke wirklich sieht, weiß man doch, daß er dort weiterläuft. Ich male auch den Steg etwas deutlicher, insbesondere indem ich andeute, daß er aus einzelnen Brettern besteht. Auch den Weg vom Steg zum Haus mache ich teilweise etwas heller, um ihn natürlicher zu gestalten. Bei Ihnen waren Weg und Steg von gleicher, etwas langweiliger Farbe, was nicht günstig wirkt. Wir führen den Weg auch von dem Steg in den Vordergrund weiter. Lichter Ocker und Weiß sind die dazu benutzten Farben.

Dann wenden wir uns dem Bach zu. Wir machen ihn zunächst viel heller, als Sie ihn vorgesehen hatten. Auch das gehört zu der allgemeinen Aufhellung des Bildes. Ganz links verbreitere ich den Bach etwas und male an der Vordergrundseite einen flachen Sandstreifen. Außerdem male ich einige Steine, die den Bach an dieser Stelle etwas beleben sollen. Schließlich verlängere ich den sichtbaren Teil des Baches noch rechts bis über den Steg hinaus.

Die letzte Korrektur dieses Bildes betrifft die Lärche ganz rechts. Ihr Baum war wie gesagt etwas zu dünn. Bei der Korrektur gehe ich wieder von den bereits oft erwähnten Mischungen für die

Vegetation aus. Ich trage zunächst verschiedene dunklere Mischungen auf. Ich bemühe mich dabei, die charakteristische Blattstruktur zu treffen. Das Blattwerk wird dabei so dicht, daß man kaum hindurchsehen kann, was für einen Baum dieser Größe zu erwarten ist. Als zweiten Schritt trage ich den Zweigen folgend die hellere Blattstruktur auf. Die Mischung dazu besteht im wesentlichen aus lichtem Ocker und Kadmiumgelb. Abschließend mache ich den Zaun an dem Baum etwas heller und male das anschließende Gras neu. Das ist also das Ergebnis der Korrekturen (Abb. 42).

Wie üblich, sehen wir uns das Bild jetzt noch einmal ganz genau an, um eventuelle Fehler aufzudecken und letzte Lichter aufzusetzen.

Mir scheint, daß wir lediglich noch einen Schatten auf dem Steg anbringen müssen, der von dem Bäumchen links davon ausgeht.

Dann setzten wir noch ein paar Lichter auf. Zunächst an dem Busch ganz links und an dem Gras ganz rechts, sodann an der Reihe der Nadelbäume im Vordergrund.

Damit ist das Bild fertig (Abb. 43)."

„Das waren aber nur ganz geringe Änderungen im letzten Durchgang."

„Das ist richtig. Mir ist auch recht, daß wir so ein Beispiel haben, damit Sie nicht glauben, bei diesem letzten Durchgang müsse man unbedingt noch wesentliche Änderungen anbringen. Es kann sogar sein, daß überhaupt nichts zu ändern ist, außer vielleicht ein paar Lichter aufzusetzen, was meist der Fall sein wird.

Doch damit genug. Wir wenden uns dem nächsten Bild zu."

Abb. 37 Die Vorzeichnung für das fünfte Bild.

Abb. 38 Die Untermalung wurde mit Deckfarben ausgeführt.

Abb. 39 Die Version des Anfängers von Himmel und Ferne hat noch kleinere Mängel.

Abb. 40 So hat der Fachmann die Mängel ausgebessert.

Abb. 41 Der Mittel- und Vordergrund, wie ihn der Anfänger gemalt hat.

Abb. 42 Was der Meister daraus gemacht hat.

Abb. 43 Das fünfte Bild sieht fertig so aus.

Das sechste Bild

Größe des Originals:	40 cm × 60 cm
Malgrund des Originals:	Leinenmalpappe
Farben der Untermalung:	Harzölfarben
Farben der Übermalung:	Harzölfarben
Verwendete Pinsel:	Haarflachpinsel Nr. 4, 6, 10
	Haarrundpinsel Nr. 0
	Borstenflachpinsel Nr. 6
Verwendetes Malmittel:	Nr. 2

Palette: Titanweiß
Lichter Ocker
Kadmiumgelb hell
Siena gebrannt
Vandyckbraun
Kadmiumrot hell
Chromoxidgrün feurig
Phtaloblau
Ultramarin dunkel

„Mit dem sechsten Bild wollen wir ein Herbstbild malen. Wir bleiben dazu im Gebirge, um auch zu lernen, wie man das Hochgebirge mit Schnee malerisch bewältigt. Außerdem wollen wir ein fließendes Wasser, einen Gebirgsbach im Vordergrund darstellen, um an diesem Beispiel die Probleme kennenzulernen, die fließendes Wasser dem Maler bietet.

Die Vorzeichnung (Abb. 44) ist wieder von einer in Originalgröße auf Transparentpapier angefertigten Zeichnung mit dem schon öfter verwendeten Nadelstichverfahren übertragen worden. Die sich dabei ergebenden Linien wurden mit HB-Bleistift nachgezogen und einige wenige Einzelheiten mit dem gleichen Bleistift hinzugefügt.

Da sonst nichts zu der Vorzeichnung zu sagen ist, wollen wir gleich zur Untermalung schreiten. Wir untermalen diesmal wieder mit Ölfarbe. Ich nehme dazu einen großen Flachpinsel Nr. 10 und für kleinere Details Nr. 4 oder Nr. 6. Ich verwende dabei ungefähr die Farben, die auch bei dem fertigen Bild vorkommen werden, um so schon einen gewissen Eindruck von der Wirkung des Motivs zu erhalten."

„Ist das allgemein üblich, oder gibt es auch andere Verfahren?"

„Was allgemein üblich ist, kann man in der Malerei schlecht sagen. Maler sind oft Individualisten, die dazu neigen, sich ihre eigenen Verfahren zu entwickeln. Es scheint aber so, daß recht viele Landschaftsmaler so vorgehen. Es gibt allerdings eine monochrome, also einfarbige Untermalung oder Untertuschung, die braun oder grün sein kann. Wie bereits erwähnt, machen auch viele Berufsmaler die Vorzeichnung mit Pinsel und Ölfarbe. Sie nehmen dazu neutrale, monochrome Mischungen, die sie meist stark mit Terpentin verdünnen. Wenn so eine Vorzeichnung dann auch noch flächig gehalten ist, so ist der Unterschied zu einer monochromen Untermalung nicht mehr groß. Allerdings werden diese Methoden wohl eher bei der Porträtmalerei und beim Stilleben angewendet."

„Welches sind die Vorteile der monochromen Untermalung?

„Die Vorteile sind die gleichen wie bei der Lasurenmalerei, wie sie z.B. die alten Meister praktiziert haben. Man erreicht damit eine Aufteilung der Aufgabe in die Bewältigung der Form mit Hell-Dunkel-Verteilung einerseits und die Farbgestaltung andererseits. Dadurch, daß in beiden Fällen der Malvorgang in zwei deutlich voneinander getrennte Schritte aufgeteilt ist, kann man sich jeweils ganz auf eine Teilaufgabe konzentrieren, ohne von anderen Erfordernissen abgelenkt zu werden. Wir wollen aber, wie gesagt, in Farbe untermalen. Ich male, wie immer bei der Untermalung, ziemlich mager. Für den Himmel und die Berge nehme ich dazu Phtaloblau, Ultramarin und Weiß. Für Nadelbäume und die Wiese nehme ich die bekannten Vegetationsmischungen aus Chromoxidgrün feurig, Siena gebrannt, lichtem Ocker und Kadmiumgelb. Das herbstliche Laub der Laubbäume rechts und links wird mit lichtem Ocker, Kadmiumgelb und Kadmiumrot angelegt. Schließlich verwende ich für den Bach Siena gebrannt, Vandyckbraun, lichten Ocker und Kadmiumgelb sowie Weiß und etwas Grün. Die Steine im Bach werden mit verschiedenen Mischungen der gleichen Farben angelegt.

Ich arbeite großzügig mit meist großen Pinseln, und die ganze Prozedur ist in etwa zwei Stunden zu schaffen. Dann lassen wir das ganze mindestens drei Tage trocknen, bevor wir mit der Übermalung beginnen (Abb. 45).

So, nach der Trocknung können Sie jetzt mit der Übermalung beginnen. Wir wollen sie wieder in zwei Etappen einteilen und den Himmel und die Berge zu der ersten Etappe zählen."

„*Das ist also mein Versuch* (Abb. 46)."

„Der Versuch ist gut gelungen. Den Himmel haben Sie so gut wie nicht geändert. Das war aber auch nicht notwendig; er sieht ganz gut aus, allenfalls kann man noch einmal darübergehen, damit die Farbschicht nicht so dünn bleibt. Die schneebedeckten Berge sind ganz gut geworden. Man könnte allenfalls die Kanten zum Teil noch etwas härter machen und noch etwas mehr Leben und Abwechslung in die Struktur der einzelnen Hänge bringen. Die nahen bewaldeten Berge sind auch überzeugend geworden. Gut ist der deutlich blauere Farbton des etwas entfernteren Berges im Mittelgrund. Dies entspricht vollkommen den Gesetzen der Luftperspektive und gibt dem Bild zusätzlich Weite. Die nahen Hügel sind dagegen viel grüner und wärmer gehalten, und das ist auch richtig so. Man könnte allenfalls noch etwas mehr Hell-Dunkel-Kontraste in die Bewaldung bringen. Hier noch mehr als bei den vorigen Bildern muß ich jedoch betonen, daß das allenfalls Verbesserungen sind, nicht aber Korrekturen. Aber auch aus solchen kleineren Verbesserungen kann man noch viel lernen. Deswegen will ich jetzt wieder kommentieren, in welcher Weise ich meine Version male.

Ich beginne wie stets mit dem Himmel. Es sei noch einmal gesagt, daß dies keine Korrektur mehr ist, denn der Himmel könnte auch gut so bleiben, wie er ist. Wir haben aber bei einem der früheren Bilder darüber gesprochen, wie notwendig und wünschenswert es ist, auch bei der Gestaltung des Himmels abwechslungsreich zu sein, wie es uns die Natur ja vormacht. So kann es also nichts schaden, wenn ich eine weitere Möglichkeit zeige.

Ich beginne am oberen Rand mit nur Phtaloblau und Weiß, so daß der oberste Streifen des Himmels nur aus diesen beiden Farben besteht. Etwas tiefer ersetze ich zunächst einen kleinen Teil und weiter nach unten fortschreitend immer größere Anteile des Phtaloblau durch Ultramarin. Dadurch wird der Tatsache Rechnung getragen, daß auch im Gebirge die unteren Luftschichten nicht so strahlend blau sind wie die oberen. Durch das in dem Ultramarin enthaltene Rot wird dies erreicht. Erstmalig vertreibe ich den ganzen Himmel, um auch die Wirkung dieser Methode zu zeigen."

„*Kann ich etwas mehr über das Vertreiben erfahren?*"

„Vertreiben heißt in der Malerei zunächst, die Farbschicht mit sehr weichen Pinseln so zu glätten, daß keinerlei Pinselspuren mehr zu sehen sind. Es wird aber auch dazu verwendet, weiche, fast unmerkliche Übergänge zu erreichen, wie sie z.B. bei Rundungen notwendig sind, die allerdings vornehmlich in der Porträt- und Aktmalerei vorkommen. Technisch geht das so vor sich, daß man den Pinsel mehrere Male sehr zart über die zu vertreibende Stelle wischt, solange, bis die Pinselspuren beseitigt sind oder der gewünschte weiche Übergang erreicht ist. Aber ich möchte noch einmal betonen: nur ganz leicht darüber streichen, ohne jeden Druck, so daß nur die weichen Pinselspitzen den Malgrund gerade berühren. Zwischendurch muß man immer wieder den Pinsel mit einem sauberen, trockenen Lappen abwischen, weil ja immer ein klein wenig Farbe an ihm haften bleibt. Wenn man das nicht tut, kann das Bild leicht vergrauen oder es können Farbspuren an eine Stelle kommen, wo sie nicht hingehören."

„*Mit welchen Pinseln vertreibt man?*"

„Es gibt zwar auch fächerförmige Borstenpinsel für diesen Zweck. In der Regel bevorzugt man aber sehr weiche Pinsel. Dafür kommen nur Haarpinsel in Frage. Es gibt sogar spezielle Haarpinsel, die ‚Vertreiber' genannt werden und oft aus Marderhaar bestehen. Solche Marderhaarvertreiber sind, wenn man nicht gerade die kleinsten Größen kauft, doch recht teuer. Sie sind auch in den Geschäften nicht ohne weiteres vorrätig, weil sie doch selten verlangt werden. Der heutige Berufsmaler vertreibt kaum noch.

Aber es müssen nicht unbedingt Marderhaarvertreiber sein. Mit jedem weichen Haarpinsel kann man vertreiben, wenn man es einigermaßen geschickt anstellt. Sie sollten es auch einmal ausprobieren!"

„Gibt es noch andere Verfahren, Pinselspuren zu beseitigen und weiche Übergänge zu erreichen?"

„Ja. Es gibt z.B. noch das sogenannte Stupfen, von dem wir ja schon gesprochen haben. In diesem Zusammenhang wird dazu ein sogenannter Ringpinsel verwendet. Das ist ein runder Pinsel von etwa 3 cm Durchmesser aus elastischen feinen Borsten. Dieser Ringpinsel wird nun senkrecht auf die entsprechende Stelle aufgestoßen, was man stupfen oder auch tupfen nennt. Durch dieses Stupfen wird ein ähnlicher Effekt erzielt wie durch das Vertreiben. Auch hier muß man den Pinsel zwischendurch oft abwischen."

„Gibt es typische Fehler, die man beim Vertreiben bzw. Stupfen machen kann?"

„Der typische Fehler ist hier wohl die Übertreibung, wobei die Malerei alle Konturen verliert. Man sollte beide Verfahren nur sparsam und ohne Übertreibung anwenden. Ein Anfängerfehler besteht oft darin, daß der Vertreiber oder der Ringpinsel während der Arbeit mit Terpentinersatz ausgewaschen wird. Zwar wird dann meist versucht, den Pinsel mit einem Lappen zu trocknen, was aber wegen der Dichte der Pinsel nicht gelingt. Es bleiben immer Spuren des Terpentinersatzes für Stunden im Pinsel hängen. Wenn man ihn während der Zeit wieder verwendet, löst er die Farbe an und es kommt unweigerlich zu einem unschönen Geschmiere. Also, wenn Sie Vertreiber oder Ringpinsel in der eben geschilderten Weise verwenden, sollten Sie diese Pinsel während der Arbeit nur mit einem trockenen, sauberen Lappen abwischen. Erst am Ende des Arbeitstages waschen Sie ihn so aus, wie Sie es auch mit den anderen Pinseln tun.

Nun aber wieder zurück zu unserem Bild. Auch Ihre Version der schneebedeckten Berge in der Ferne könnte ohne weiteres so bleiben, vielleicht mit Ausnahme der dunklen Kante ganz links, die nicht sehr plausibel wirkt, weil das Licht von links kommt. Ich werde also nur eine etwas andere Version malen, die meine Auffassung zeigen soll. Ich verwende für diese fernen Berge ausschließlich Ultramarin und Weiß. Man kann aber auch vorsichtig etwas lichten Ocker dazugeben. Die Schneeteile sind kein reines Weiß, sondern sie enthalten auch, wenn auch stellenweise sehr wenig, Ultramarin. Ich mache also, wie bereits angekündigt, mehrere Kanten schärfer, insbesondere an der Scheide zwischen Licht und Schatten, während ich die Lichtseite insgesamt etwas weicher gestalte. Den dunklen Streifen ganz links, der mir nicht gefällt, entferne ich.

An den etwas näheren Bergen mache ich nicht viel. Ich gestalte lediglich die Struktur etwas lebhafter, indem ich auf allen Bergen bzw. Hügeln den Kontrast im wesentlichen durch Aufhellungen etwas erhöhe.

Und so sieht das Ergebnis aus (Abb. 47).

Nun sind Sie wieder an der Reihe. Sie malen jetzt den Rest des Bildes, d.h. im wesentlichen den Vordergrund."

„So, das ist also mein Vordergrund (Abb. 48)."

„Das ist wiederum nicht schlecht. Manches muß man jedoch meiner Ansicht nach etwas deutlicher malen. Am wenigsten gelungen scheint mir die Reihe Nadelbäume links, die den Beginn des Waldes darstellen. Sie sind insgesamt zu hell und auch sehr undeutlich. Genau genommen kann man sich darunter kaum Nadelbäume vorstellen. Die anschließende Baumgruppe rechts davon ist dagegen zu dunkel geraten. Das ist etwas, auf das man sorgfältig achten muß. Die Hell-Dunkel-Verteilung ist eines der wichtigsten Mittel, ein Bild harmonisch und realistisch zu gestalten. Die Laubbäume links und rechts sind dagegen recht gut gelungen. Der Zaun ganz rechts und der Steg ganz links sind zu undeutlich. Die Wiese, die fast den ganzen Vordergrund einnimmt, zeigt zu wenig Struktur. Der Bach ist nicht schlecht. Man kann sich darunter schon Wasser vorstellen. Allerdings kann man auch da noch manches verbessern.

Wir wollen also alle Verbesserungen oder auch neuen Versionen wieder gemeinsam durchführen. Ich beginne mit den Nadelbäumen links, die Sie etwas zu hell gemalt haben. Mit einer dunklen Version der bekannten Vegetationsmischung gehe ich zunächst über alle Bäume. Anschließend male ich mit einer helleren Version die typische Nadelbaumstruktur. Das gleiche gilt für die anderen Nadelbäume auf der rechten Seite des Bildes sowie für den einzeln stehenden links. Den Zaun rechts male ich etwas deutlicher. Um das noch zu unterstreichen, mache ich die Wiese in dieser Gegend etwas heller. Ich male auch eine neue Version der Laubbäume, obwohl sie eigentlich gut sind. Auch hier will ich nur eine weitere Möglichkeit demonstrieren.

Anschließend verbessere ich den Steg über den Bach links im Bild. Den realistischen Eindruck eines Steges erreiche ich dadurch, daß ich den Raum unter dem Steg mit Vandyckbraun und etwas lichtem Ocker sehr dunkel mache. Den Rand des Steges und die Böschung an dieser Stelle mache ich dagegen etwas heller. Wo ein Steg ist, muß auch ein Weg sein. Das kommt in Ihrer Version nicht so deutlich zum Ausdruck. Ich male also einen Einschnitt in das hohe Gras und das Gelände rechts vom Steg. Dann verändere ich die Struktur der Wiese etwas, um sie zu beleben. Mit ganz kurzen Pinselstrichen mit wechselnden Mischungen aus lichtem Ocker, gebrannter Siena und Kadmiumgelb hell sowie etwas Grün erreiche ich den Effekt einer Wiese im Herbst. An den Rändern des Baches ziehe ich die helle Farbe mit vielen Pinselstrichen über den Rand, um damit den Eindruck überhängenden Grases zu erzeugen.

Schließlich nehme ich mir den Bach vor. Bei flachen, fließenden Gewässern, wie dieser Bach eines ist, sieht man bei klarem Wasser oft viel vom Untergrund. Die Ränder sind meist dunkel oder der Bewuchs spiegelt sich etwas. Bei schnell fließenden Wassern gibt es allerdings kaum klare Spiegelungen. Wo der Bach sehr flach ist, erzeugt die Strömung eine Art Schaum, der sich sehr hell von den anderen Tönen abhebt. Ich mache also die Ränder des Baches deutlich dunkler als in Ihrer Version. Dagegen wird die Mitte etwas heller und die schäumenden Stellen werden etwas vergrößert. Außerdem mache ich die waagerechten Strukturen, die den Eindruck von Wasser verstärken, etwas deutlicher. Dann gehe ich noch einmal über die Steine und mache sie an einigen Stellen etwas heller, was das Bild des Baches etwas belebt.

Ich glaube, das Ergebnis kann sich sehen lassen (Abb. 49). Nun kommen wir zu der letzten Phase, indem wir wie üblich das ganze Bild noch einmal überprüfen.

Zunächst fällt mein Blick auf das schneebedeckte Bergmassiv im Hintergrund. Ich glaube, wir könnten die Wirkung noch erhöhen, wenn wir noch einige Kanten etwas schärfer machen, insbesondere an dem fernsten Berg ganz rechts. Außerdem wird die Struktur noch etwas belebt und der Schnee an einigen Stellen noch etwas aufgehellt. Als nächstes fällt mir auf, daß der Zaun etwas zu dunkel wirkt; ich mache ihn also etwas heller.

Dann gehe ich zu dem Bach über, wo ich zunächst einige Lichter aufsetze. Auf einigen Steinen im Wasser will ich eine Art Moosbewuchs darstellen. Dazu nehme ich eine helle Mischung aus Chromoxidgrün feurig, Kadmiumgelb hell und Weiß, die ich mit einem Borstenflachpinsel Nr. 6 vorsichtig stupfend auftrage.

Auch das Gras der Wiese wird noch einmal nachgearbeitet und einige Lichter werden aufgesetzt, insbesondere bei den über den Bachrand überhängenden Partien.

Schließlich kommt mir der Gedanke, daß bei der Größe des Steges links im Bild, der schon fast eine kleine Brücke ist, ein Geländer angebracht wäre. Einmal wirkt das logischer, andererseits lockert es das Bild noch weiter auf.

Damit wollen wir es nun genug sein lassen. Das Ergebnis (Abb. 50) rechtfertigt es, daß wir uns dem siebenten und letzten Bild dieses Buches zuwenden."

Abb. 44 Die Vorzeichnung zu Bild Nr. 6.

Abb. 45 Die Untermalung wurde diesmal wieder mit Harzölfarben gemacht.

Abb. 46 Die Version von Himmel und Ferne des Anfängers mit nur noch wenigen Mängeln.

Abb. 47 Die durch den Meister verbesserte Version.

Abb. 48 So hat der Anfänger Mittel- und Vordergrund gemalt.

Abb. 49 Der erfahrene Praktiker hat es wieder etwas besser gemacht.

Abb. 50 So sieht das fertige Bild Nr. 6 aus.

Das siebente Bild

Größe des Originals:	40 cm × 60 cm
Malgrund des Originals:	Leinenmalpappe
Farben der Untermalung:	keine
Farben der Übermalung:	Harzölfarben
Verwendete Pinsel:	Borstenflachpinsel Nr. 4, 6 und 10 Haarrundpinsel Nr. 1
Verwendetes Malmittel:	keines

Palette: Titanweiß
Lichter Ocker
Kadmiumgelb hell
Siena gebrannt
Umbra gebrannt
Krapplack dunkel
Phtaloblau
Ultramarin dunkel
Chromoxidgrün feurig

„Mit dem siebenten Bild wollen wir nochmals einiges Neue kennenlernen oder am Beispiel zeigen. Zunächst wollen wir, was das Motiv betrifft, ans Meer gehen und eine Meeresbucht malen. Zwar sind einige der Meinung, daß es sich bei der Darstellung des Meeres um einen eigenständigen Zweig der Malerei handelt. Seestücke gehören jedoch zumindest im weiteren Sinne zu der Landschaftsmalerei. Wir wollen jedenfalls auch die Probleme dieser Art von Malerei behandeln.

Das Motiv habe ich diesmal von einer kleineren Vorlage, ohne die Anfertigung einer Zeichnung in natürlicher Größe auf Transparentpapier, nach der Rechteckmethode direkt auf den Malgrund übertragen. Ich habe dazu den Malgrund und die Vorlage, die natürlich ebenfalls ein Seitenverhältnis von 2 : 3 hat, durch wiederholtes Halbieren in 16 gleiche Rechtecke aufgeteilt."

„Die Rechtecke sind aber relativ groß!"

„Das ist richtig. Das hängt damit zusammen, daß das Motiv nicht sehr kompliziert ist und ich mir beim Zeichnen schon etwas zutraue. Außerdem wollte ich das Ganze übersichtlich halten, was mit weniger Rechtecken besser zu erreichen ist. Es ist also eher eine Ausnahme. Normalerweise bei einem etwas komplizierteren Motiv oder bei nicht so guten Zeichenkenntnissen wird man die doppelte oder gar vierfache Zahl von Rechtecken verwenden. Außerdem erinnere ich noch an die Möglichkeit, ein Rechteck, in dem ‚besonders viel los ist', noch weiter zu unterteilen oder auch mit Diagonalen zu versehen. Das erleichtert die Arbeit weiter."

„Wie gehen Sie nun genau vor?"

„Ich beginne, wie das auch sonst bei Vorzeichnungen für Landschaften üblich ist, mit dem Horizont. Ich sehe auf der Vorlage, daß sich dieser in der zweiten Rechteckreihe von unten befindet, ungefähr ein Viertel der zweiten Rechteckreihe von unten gehört noch zum Meer, während etwa drei Viertel schon zum Himmel gehören. Ich ziehe also dort eine Linie, die ich auch bei dem hinteren Berg durchziehe, weil der Horizont in unserem Falle mit dem Meeresspiegel zusammenfällt. Bei dem etwas näheren Berg liegt die Wasserlinie den Gesetzen der Perspektive entsprechend etwas tiefer, ungefähr in der Hälfte zwischen dem Horizont und der Grenze zwischen der ersten und der zweiten Reihe der Rechtecke von unten. Nun zeichne ich die Berge ein. Ein Blick auf die Vorlage sagt mir, daß der fernere Berg den Horizont bei etwa einem Drittel des zweiten Rechtecks von rechts trifft. Die Höhe dieses Berges geht ungefähr bis zur Hälfte des zweiten Rechteckes von oben. Beide Punkte verbinde ich nun mit einer unregelmäßigen, gebogenen Linie und der Berg ist fertig. In der gleichen Weise zeichne ich den zweiten Berg und die anderen Bestandteile des Bildes ein. Es ist immer der gleiche Vorgang. Ich vergewissere mich durch einen Blick auf die Vorlage, in welchem Rechteck und in welchem Teil desselben bestimmte Anhaltspunkte oder Linien liegen. Dann übertrage ich das auf den Malgrund an die entsprechende Stelle."

„*Ich sehe, daß die Vorzeichnung nicht mit Bleistift ausgeführt wurde. Welches Material haben Sie verwendet?*"

„Ich habe diesmal Rötel genommen, um auch das einmal zu zeigen. Damit die Linien deutlich zu sehen sind, habe ich eine relativ dunkle Sorte benutzt (Abb. 51).

Bei diesem Bild wollen wir wieder mutig sein und versuchen, ohne Untermalung auszukommen. Sie sollten also gleich anfangen und Himmel und Wolken malen, die bei unserem Bild mehr als die Hälfte des Malgrundes einnehmen. Aus diesem Grunde ist es meist üblich, bei Seestücken am Himmel reizvolle Wolkenbildungen darzustellen. Wir wollen das auch so halten. Wir wollen also ausgedehnte Haufenwolken mit Schatten und vielen Rundungen vorsehen. Fangen Sie einmal an. Denken sie daran, daß die Wolken allenfalls an den Rändern mit reinem Weiß gemalt werden dürfen. Für die Schatten nehmen sie ein farbiges Grau. Sie erinnern sich an den kurzen Abriß der Farbentheorie. Dort wurde gesagt, daß man ein solches Grau durch Mischen der drei Primärfarben erzeugen kann. Wir nehmen dazu folgende drei Farben: Phtaloblau, Krapplack und Kadmiumgelb hell, weil diese Farben den Grundfarben am nächsten kommen. Für den Himmel nehmen Sie eine Mischung aus Phtaloblau und Ultramarin mit etwas lichtem Ocker."

„*Warum lichten Ocker? Sie haben doch gesagt, im Ultramarin sei schon Rot enthalten, das zur Dämpfung doch genügen könnte?*"

„Das ist richtig. Für viele Verwendungen bei der Darstellung des Himmels ist es auch möglich, diese beiden Farben ohne jede weitere Dämpfung zu verwenden. In unserem Falle wollen wir jedoch keinen so strahlenden Himmel. Wir sehen vielmehr einen jener etwas diffusen Himmel vor, die bei Wolken oft vorkommen."

„*Das ist also mein Himmel mit Wolken* (Abb. 52)."

„Dann wollen wir uns das einmal ansehen. Also besonders gut gelungen ist es nicht. Der linke Teil der oberen, größeren Wolken geht ja noch. Der rechte Teil ist allerdings mißlungen. Er wirkt flach und nicht körperhaft rund. Das kommt im wesentlichen von zu vielen Schatten im oberen Teil und zu wenig Übergangszonen. Der untere Wolkenstreifen ist dagegen besser. Die Schatten sind allerdings zu dunkel. Es ist richtig, daß dieser Teil sehr viel schmäler ist als der obere. Dadurch kommt die Entfernung zum Ausdruck und es bewirkt die Illusion der Wölbung des Himmels. Dann ist aber noch ganz was anderes zu bemängeln. Man sieht durch die Farbschicht hindurch ganz deutlich Spuren des Rechteckrasters und der Vorzeichnung der Bäume. Das ist absolut unzulässig."

„*Ich habe es aber so gemacht wie sonst auch!*"

„Das hat dann in diesem Fall nicht ausgereicht. Es hängt natürlich damit zusammen, daß die Vorzeichnung nicht mit Bleistift, sondern mit Rötel gemacht wurde. Sie erinnern sich, daß ich bei der Diskussion der Materialien für die Vorzeichnung gesagt habe, daß viele Maler Rötel vermeiden mit dem Argument, das es schmiere. Man muß also bei Rötelvorzeichnung etwas deckender malen, so daß keinerlei Spuren mehr zu sehen sind."

„*Dann kommt man aber in Konflikt mit der Forderung mager zu malen.*"

„Nicht unbedingt. Wir malen ja jetzt dieses Bild ohnehin in Primatechnik. Sie hätten also ohne weiteres etwas fetter werden können. Aber selbst wenn es sich um eine Untermalung handelt, muß man immer danach streben, schon in dieser Phase alle Vorzeichnungsspuren zu überdecken. Wenn man nicht so fett malen will, wie es dazu erforderlich wäre, muß man eben zwischendurch trocknen lassen und dann eine zweite dünne Schicht darüberlegen."

„*Warum kann man die endgültige Beseitigung dieser Spuren nicht bei der Übermalung erledigen?*"

„Man sollte das nach Möglichkeit vermeiden. Man bedeckt ja bei der Übermalung nicht unbedingt alle Stellen des Bildes mit einer neuen Schicht. Wenn eine bestimmte Stelle bei der Untermalung besonders gut gelungen ist, sollte man sie so stehen lassen.

Wir wollen nun wieder gemeinsam eine neue Version malen. Zuvor jedoch noch ein allgemeines Wort zum Malen von Himmel und Wolken. Die Formen und farblichen Nuancen, die die Wolken am Himmel annehmen können, sind schier unerschöpflich. Es ist daher erstaunlich zu sehen, wie stiefmütterlich viele Maler, auch Berufsmaler, die Wolken behandeln. Es ist zwar nicht so leicht, naturnahe Wolken zu malen. Es ist aber durchaus erlernbar und wenn man bedenkt, welche atmosphärische Wirkung von gut gelungenen Wolken ausgeht, kann man sich über diese Tatsache nur wundern.

Doch jetzt wieder zum Bild. Ein prüfender Blick läßt mich zu dem Schluß kommen, daß die Unterbrechung der Wolkenformation links im Bild sowie die etwas bizarre Form des linken Teiles der oberen Wolken ungünstig wirkt. Ich werde das also ändern und ein durchgehendes Wolkenband malen, das allerdings mehrfach gegliedert sein soll. Die Rundung der Wolken erreiche ich dadurch, daß ich die Ränder ganz hell mit reinem Weiß male, während mehr zur Mitte hin Schattenstrukturen erzeugt werden, die vom Rand aus immer dunkler werden, bis sie an den nächsten weißen Rändern am dunkelsten sind. In der Nähe des Horizontes ist der Himmel nicht mehr blau, sondern aus einem hellen Ton, der aus Weiß besteht, das ganz vorsichtig mit lichtem Ocker und einer Spur — aber wirklich nur einer Spur — Krapplack abgetönt wurde. Durch die nochmalige Übermalung bei der zweiten Version sind auch die Spuren von Vorzeichnung und Raster verschwunden. Und das ist das Ergebnis (Abb. 53).

Wir wollen nun zum Malen des Vordergrundes übergehen. Dazu einige Worte zu den Farben, mit denen man das Meer darstellt. Sie werden sich sicher nicht mehr wundern, wenn sie hören, daß auch hier eine Vielzahl von Nuancen verwendet wird. Sie bewegen sich jedoch im wesentlichen zwischen Blau und Grün. Je nach Wetter und Beleuchtung neigen sie mehr zu Grün oder mehr zu Blau. Wir wollen unser Meer mit einer Mischung aus Phtaloblau und Chromoxidgrün feurig und natürlich Weiß malen. Die Schaumkronen im Wasser und der Schaum in Ufernähe sind kein reines Weiß, sondern das Weiß ist leicht mit den Himmelsfarben bzw. bei den ufernahen Partien mit lichtem Ocker getönt.

Bei dem Grün der Vegetation im Vordergrund wollen wir auch Neuland betreten. Wir wollen es einmal ohne die Verwendung von Tubengrün darstellen. Wir verwenden dazu verschiedene Mischungen aus Phtaloblau, lichtem Ocker, Kadmiumgelb und etwas Siena gebrannt. Bei dem fernen Berg ersetzen wir Phtaloblau durch Ultramarin und lassen die gebrannte Siena und das Kadmiumgelb weg. Der helle Küstenstreifen besteht aus viel Weiß mit etwas lichtem Ocker und stellenweise ganz wenig gebrannter Siena. So, nun sollten Sie beginnen."

„*Das ist also mein Vordergrund* (Abb. 54)."

„Dazu zunächst das Positive: Das Meer ist gut gelungen. Sie haben die Bewegung des Wassers richtig durch eine Struktur von helleren und dunkleren Stellen insbesondere im Vordergrund dargestellt. Auch die Schaumkronen sind im Ansatz gut. Einige kleinere Korrekturen und einige Lichter ist alles, was da noch zu machen ist.

Die Berge rechts sind dagegen insgesamt zu dunkel geraten. Zwar haben Sie die notwendigen Strukturen richtig dargestellt, der Kontrast zwischen hellen und dunklen Stellen ist jedoch zu gering. Die Birkenstämme links im Bild sind wiederum zu hell. Die Konturen verlieren sich fast im Himmel. Die dunklen Stellen an dem Hügel, auf dem die Birken stehen, sind zu scharf umrissen, sie wirken fast wie Fremdkörper, wie Flecken auf dem Bild."

„*Woher kommt das? Was ist der Fehler?*"

„Zunächst sind die Ränder zu scharf und übergangslos. Dann hat man den Eindruck, daß sie etwas willkürlich gesetzt sind. Man muß sich immer überlegen, was man darstellen will."

„*Das verstehe ich. Aber wie kriege ich die scharfen Ränder weg? Wir haben zwar beim vorigen Bild vom Vertreiben gesprochen. Das wird dazu doch nicht verwendet.*"

„Nein. Das ist nicht notwendig. Es gibt aber eine ähnliche Technik, mit der man die scharfen Kanten brechen kann, selbst wenn man — wie wir in unserem Fall bei diesem Bild —, nur mit Borstenpinseln arbeitet. Man erreicht den Effekt, indem man einen leeren, sauberen Borstenflachpinsel einige Male senkrecht vorsichtig auf die Kante, d.h. auf die Grenze zwischen zwei verschiedenfarbigen Flächen auftupft. Das sollte man möglichst oft machen, wenn man weichere Übergänge erreichen will. Anders als bei Vertreiber oder Ringpinsel beim Stupfen braucht man dazu keinen besonderen Pinsel, und man kann den verwendeten Borstenpinsel auch während der Arbeit mit Terpentinersatz auswaschen. Man kann auch ohne weiteres zu diesem Zweck den Pinsel benutzen, mit dem man gerade malt.

Doch nun wieder zurück zu unserem Bild. Die hellen Stellen in der Mitte der Vegetation im Vordergrund, die offenbar Wagenspuren darstellen sollen, wirken nicht sehr realistisch. Sie wirken etwas unvermittelt und unorganisch.

Die ganz weit entfernten Berge am Horizont rechts

sind gut gelungen. Daran brauchen wir gar nichts zu ändern. Sie haben die Farbe gut getroffen mit Ultramarin und Weiß und einem Schuß der Meeresfarbe. Es ist auch richtig, daß Sie die Konturen sehr weich gehalten haben.

Wir wollen nun zu der Korrektur schreiten. Ich wende mich zunächst den Bergen rechts zu. Sie sollen insgesamt etwas heller werden. Dabei muß der Unterschied zwischen dem entfernteren und dem näheren Berg deutlicher zutage treten. Bei dem entfernteren Berg helle ich im wesentlichen die kahlen, unbewaldeten Stellen auf. Ich nehme dazu eine Mischung aus Ultramarin, lichtem Okker und Weiß.

Für den näheren Berg nehme ich dagegen Phtaloblau und — da ich ja aufhellen will —, im wesentlichen Kadmiumgelb hell mit etwas Siena gebrannt. Die dunkleren Stellen, die Büsche und Bäume darstellen, werden hingegen mit einer Mischung aus Phtaloblau und lichtem Ocker gemalt. Die Pflanzen im Vordergrund rechts erscheinen mir etwas dünn. Ich füge also einige weitere Pflanzen hinzu. Auch für diese Pflanzen verwende ich die gleiche Mischung aus Phtaloblau, lichtem Ocker, Kadmiumgelb hell und etwas gebrannter Siena. Ich achte darauf, daß die Pflanzen nicht eintönig gleichmäßig werden, sondern verschieden aussehen.

Dann male ich die Grasfläche in der Mitte des Vordergrundes, die ich insgesamt etwas heller und wärmer, aber auch dichter gestalte.

Die kleine Anhöhe links wird auch überarbeitet. Auch hier wird die eben erwähnte Mischung für das Grün verwendet, allerdings mit viel mehr Kadmiumgelb hell und weniger lichtem Ocker. Bei den Stämmen der Birken werden die Konturen verstärkt, so daß sie sich nun deutlich vom Himmel abheben. Am Wasser ändere ich gar nichts. Und das ist das Ergebnis (Abb. 55).

Nun wollen wir uns das Bild noch einmal gemeinsam genau ansehen und letzte Verbesserungen oder Änderungen vornehmen.

Wir sehen uns zunächst den Himmel an. Hier bringe ich noch einige kleinere Änderungen der Schatten an den oberen Wolken und Lichter an den unteren an. Insgesamt sind die Änderungen aber nicht groß.

Die beiden Berge rechts müssen meiner Ansicht nach jedoch noch etwas mehr aufgehellt werden. Ich nehme also hellere Versionen der bekannten Mischungen und gestalte beide Berge etwas heller.

Auch die Grasfläche in der Mitte des Vordergrundes wird weiter aufgehellt und es werden einige Lichter aufgesetzt. Das geschieht dadurch, daß einzelne Halme — aber nicht zuviele! — sehr viel heller gemacht werden als ihre Umgebung. Auch der Hügel links wird noch etwas aufgehellt und noch etwas wärmer gestaltet. Schließlich wird das Blattwerk der Birken etwas erweitert und ebenfalls etwas aufgehellt. Nach Durchführung dieser Änderungen scheint es mir plötzlich, daß das Meer ein klein wenig zu grün ist. Das möchte ich nicht so lassen. Ich mache also eine neue Mischung, die deutlich blauer ist und male damit das ganze Meer neu. Bei dieser Gelegenheit vermindere ich die Schaumkronen im Wasser etwas, weil sie mir zu zahlreich erscheinen. Mit einer Aufhellung der Schaumkronen an einigen Stellen beenden wir die Arbeit am siebenten Bild (Abb. 56).“

Abb. 51 Die Vorzeichnung für das siebente Bild.

Abb. 52 Der nicht so gut gelungene Versuch des Anfängers, Haufenwolken zu malen.

Abb. 53 So kann man es besser machen.

Abb. 54 Der schon etwas besser gelungene Versuch des Anfängers, den Rest des Bildes zu malen.

Abb. 55 Der Fachmann hat es noch etwas besser gemacht.

Abb. 56 Das siebente Bild sieht fertig so aus.

Firnissen der Bilder

Wenn ein Bild fertig gemalt ist, so ist die Arbeit für manche Berufsmaler, die auf Bestellung arbeiten, beendet, weil das Bild oft so, wie es dann ist, an den Besteller geliefert wird, der sich dann um alles andere kümmert. Für den Freizeitmaler, der seine Bilder in der Regel behält oder später verschenkt oder auch verkauft, bleiben noch zwei Arbeiten zu erledigen: das Firnissen und das Rahmen der von ihm gemalten Bilder.

Zunächst stellt sich die Frage, ob man überhaupt firnissen soll oder nicht. Es gibt Maler, die ihre Bilder nicht firnissen und auch nicht wünschen, daß sie später von dem Käufer gefirnißt werden, weil es ihrer künstlerischen Auffassung entspricht, die Farben so wirken zu lassen, wie sie nach Beendigung des Malprozesses aussehen. Man kann aber wohl sagen, daß die meisten der Ölbilder gefirnißt werden. Dies gilt mit Sicherheit für die in den vergangenen Jahrhunderten entstandenen Bilder. Es ist wohl auch nicht zu leugnen, daß ein gut gefirnißtes Bild durch den matten Seidenglanz gewinnt. Außerdem ist der Schlußfirnis für ein Bild ein gewisser Schutz gegen schädliche Einflüsse, weil Firnisse viel weniger von der Luft und ihren Verunreinigungen angegriffen werden als das Öl der Ölfarben. Ich firnisse alle meine Bilder und rate den Freizeitmalern, dies auch zu tun. Es stellt sich weiter die Frage, womit man firnissen soll. Viele Jahrhunderte lang wurden dazu Harzessenzfirnisse verwendet. Das ist Mastix oder Dammarharz, das in Terpentinöl gelöst ist. Diese Schlußfirnisse sind unter der Bezeichnung Mastixfirnis bzw. Dammarfirnis auch heute noch im Handel. Sie werden nach wie vor als Schlußfirnis für Ölbilder verwendet. Man kann sie auch selbst herstellen, indem man ein Teil Harz in drei Teilen Terpentinöl auflöst. Diese Firnisse haben allerdings einen schwerwiegenden Nachteil: Sie gilben mit der Zeit, so daß sich mit den Jahrzehnten oder Jahrhunderten eine Art gelber Schleier über das Bild ausbreitet.

Ob es Unterschiede in bezug auf Vergilben zwischen Mastix und Dammar gibt, kann man nicht mit Sicherheit sagen. Es kommt wohl bis zu einem gewissen Grad auch auf die Qualität innerhalb der Sorten an, die durchaus unterschiedlich sein kann. Viele Fachleute sind jedoch der Ansicht, daß Dammar weniger gilbt als Mastix.

In den letzten Jahrzehnten sind jedoch neue Materialien für die Herstellung von Gemäldeschlußfirnissen entwickelt worden. Heute werden Kunstharzschlußfirnisse angeboten, von denen die Hersteller sagen, daß sie überhaupt nicht gilben. Skeptiker können dagegen allerdings einwenden, daß sich das allenfalls in einigen Jahrhunderten feststellen lassen wird. Wer etwas mehr Vertrauen zu der Wissenschaft hat, kann jedoch annehmen, daß die Chemiker mittlerweile wohl eine Vorstellung davon haben, was bei dem Gilbungsprozeß vor sich geht und daß sie daher in der Lage sind, Stoffe herzustellen, die diesem Prozeß nicht unterworfen sind. Ich verwende jedenfalls Kunstharzschlußfirnis und hoffe, daß er nicht gilben wird. Schließlich stellt sich die Frage nach dem Zeitpunkt, zu dem man den Schlußfirnis aufbringen soll. Hier gehen die Meinungen leider auseinander. Es gibt Maler, die ihre Bilder firnissen, wenn sie handtrocken sind, was meist bereits nach einigen Wochen der Fall ist. Andere, vor allem die Maltechniker, verlangen, daß die Farbschichten des Bildes vor dem Firnissen durch und durch trocken sind. Diese Fachleute sagen, je länger man mit dem Schlußfirnissen wartet, umso besser ist es. Nun kann man aber nicht ewig warten, und so empfehlen diese Experten, ein Ölbild frühestens ein Jahr nach dem Malen zu firnissen. Es ist wohl so, daß nach einem Jahr unter normalen Umständen der Austrocknungsprozeß beendet ist. Ich gehöre zu den Vorsichtigen, und ich firnisse meine Bilder nach etwa einem Jahr.

Der technische Vorgang beim Firnissen ist einfach. Voraussetzung für gutes Gelingen ist aber nicht nur die Durchtrocknung der Farbschicht. Diese darf auch nicht feucht sein. Man darf also z.B. nicht ein Bild, kurz bevor man firnißt, aus einem kalten in einen warmen Raum bringen, weil sich dann auf dem Bild Feuchtigkeit niederschlägt. Gefirnißt wird immer in einem warmen Raum.

Das Bild muß vor dem Firnissen staubfrei gemacht werden. Wenn man das Bild ein Jahr hat trocknen lassen, hat sich darauf mit Sicherheit einiger Staub abgesetzt. Im einfachsten Fall entfernt man den Staub mit einem sauberen Lappen, mit dem man das Bild abschlägt. Wenn man ganz gründlich sein will, kann man noch verbleibende Staubreste mit einer geeigneten Masse abnehmen. Was dazu meist zur Verfügung steht, ist Knetgummi. Viele schwören allerdings auf die Krume frisch gebackenen Brotes.

Zum Firnissen legt man das Bild flach auf eine waagerechte Fläche. Der Firnis wird mit einem breiten Pinsel, einem sogenannten Flächenstreicher von mindestens 5 cm Breite zügig aufgestrichen. Die Schicht soll so dünn wie möglich sein, es muß aber die ganze Fläche des Bildes lückenlos bedeckt sein. Zu dick aufgetragener Firnis wirkt speckig und unschön, und alle Fachleute sind sich einig in der Forderung nach einer möglichst dünnen Schicht. Um dies zu erreichen, kann man sogar den Rat hören, den Firnis nicht mit einem Pinsel, sondern mit einem weichen, fusselfreien Tuch aufzubringen. Nach dem Firnissen läßt man das Bild noch eine Weile flach liegen. Es versteht sich von selbst, daß dabei in dem Raum, in dem das Bild sich befindet, kein Staub aufgewirbelt werden darf. Es darf auch keine Zugluft herrschen.

Nach einigen Stunden ist der Firnis soweit angetrocknet, daß man das Bild aufrecht an eine Wand stellen kann. Mit dem Rahmen wartet man jedoch sicherheitshalber noch ein paar Tage.

Neben dem Schlußfirnis gibt es noch den sogenannten Retuschierfirnis, der jedoch während des Malprozesses unter Umständen benötigt wird. Die normale Ölfarbenschicht hat immer einen matten Glanz. Wenn es vorkommt, daß die Ölfarbe zu stark mit Terpentin verdünnt wird, können auf dem Bild wegen der damit zusammenhängenden Bindemittelarmut Stellen entstehen, die nicht mehr glänzen, sondern stumpf sind, was unschön ist. Die Maler nennen das ‚eingeschlagene Stellen'. Diese Stellen kann man dünn mit Retuschierfirnis überstreichen und so den alten Glanz wieder herstellen. Diese retuschierten Stellen können auch noch übermalt werden, wenn es nötig sein sollte.

Schließlich noch ein Wort zur Restauration von Bildern. Nicht selten wird ein Maler — sicher auch der eine oder andere Freizeitmaler — von Privaten mit dem Vorschlag angesprochen, ein altes Gemälde zu restaurieren. Dem liegt die Vorstellung zugrunde, daß derjenige, der ein Bild malen kann, auch Bilder restaurieren kann.

Wenn ein Freizeitmaler in eine solche Lage kommt, kann ich ihm in Übereinstimmung mit kompetenten Fachleuten nur dringend raten, das rundweg abzulehnen.

Das Restaurieren von Ölgemälden ist eine Kunst für sich. Der Restaurator muß Kenntnisse haben, über die ein Maler normalerweise nicht verfügt. Er muß Materialien verwenden, die der Maler nicht kennt und in einer Weise mit diesem Material umgehen können, die gründlich erlernt werden muß und von denen der durchschnittliche Maler meist keine Ahnung hat.

Fachleute auf diesem Gebiet gehen sogar soweit zu sagen, daß ein Maler nicht einmal ein von ihm selbst gemaltes Bild fachgerecht restaurieren kann. Sie haben damit sicher recht. Restaurieren ist also ausschließlich etwas für den Restaurator. Der Freizeitmaler sollte sich damit auf keinen Fall befassen.

Rahmen der Bilder

Auch hier stellt sich neuerdings erst die Frage, soll man ein Bild rahmen oder nicht. Manches moderne Bild wird heute nicht mehr gerahmt, was in früheren Zeiten undenkbar gewesen wäre. Vielfach hat sich bei modernen Bildern, die auf eine auf Keilrahmen aufgezogene Leinwand gemalt wurden, die Methode ausgebreitet, lediglich rohe, dünne Leisten auf die Seitenkanten zu nageln, an denen die Leinwand befestigt wurde. Das mag alles zu der Art passen, in der diese Bilder auch gemalt werden. Die Bilder, die der Freizeitmaler in der Art malt, wie sie in diesem Buch beschrieben ist, sollten jedoch auf jeden Fall einen schönen Rahmen erhalten. Bilder dieser Art ungerahmt zu lassen, bringt nur die halbe Freude.

Welchen Rahmen soll man nun nehmen? Auf diese Frage gibt es keine eindeutige Antwort, weil dies zu einem guten Teil vom persönlichen Geschmack eines jeden Bilderbesitzers abhängt, über den man bekanntlich nicht streiten kann. Man kann indessen sicher allgemeine Leitlinien aufstellen, in deren Rahmen man sich bewegen sollte. Auch an diesen Leitlinien haftet natürlich etwas vom Geschmack dessen, der sie aufstellt. Sie sind also nicht absolut zu nehmen.

Was die Farbe betrifft, sollte man möglichst gedeckte, neutrale Farben wählen, damit die Farbe des Rahmens nicht mit den Farben des Bildes in Konflikt gerät. Die Breite der Rahmenleisten sollte in Anlehnung an die Größe des Bildes ausgesucht werden. Für kleine Bilder nimmt man schmale Leisten, für große Bilder breite. Ein kleines Bild in einem zu breiten Rahmen sieht nicht gut aus. Bilder, die insgesamt in einem hellen Ton gehalten sind, sollten auch einen hellen Rahmen erhalten, während dunkle Bilder besser in einem dunklen Rahmen aufgehoben sind.

Mehr kann man als Leitlinie nicht festlegen. Innerhalb dieser Leitlinien ist noch sehr viel Raum für die Geltendmachung des eigenen Geschmakkes. Im allgemeinen wird man annehmen können, daß ein Freizeitmaler, der ein ansprechendes Bild malen kann, in jedem Fall über genügend Geschmack verfügt, dafür auch den geeigneten Rahmen auszuwählen.

Wie kommt man nun zu dem Rahmen? Die einfachste Lösung ist natürlich, man geht in ein entsprechendes Fachgeschäft und läßt das Bild dort rahmen. Das ist aber auch gleichzeitig die teuerste Lösung, und das Rahmen kostet den Freizeitmaler dabei sehr viel mehr, als er bis dahin für das Bild ausgegeben hatte.

Es ist daher nicht verwunderlich, daß Freizeitmaler nach Möglichkeiten suchen, wie sie bei eigenem Tätigwerden preiswerter an einen Rahmen für ihr Bild kommen können. Wenn einer handwerklich geschickt ist, so ist der billigste Weg sicher, in entsprechenden spezialisierten Läden rohe Rahmenleisten zu kaufen. Diese Leisten muß er dann zuschneiden, leimen und schließlich lakkieren. Das ist aber nicht jedermanns Sache, insbesondere das Lackieren macht sicher viel Umstände. Die nächste Möglichkeit ist daher, fertig lackierte Leisten am Meter zu kaufen. Die braucht man dann nur noch zuzuschneiden und zu leimen. Auch dabei muß man aber immer noch über einiges Geschick verfügen, weil diese Leisten paßgenau auf Gehrung geschnitten werden müssen, sonst kommt kein akzeptabler Rahmen zustande. Man kann aber auch die Leisten bei dem Lieferanten auf das Maß des Bildes zuschneiden lassen. Das kostet nicht allzu viel mehr und man ist sicher, einen fachgerecht angefertigten Zuschnitt zu erhalten. Den braucht man dann nur noch zu leimen, und das kann sich wohl jeder zutrauen. Ich mache es bei den Rahmen für meine Bilder immer so, nachdem ich am Anfang etwas mit Selbstlackieren herumexperimentiert habe.

Beim Kauf von Zuschnitten, die man selbst leimt, ist die Ersparnis gegenüber dem Rahmenlassen im Geschäft doch beträchtlich.

Geschäfte, die sowohl Leisten am Stück wie Zuschnitte verkaufen, gibt es in jeder größeren Stadt. Es gibt auch Spezialfirmen, die solche Zuschnitte und auch fertige Rahmen versenden. Am besten man hört ein bißchen herum, informiert sich über die Preise und sucht sich das günstigste Angebot aus. Auf jeden Fall gilt: zu einem schönen Bild gehört ein schöner Rahmen.

Schlußbetrachtungen

Wenn ein angehender Freizeitmaler dieses Buch bis hierhin gelesen hat, so hat er sicher sehr viel für sein Hobby dazugelernt. Aber seine praktischen Fertigkeiten werden sich deswegen kaum verbessert haben. Um das zu erreichen, ist eigenes Tätigwerden unbedingt notwendig. Optimalen Nutzen kann ein Freizeitmaler aus diesem Buch nur ziehen, wenn er die sieben Bilder nachmalt, deren Entstehung er in gewisser Weise beigewohnt hat.

Wir haben darauf geachtet, den Weg dazu, soweit wie das überhaupt möglich ist, zu ebnen. Alles ist genau beschrieben und die wichtigsten Dinge sind mehrfach wiederholt worden. Der Schwierigkeitsgrad aller Bilder ist nur durchschnittlich und das dazu benötigte Material ist nicht zu kostspielig.

Wir waren bestrebt, bei allen Bildern die Palette möglichst klein zu halten. Ein Grund dafür war, daß wir zeigen wollten, daß man je nach Motiv mit acht bis zwölf Farben sehr gut auskommen kann. Der zweite Grund dafür war, daß wir es den vielen Anfängern ermöglichen wollen, diese Bilder nachzumalen, ohne dafür gleich eine große Anzahl Farben kaufen zu müssen. Auch die Zahl der verwendeten Pinsel ist recht klein und die verwendete Leinenmalpappe ist ein preiswerter Malgrund.

Ich habe mir überlegt, wie ich denjenigen, die die Bilder nachmalen wollen, die Materialbeschaffung erleichtern kann, die ja am Anfang stehen muß. Zu diesem Zweck habe ich dann eine Einkaufsliste zusammengestellt, die alles Material enthält, das zum Malen der sieben Bilder benötigt wird:

1 Staffelei
4 Haarflachpinsel (Nr. 2, 5, 6 und 10)
2 Haarrundpinsel (Nr. 0 und 1)
4 Borstenflachpinsel (Nr. 2, 4, 6 und 12)
1 Malmittel 2 (125 ml)

Ölfarben (oder Harzölfarben):
Titanweiß
Lichter Ocker
Kadmiumgelb hell
Siena gebrannt
Vandyckbraun
Umbra gebrannt
Krapplack dunkel
Kadmiumrot hell
Chromoxidgrün feurig
Phtaloblau (oder Preußischblau)
Ultramarin dunkel
Kobaltblau dunkel

Tempera- oder Gouachefarben:
Titanweiß
Elfenbeinschwarz
1 Studio Aquarellfarbkasten
oder
Deckfarbenkasten

1 Liter Terpentinersatz
1 Terpentinöl gereinigt (125 ml)
1 Gemäldefirnis für Ölbilder (125 ml)
1 HB-Bleistift.

Der größte Posten ist hier die Staffelei. Wer sich seiner Sache noch nicht sicher ist, kann eine der preiswerten Tischstaffeleien kaufen.

Die Tempera- und Aquarell- oder Deckfarben müssen nicht unbedingt gekauft werden, wenn man die entsprechenden Techniken nicht versuchen will. Man kann auch sehr gut arbeiten, wenn man sich nur auf Untermalungen mit Ölfarben beschränkt. Es hat jedoch bestimmt seine Vorteile, auch die anderen Techniken auszuprobieren.

Wer noch nicht so gut im Zeichnen ist, braucht deswegen nicht auf das Nachmalen der Bilder zu verzichten. Er kann nach der folgenden Methode vorgehen. Man legt ein Stück Transparentpapier auf die Seite des Buches, auf der jeweils das fertige Bild reproduziert ist und zieht die wichtigsten Linien nach. Dann unterteilt man die so entstandene Transparentpapierskizze durch fortgesetztes Halbieren in mindestens 16, besser aber 32 Rechtecke. Dann wird entweder auf ein Transparentpapier in der Größe 40 cm × 60 cm oder gleich auf den Malgrund nach dem Verfahren übertragen, das bei dem siebenten Bild angewendet wurde und dort kurz beschrieben ist. Die Zeichnungen macht man alle am besten mit HB-Bleistift. Nach dem Übertragen der Hauptlinien kann man dann die

Vorzeichnung nach Belieben ergänzen und vervollständigen.

Beim Malprozeß selbst sollte man das aufgeschlagene Buch stets zur Hand haben. Man kann die im Buch gebotenen verschiedenen Informationen über Farbmischungen und Techniken, die einem noch nicht so geläufig sind, nicht alle im Gedächtnis behalten. Außerdem muß man ja die Reproduktionen als Vorlage benutzen. Dabei sollte man stets von dem fertigen Bild ausgehen. Wenn es dann — was bei einem Anfänger wahrscheinlich ist — nicht auf Anhieb gelingt, sollte man sich den Werdegang im einzelnen noch einmal ansehen und den Text noch einmal durchlesen.

Wer noch nie in seinem Leben mit Ölfarben gemalt hat, sollte erst einige Versuche anstellen, bevor er mit dem Malen der Motive beginnt. Man kauft sich dazu einen Ölmalblock, der zehn Blätter Papier enthält, auf das mit Ölfarben gemalt werden kann. Es hat wenig Sinn, einen zu kleinen Block zu kaufen. 30 × 40 cm sollte er schon sein. Auf diesem Block macht man dann die ersten Gehversuche mit Mischungen aus zwei oder drei Farben, um ein Gefühl dafür zu bekommen, wie sich Ölfarbe verarbeitet. Man soll diese Phase aber nicht zulange ausdehnen, weil man dann leicht den Spaß an der Sache verliert.

Man sollte ruhigen Gemütes riskieren, daß die ersten Bilder mißlingen. Das geht allen so und ist auch mir so ergangen. Der Lernprozeß braucht seine Zeit.

Nachdem ich mich nun lange Zeit mit der Freizeitmalerei und deren Problemen beschäftigt habe, bin ich zu dem Schluß gekommen, daß der größte Feind des anfangenden Freizeitmalers die Ungeduld ist. Man will möglichst sofort vorzeigbare Ergebnisse erzielen, was jedoch in den meisten Fällen ganz unmöglich ist. Es ist unmöglich aus den Gründen, die wir bereits in dem Kapitel ‚Die Hauptschwierigkeiten beim Beginn der praktischen Tätigkeit‘ angesprochen haben. Die Gewöhnung an einen anderen Umgang mit Pinsel und Farbe, als man ihn bis dahin kannte, und das Erlernen einer neuen Art zu sehen, brauchen ihre Zeit, die durch nichts abgekürzt werden kann.

Aus diesem Grunde kann ich sehr ärgerlich werden, wenn jemand auf den Vorschlag, sich in seiner Freizeit doch einmal mit dem Malen zu befassen, antwortet: ‚Ich kann nicht malen!‘ Natürlich kann er nicht! Niemand ist mit den dazu notwendigen Kenntnissen und Fertigkeiten geboren worden. Aber lernen kann es jeder. Zumindest wer lesen und schreiben gelernt hat, kann auch malen lernen. Bei dem einen geht es schneller, bei dem anderen dauert es länger, aber lernen können es alle, wenn sie nur Geduld und Ausdauer mitbringen und — ja, natürlich, und Freude an der Malerei und daran, selbst etwas zu schaffen. Sicher werden die meisten oder meinetwegen alle von uns kein *Dürer* oder *Rembrandt*. Das ist aber auch gar nicht notwendig. Schöpferisch tätig zu sein und etwas Schönes zu schaffen, ist schon ein Wert an sich.

Wenn also die ersten Versuche nicht ganz gelingen, sollte man auf keinen Fall aufgeben. Man sollte notfalls auch mal ein Motiv zweimal malen, wenn der erste Versuch hoffnungslos mißlungen ist und auch durch Übermalen nichts mehr zu retten ist.

Es hat sich als zweckmäßig erwiesen, alle Bilder, die man malt, aufzuheben, also auch die ersten, nicht so gut gelungenen. Man kann dann später an diesen Bildern sehr gut ablesen, welche Fortschritte man gemacht hat. Es wird am Anfang und vielleicht noch längere Zeit später oft vorkommen, daß einem ein Bild, das man gerade gemalt hat, schon nicht mehr gefällt, weil man schon weiß, was man hätte besser machen sollen. Auch das ist normal und das sichere Zeichen dafür, daß man wieder etwas dazugelernt hat. Und immer wieder etwas dazulernen wird man als Freizeitmaler für lange Zeit.

Bevor man mit einem Bild anfängt, sollte man allerdings das ganze Buch gelesen haben. Die vielen Ratschläge und Erklärungen, die das Buch bietet, sind über den ganzen Inhalt verteilt. Wenn man also ein Bild auswählt, um es nachzumalen, weil es einem besonders gut gefällt, so wird man bei der Besprechung des Entstehungsprozesses dieses Bildes nur einen Teil der Informationen finden, die zum Malen dieses Bildes nützlich sind. Andere Informationen und Erklärungen finden sich bei der Beschreibung der anderen Bilder, weil es ja nicht sinnvoll gewesen wäre, bei jedem der sieben Bilder immer die gleichen Texte zu wiederholen.

Wer die Möglichkeit hat, sich einer Gruppe anzuschließen oder mit mehreren Familienangehörigen gleichzeitig zu malen, sollte das unbedingt tun. Die Freude am Malen wird in ungeahntem Ausmaß erhöht, wenn man Probleme gemeinsam angehen kann, wenn man Erfahrungen austauschen und anderen bei der Arbeit zuschauen kann.

Sicher gibt es eine Menge Fehler, die einem Anfänger bei der praktischen Arbeit unterlaufen können. Wer aber dieses Buch aufmerksam gelesen hat, wird alle diese Fehler vermeiden können, wenn er die angebotenen Ratschläge befolgt. Nun ist das menschliche Gedächtnis normalerweise nicht imstande, eine so große Fülle von Informationen, wie sie das Buch bietet, in der Zeit zu speichern, während der man das Buch liest.

Wenn also alles oder vieles am Anfang bei den praktischen Versuchen schief geht, dann sollte man die Arbeit für eine kurze Zeit unterbrechen und das Buch noch einmal lesen. Vielleicht hilft auch schon ein Durchblättern, wenn man dabei die farbig unterlegten, herausgehobenen Texte noch einmal liest und sich ins Gedächtnis einprägt.

Wer ohne jede Anleitung vor sich hinarbeitet, wird es als Freizeitmaler sehr schwer haben. Wer nur in klugen Büchern liest, wird nie malen lernen. Die richtige Mischung aus Lesen und praktischer Arbeit führt zu den besten Ergebnissen.

Noch ein Wort zum Kapitel über Farbentheorie. Man sollte diesen Teil des Buches auf keinen Fall überschlagen, wenn man ihn am Anfang nicht gleich ganz versteht. Es handelt sich dabei um komplizierte Zusammenhänge, die notwendigerweise kurz dargestellt werden mußten. Man kann sie aber verstehen, wenn man sich die Zeit dazu nimmt, den Text mehrere Male zu lesen und vor allen Dingen zwischendurch über das Gelesene nachzudenken. Ich bin jedenfalls der Meinung, daß man es ohne elementare Kenntnisse der Farbentheorie als Maler immer sehr schwer haben wird. Wenn alle Stricke reißen, sollte man sich wenigstens die farbig unterlegten Texte dieses Kapitels einprägen und sie notfalls auswendig lernen.

Damit will ich dieses Buch beenden. Ich glaube, es enthält alles, was ein Freizeitmaler an Wissen benötigt, um sich in diesem Zweig der Malerei erfolgreich zu betätigen. Jetzt ist der Leser an der Reihe! Ich wünsche ihm dazu viel Glück und gutes Gelingen!

Register

Felder

ISBN 3-432-95801-3

Landschaften in Öl

Ihre Meinung über dieses Buch ist für uns von großem Interesse. Bitte beantworten Sie uns deshalb ein paar Fragen.

Bitte trennen Sie dieses Blatt heraus und senden Sie es im Kuvert an:

Ferdinand Enke Verlag
Postfach 1304
D-7000 Stuttgart 1

Besten Dank für Ihre Bemühungen!

Qualität des Inhalts

1. Was halten Sie von der Frage- und Antwort-Form im Vergleich zur rein beschreibenden Form der Darbietung des Stoffes?

   ☐ besser als die beschreibende Form
   ☐ schlechter als die beschreibende Form
   ☐ gleich gut
   ☐ ____________________

2. Sind alle wichtigen Fragen beantwortet und ist der Stoff ausführlich genug behandelt?

   ☐ gerade richtig
   ☐ zu knapp
   ☐ zu weitschweifig
   ☐ ____________________

3. Wie beurteilen Sie die Gegenüberstellung der Fehler des Anfängers mit den Korrekturen des Könners in den einzelnen Phasen verglichen mit der herkömmlichen Art, wo nur der Autor oder ein Maler die einzelnen Phasen demonstriert?

   ☐ zweckmäßig und wertvoll
   ☐ überflüssig
   ☐ gleichwertig
   ☐ ____________________

4. Was halten Sie von der Zahl der zur Demonstration gemalten Bilder und der Abdeckung des Stoffes durch diese Beispiele?

   ☐ gerade richtig
   ☐ zu wenig Beispiele
   ☐ zu viele Beispiele
   ☐ ____________________

Bitte wenden!

5. Wie beurteilen Sie den Schwierigkeitsgrad der nachzumalenden Beispiele?

☐ gerade richtig ☐ zu einfach

☐ zu schwer ☐ ____________________

6. Wie beurteilen Sie die Anzahl der dargestellten Phasen beim Malen eines Bildes?

☐ gerade richtig ☐ zu wenig Phasen dargestellt

☐ zu viele Phasen dargestellt ☐ ____________________

7. Was würden Sie gerne in einem Folgeband behandelt wissen?

☐ Stilleben ☐ Menschen und Tiere

☐ Blumen ☐ Seestücke

☐ Portrait ☐ ____________________

☐ Figur und Akt